▶贺真

◀1983年留校任教

▲ 1986年带领83级科技档案专业学生在航天部201所实习

▲ 1986年带领83级科技档案专业学生在鞍钢档案馆实习

◀ 1995年实验课上教授学生抢修旧档案

▶ 1999年莫斯科与档案同行交流

▲ 2003年北京科技计划项目档案管理课题鉴定会

▲ 2006年与05级档案学专业的学生在课堂上进行互动及讨论

◀ 2006年北京考试院2000级实习点

▶ 2006年指导学生分析档案特点

◀ 2007年广州粤电集团咨询

▶ 2007年在北京京津沪渝档案研讨会上发言

◀ 2007年参加人民大学博士论文答辩

▶ 2007年北京全国科技计划项目档案管理培训

▲ 2008年在某电厂长江运煤码头

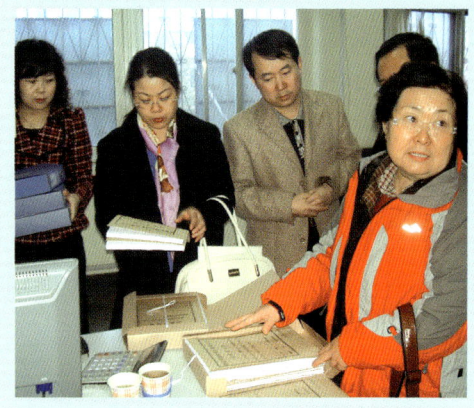
▲ 2008年现场指导河南周口发电厂基建档案工作

▲ 2009年北京 30年后重返706厂

▲ 2010年参加电子文件管理高端研讨会

▲ 2010年教师节

▲ 2010年参加"教育部高等学校档案学学科教学指导委员会"年会

▶ 2010年葡萄牙殖民地档案馆

▲ 2011年北京档案学会中日企业史编撰交流会

◀ 2011年在四川大学调研

学知学术文库

兰 台 集
——贺真文集

学苑出版社

图书在版编目（CIP）数据

兰台集：贺真文集/《兰台集：贺真文集》编委会编． ‐ ‐ 北京：学苑出版社，2015.9
　　ISBN 978‐7‐5077‐4851‐2

　　Ⅰ．①兰… Ⅱ．①兰… Ⅲ．①档案管理学–文集 Ⅳ．①G271‐53

中国版本图书馆 CIP 数据核字（2015）第 215108 号

出 版 人：孟　白
责任编辑：刘　丰
出版发行：学苑出版社
社　　　址：北京市丰台区南方庄 2 号院 1 号楼
邮政编码：100079
网　　　址：www.book001.com
电子信箱：xueyuanpress@163.com
经销电话：010‐67601101（营销部）、67603091（总编室）
印 刷 厂：河北鑫宏源印刷包装有限责任公司
开本尺寸：787×1092　1/16
印　　　张：17
字　　　数：280 千字
版　　　次：2015 年 10 月第 1 版
印　　　次：2015 年 10 月第 1 次印刷
定　　　价：78.00 元

《学知学术文库》编委会

主　　任：张连城　张宝秀

副主任：唐小恒　贾　方　王　彤　林　强

委　　员：（按姓氏笔画排序）

　　　　王　平　　王　彤　　吕俊杰　　劳凤学

　　　　杜剑峰　　张连城　　张宝秀　　张景秋

　　　　林　强　　孟　斌　　洪　文　　赵　卓

　　　　唐小恒　　贾　方　　顾　军　　聂延平

　　　　韩建业　　谢永宪　　董　媛

本书编委会

主　任：王　彤

副主任：谢永宪　吴晓红

委　员：(按姓氏笔画排序)

　　　　王　彤　王巧玲　王　顺　孙　静

　　　　孙爱萍　吴晓红　洪　文　徐　华

　　　　徐　云　谢永宪

《学知学术文库》总序

2015年，恰逢北京联合大学办学三十七周年（成立三十年）之际，更是"十二五"发展收官之年，北京联合大学应用文理学院于年初决定编辑出版《学知学术文库》，以资纪念。《学知学术文库》以北京联合大学应用文理学院的学科专业体系为框架，以各学科专业的带头人、资深教授为基本线索，精选他们的科研成果代表作，汇集成册，陆续编辑出版，坚持下去，蔚为大观，或不负"文库"之名。

我们的国家正处于前所未有的振兴时期。今天我们深刻感受到中华民族追求中国梦的民族自信、坚强和力量，其中包含着祖国历史的悠久绵长和民族文化的博大精深，这是我们赖以生存发展的不竭生命源泉。中国特色社会主义伟大实践推动着学术的繁荣与发展、实践的开拓与创新。学术研究作为高校的四大职能之一，重在传承和创新，科学、规范、系统和学科的综合交叉研究，显示出人类社会及其科学文明的不断进步与发展。高校的学术研究更是以推动学校教学工作和学科建设、促进国内外学术交流、适应为国家培养高级专门人才的需要、更好地发挥作用为己任。有历史，社会才有积淀，久而文化生成，人相继，代相传，脉脉承载，根基永固。这即是编辑出版本套文库的宗旨之所在。

编辑学术文库，并不是一件很特殊的事情，各类学术文库说不上汗牛充栋，也是比比皆是，诸如西方学术文库、上海三联学术文库、明清史学术文库、日本学术文库等。本套学术文库之所以用"学知"命名，一则缘于北京联合大学应用文理学院地处首都北京中关村科学城核心区的学知桥畔；二则缘于学院近来探索创建的学知书院；三则所谓"学以致其道，知者识与觉。

大学之道在于明德至善，格物以致知"。"学知"二字蕴含了"学而知之，学以致用，知行合一"的本义，是高校人才培养的基本指归。读书乃孕正气，学问以解国忧。北京联合大学应用文理学院几十度春华秋实，有声有色，有韵有律，以往的记叙不仅有难以忘怀的记忆，更有累代师资在学科专业建设中饱含心血、热情、才智的不懈探索，在科研领域的执着前行。这一切都是值得纪念的，也是不可多得的财富。这种积淀是学院得以发展的潜力和底蕴，是聚集起来继续奋发前行的力量。这套汇聚诸位教授多年研究成果的学术精品，以《学知学术文库》命名，自然是题中之意、缘由所在了。

北京联合大学，是改革开放的产物，是教育部于1985批准设立的综合性普通高等学校，其前身是1978年建立的30多所大学分校。应用文理学院，是北京联合大学下属的一所二级学院，从1978年建立的北京大学分校和中国人民大学二分校始，到1985年并入北京联合大学更名为北京联合大学文理学院和北京联合大学文法学院，再到1994年两院合并为北京联合大学应用文理学院，至今已走过了三十七个春秋。三十七年来，学院传承了老大学优秀的文化基因，在承继北京大学和中国人民大学部分基础性学科专业的基础上，为适应首都北京经济社会发展需要及高等教育大众化的变化，从20世纪80年代开始，开展深入调研和科学论证，探索发展应用文科、应用理科学科专业方向，优化学科专业结构，深化学科专业调整，逐步实现了学科专业由基础型向应用型、复合型的转变。

《学知学术文库》第一辑编辑出版六本文集，是由应用文理学院现有六个教学系各推荐一位学术造诣高、对学科专业发展起了重要作用、已经荣退的知名专家学者，收集他们多年发表的学术论文、研究报告等优秀科研成果，总结归纳，汇编而成。具体包括法学学科刘隆亨教授的《砺行集》、食品科学学科金宗濂教授的《食学集》、地理学学科张妙弟教授的《蓟草集》、新闻学学科周传家教授的《采菊集》、历史学学科孔繁敏教授的《敏学集》和档案学学科贺真教授的《兰台集》。本辑呈现了六位专家学者多年的学术探讨与实践收获，从史事探究、文献辑考，到戏曲文学、曲韵舞律，从史册档案、管理编研，到法治建设思想、制度政策研究，从地理生态研究、北京城市建设，到保健食品功能因子及作用机理研究、基础材料研究，既有宏观概括，又有微观分析，既有深入的理论探讨，也有具体的对策建议，既有基础科学研究，又有应用理论探索。

这套文库的核心与灵魂就是在于真实地展示学院的办学历程、发展足迹与不懈探索。这不仅是应用文理学院学科专业学术研究的成果荟萃，更是北京联合大学学术研究筚路蓝缕的纪念，是学术文脉薪火相递的传承。

《学知学术文库》编委会

2015 年 9 月 北京

序一：科技档案与企业
档案管理学的耕耘与弘扬

贺真教授是我的老师，她三十多年来致力于科技档案与企业档案管理的教学研究，严谨治学，充满爱心、尽显园丁风采，为首都档案事业培养了一批批专业干部，桃李满园。贺真教授专业学识深厚、倾心弘业、著述颇丰、事业有成。她把时代所赋予的科技档案、企业档案教学研究工作当作使命和事业，十二分投入其中；在对科技档案与企业档案管理学的耕耘与弘扬方面，倾尽心血，为想在平凡岗位上事业有成的后来者竖立榜样，为担心学科社会价值和作用不大的入职者增添勇气和信心。

我国科学技术档案管理及企业档案管理，发端于新中国成立后大规模的社会主义建设，特别是苏联援助建设、奠定了我国工业基础的156个建设项目中，以曾三为代表的老一辈档案工作者从中开创出科技档案工作新领域，使其成为档案学基本理论与社会主义建设实践相结合的新兴事业，也成为后来认识和发展各种专门档案管理的入门和路径。

百废待兴的新中国社会主义建设开始，国家档案事业掌管者就意识到，档案的领域不仅局限在文书处理后续的文书档案管理。它的基本原理——系统、完整、真实地保存人们行政管理活动的记录，以备查考、借鉴和利用——同样适用于生产、建设、科研等更广阔的实践天地。20世纪50年代党中央、国务院就专门针对技术档案工作的建立发出多份文件；1980年国务院批准发布《科学技术档案工作条例》后，国务院各专业主管机关先后制定专门科技档案管理规章、办法；按专业统一管理的中国特色科学技术档案工作应运而生。现在国家科学研究、工业农业、重大工程、建设项目、环境保护、医药卫生、国防军工，甚至走出去发展战略，都有科技档案的身影和支撑。科技档案与企业档案管理已经成为经济建设、科技发展各项事业不可或缺的环节；相伴而生的科技档案管理学成为档案学理论与我国社会主义建设事业紧密结合而生的新生学科专业。

在此继往开来领域的多年耕耘中，贺真教授除编著《科技档案编研的原理与方法》、《科技档案管理学》教材，及多项获国家档案局和北京市奖励的科研成果外，更是在专业期刊发表数十篇专业论文。其中既有对科技档案的管理原理、分类、编研，以及市场经济条件下对科技档案工作、科技档案资产化管理以及科技档案馆建设的思考，也有适应社会主义市场经济体制的建立而对现代企业制度与现代企业档案工作、企业档案资源建设依据、策略与管理模式的研究，更有针对科技文件、科技报告与科技档案的区别与联系的辨析，对实践是很好的归纳和总结，也成为对实践的指导。

在几十年的发展中，曾几何时，国内科技档案教学及理论研究方面出现了不同的争论和声音，受到各种挑战，特别是对科技档案概念及学科建设出现过概念弱化论、学科否定论、逻辑怀疑论、报告取代论等波折。能在这一领域坚持、弘扬的文章可以说越来越少、越来越难。贺真教授难能可贵之处就在于坚持：坚持自己的岗位、坚信自己的方向、坚守自己的信念、坚定自己的事业，并在科技档案编研等方面建立了自己对科技档案管理的正确观点、深刻认识和实用成果。这种对曾老所开创科技档案事业的继承和发扬，不仅是为科技档案与企业档案管理的传道、授业、解惑，而且是对奉为心中事业的弘扬。这种坚持也使她在教学一线工作、以及学术及教学成果丰硕，数十次受到表彰和奖励。

值此贺真教授多年心血成果结集出版，相信贺真教授是为情满心中的事业而梳理，读者则能领略中国特色科技档案管理发展历程，用者可以其为坚实平台去续攀新峰。这也告诉我们，只要科学技术与企业活动存在，对科学技术档案与企业档案的管理、利用及其研究，就是档案工作服务国家经济建设和科技发展的有益贡献！

国家档案局政策法规司 王岚

2015年初夏

序二

我与贺真老师大学同学4年,大学毕业留校同事13年。1996年,我离开了学校,虽然我们不再同授一门课,但仍在档案圈里时有合作,十几年来,在课题研究、学术交流和编史修志等工作上都得到了她的鼎力支持和热情帮助。贺真老师一直坚持严谨治学、刻苦钻研和辛勤笔耕,取得了累累硕果。为了表达对老同学、老朋友的感谢和敬意,很愿意在她的学术文集出版之即讲几句话,是为序。

自20世纪90年代以来,贺真老师先后发表论文20余篇,主持科研项目13项,主编或参与主编著作与教材6部;获奖各类科技成果15项。《兰台集——贺真文集》,收录了她的学术论文和专题讲座摘编,总计25万字。拜读了她的学术论文和相关成果,认为有三个突出特点。

一、关注学术前沿,研究有深度

紧跟国家改革、科技发展的新形势新要求,深入研究科技档案和企业档案管理、档案信息开发中面临的新情况新问题,就科技档案开发利用的知识产权保护、科技档案编研工作规律、企业档案资源管理、CIO与企业档案管理职能,以及科技计划项目档案管理等课题,展开了前瞻性研究,发表了独到见解。她撰写的《科技档案编研的原理与方法》为当时我国最早的系统研究科技档案编研工作的学术著作之一,与国内同类著作相比,该书具有很强的先进性、实用性和独创性,并因此获得了北京市科学技术进步三等奖,这是北京市档案系统申报获得的第一项政府科技奖。

二、理论联系实际,站位有高度

坚持问题导向,紧密结合档案工作实际选择研究课题,以便于将科研成果转化为工作成果，从而切实提高档案工作水平。她主持或参与的北京市档案馆进馆范围、北京市档案馆检索体系建设、北京市科技计划项目档案管理等研究成果，以及应基层档案部门委托而做的档案事务咨询建议，均被有关部门采纳，在档案工作实践中发挥了很好的指导、引导作用。同时，贺真老师十分关注档案学专业建设，不仅自己积极承担北京市的档案科研项目，而且带动档案学专业教师广泛参与北京市档案科研工作，密切档案学专业教学与档案工作实践的联系，并作为学科带头人积极推进北京联合大学应用文理学院与北京市档案局合作成立了国内最早的"校政合一"的档案学专业教学指导委员会，共建档案学专业实习基地，培养了一批批适合北京市档案工作需要的专业人才。

三、涉猎领域广泛，视角有宽度

她不仅对科技档案管理、企业档案管理等主要授课领域的研究有较高造诣，而且还对档案法制建设、项目档案管理、声像档案编研，以及综合性档案馆相关业务等多方面的问题有较深的分析探讨。如：她作为第一副组长，参与了国家哲学社会科学基金项目《档案法制建设研究》课题，执笔完成了"中国近现代档案法制建设及其特点"、"新中国档案法制建设及其特点"和"档案法制建设的历史经验给予我们的启示"等重要内容的撰写，以及研究报告的总纂任务，为该课题取得"一等"的鉴定等级做出了重要贡献。

贺真老师长期以来担任中国档案学会科技档案学术委员会副主任委员、北京市档案科学技术评议委员会委员、北京市档案学会现代化技术应用委员会主任、北京市档案学会第四至第六届理事会常务理事或副理事长等职务，她对档案专业的热爱和奉献精神受到档案界同行的尊敬。

话说到这儿，总觉得意犹未尽。我相信，认识贺真老师的同行、朋友都会以不同方式有话要说，我算是抛砖引玉吧。最后，说千道万归一句：祝愿贺真老师学术之树常青！

北京市档案局（馆）副局（馆）长　马素萍
2015 年 4 月

自 序

《兰台集》收录的文章,包括已公开发表的20篇、首发7篇。公开发表的期刊绝大多数为档案学核心期刊,未发表过的文章均为作者科研课题的研究报告或重要专题讲座的内容摘编。《兰台集》的研究内容主要包括:科技档案管理学理论与实践、企业档案工作理论与实践、科技档案信息开发理论与实践,以及档案学基础理论与教学规律研究四方面。

20世纪60年代初,随着国家大规模的经济建设,我国始建了科技档案工作,档案学研究从此分为文书档案及其管理和科技档案及其管理两大领域。由于科技档案管理脱胎于文书档案工作,自身的理论体系不够完善,实践经验更加匮乏。改革开放恢复了一度停滞的科技档案工作,当时亟待厘清科技档案的基本概念、基本工作内容与方法,揭示其特点,以便完善科技档案管理学的理论体系,指导科技档案工作的恢复与发展。《兰台集》中形成于80、90年代的研究成果,主要反映了这方面的内容。

20世纪末,科技档案的主要来源企事业单位面临重大变革。在建立社会主义市场经济体制的过程中,大量生产企业和科研设计单位纷纷改制,从国家计划经济的生产单位,变为独立的社会法人,科技档案的资源价值与作用随之拓展,"企业档案"的概念应运而生。企业档案是一个有别于以往按内容性质划分,而以档案来源(形成单位)划分的档案新概念。企业档案工作则是以科技档案管理为重点,整合以往文书档案和专门档案工作的新的研究范畴。《兰台集》中90年代末至21世纪初的研究成果,集中反映了对现代企业档案工作实践及发展问题的探索。

档案学作为信息科学不可或缺的重要组成部分,其主要任务莫过于"收、管、用"。其中,"收"和"管"是保障,而"用"是根本目的。囿于档案的原始性,利用档案需要创造一定的条件,专业上称其为"档案信息资源的开发"。受其经济效益的影响，科技档案信息资源开发比其他档案更为复杂。《兰台集》的相关研究，聚焦科技档案信息资源开发的主要方式——科技档案编研工作，并进行探索性研究，进而形成了作者的研究特色。

而档案学基础理论和档案学专业教学规律，则是作者从事科技档案专业教学的根基，与作者的科研专业方向相辅相成，选择收入相关研究文章，以便客观反映作者的科研状况。

档案学是一个应用性极强的学科，作者的研究选题，极为关注科技档案工作实践，力求从专业实践中发现问题、总结经验、揭示规律、预测发展趋势，所承担的科研课题大部分都是针对科技档案工作的难点展开的。进而，在业界首先提出了一些新观点和新结论，这些比较集中地体现在企业档案工作研究和科技档案编研工作研究方面。

《兰台集》的内容不仅反映了作者的研究领域及研究方向，同时，也映射出作者从"初生牛犊"的稚嫩，到逐渐客观、严谨的科研历程。尤其是21世纪以来，作者承担科研项目的研究成果——课题研究报告的观点或建议，科学性、可行性、前瞻性更为突出。相关课题研究成果多次获奖，有的已经被档案行政主管部门和档案管理部门采纳，作为北京市档案管理规范，为科技档案事业发展做出了建设性贡献。

2015 年 9 月　北京

贺真小传

本人1951年底出生在北京，1969年初毕业于北京丰盛学校中学部，同年3月分配到国营北京706厂当工人，1973年加入中国共产党，曾任维修电工、机动科党支部书记、厂团委书记。1978年考入原中国人民大学二分校档案系，1983年3月获得历史学学士学位，毕业后留校，成为北京联合大学文法学院档案系的一名教师，1994年评为副教授，2000年晋升为正教授，2008年退休。

感谢所处的时代，使自己的人生与所有共和国准同龄人一样，跌宕起伏、多姿多彩。作为"红领巾"，我们拥有过简单、快乐的童年；作为初中生，在狂热中感到学习的无奈；作为产业工人，在现代化生产环境里体验了知识的饥渴。这一切促使拥有十年工龄的我，奋力抓住高考的"尾巴"，跨进大学的知识殿堂，重新享受学习的愉悦。

从上大学开始，自己就同应用文理学院结下了不解之缘，一同成长、共同见证学院与档案系的发展。80年代，北京创建"大学分校"是政府部门解决高等教育供需严重失衡和国家人才奇缺问题的一个创举。分校建设与招生几乎同步，来不及配备自己的专业教师。档案系的教学与管理工作，完全委托中国人民大学档案系承担，我们78级学生有幸享受了顶级的专业教育。毕业后，我和其他留校在档案系任教的同学，迅速承担起档案专业主干课程的教学工作，被业界戏称为文法学院档案系的"七大金刚"。

由于自己曾经在"156项援建工程"之一的国防电子企业工作过，较早接受了现代企业文化的熏陶，对科学技术和科学管理有所了解。留校时，恰逢档案系在全国首创科技档案专业，便自告奋勇地成为一名科技档案管理学的教师。由原来的一门专业课程拓展成一个科技档案专业，中外尚无先例，没有可以汲取的成熟的办学经验，而承担专业建设与教学任务的我们如此稚嫩，个中滋味不难想象。是庄严的使命感和"社会进步需要科技档案"的信念，支持我坚定地扛起科技档案主干课教师和科技档案教研室主任的重担，团结教研室全体老师八仙过海各显神通。科技档案专业建设与教学工作很快进入正轨，而我这个教研室主任一干就是18年。2000年档案学系并入大人文系，本人作为档案专业主任和专业学术带头人，承担起档案学专业教学的组织与管理工作。20多年来，制定修订教学计划、组织专业课程改革、安排每学期的课程、落实教学任务、组织每一届学生的实验与实习、指导学生论文及科研活动、选择适宜的档案机构建立实习基地，以及与档案行政管理部门合作办学、成立档案事务研究所……，工作虽然琐碎、辛苦，但是看着档案学系一步一个脚印地成长壮大，自己感觉值得。

　　作为教师，深知自身先天不足，"为人师表"的责任与荣誉时刻鞭策自己，不懈地学习钻研、主动实践，从专业实践中汲取营养，努力成为一名经得住理论与实践检验的好教师。在教学工作中，自己把认真备课、反复修改讲义、选择推敲案例、设计实操项目、建设题库，不断优化与完善教学内容，作为对学生负责的具体行动。根据专业发展的需要，本人先后承担了院精品课程《科技档案管理学》、《档案检索》、《科技档案编研》、《档案咨询原理与方法》等4门本科专业课的教学任务。其中，《科技档案编研》和《档案咨询原理与方法》两门课程，是本人根据档案专业发展的需要在高校相关专业中首先开设的。

　　在科技飞速发展、知识频繁更新的信息时代，科技档案的内容与管理环境日新月异，传统经验难以应对改革开放条件下档案实践的变革。作为一名传道授业的教师，唯有研究开拓、博采众长，以适应科技档案管理学全方位的发展。特别是面对应用性极强的科技档案专业教学，以科研促进教学是最为有效的教改方式。平心而论，自己的科研自觉性不强，只有当专业发展的新问题摆在面前又无从求教时，在学术良心的驱使下才硬着头皮进行探究。久而久之也积累了一些研究心得，摆在您面前的《兰台集》就是一种积累结果。

　　档案学属于边缘学科，科技档案管理学作为边缘中的边缘，社会认知度不高，在学术界的影响极为有限，相关科研成果难以得到高度认可。而不把这些作为"追求"，静静地体会"铺路搭桥"的满足，就是自己心安理得的科研态度。聊以自慰的是，至今看来，文集中的内容没有盲目的"炒冷饭"与"客里空"，尚存点滴前瞻与"一家之言"；研究主题虽不够"高大上"，却植根于科技档案工作实践，为科技档案事业的发展需要思辨、探究；一些研究成果或建议已经被档案部门采纳，产生了积极的影响。探索中，自己享受了攻关的乐趣，收获了科研自信，完善了教学内容，也拓宽了自己的视野。

本人一直秉持认认真真做事、堂堂正正做人的人生态度，得到了大家的肯定：自己的研究成果先后获得15项科技奖，其中省部级政府奖4项；本人15次被评为"师德"、"优秀共产党员"、"教书育人"等先进个人；而自己最得意的是学生们授予我"最爱戴的老师"的奖杯。

回首往事，十年的工人经历、二十五年的教师生涯，兢兢业业、平平常常，无大遗憾、有小作为。自己十分欣慰也倍加感恩。衷心地感谢这么多年来全心全意支持我的家人！衷心地感谢一直理解与帮助我的同事与同行！感谢校领导的包容与信任！与你们为伍是我的幸运和幸福！

最后，衷心祝愿档案系和应用文理学院如长青之树根深叶茂、繁花似锦！

附：贺真教学与科研经历

校内职务：1986年—2003年担任档案学系科技档案教研室主任，1999年担任人文系档案专业主任、档案专业学术带头人、系学术委员会主任、文理学院学术委员会委员，2003—2008年任应用文理学院档案事务研究所所长。退休后被聘为应用文理学院教学督导组成员至今。

教学情况：担任4门档案学专业课程的讲授。包括：《科技档案管理学》自1984—2008年共讲授24轮，2004年评为院精品课程；《档案检索》自1990—2007年共讲授16轮；《科技档案编研》自1992—2006年共讲授15轮；《档案咨询原理与方法》自2000—2009共讲授10轮。其中，《科技档案编研》《档案咨询原理与方法》课程为本人在业界首创。承担《毕业论文写作》讲座与学生毕业论文辅导工作（累计118篇、获奖8篇），建立了一批符合专业教学要求的实习基地，连续安排、指导23届学生的专业实习。此外，应邀在水电部、中国人民银行、解放军档案馆、北京市档案局、华北电管局、中国档案学会、全国科技成果档案专业委员会等单位，举办科技档案专题讲座、企业档案档案管理、项目档案管理、科技档案编研工作等专业培训。

科研情况：截止到 2007 年，共发表档案专业学术论文 23 篇，其中核心期刊 11 篇；主持或参与主持完成科研项目 13 项，其中国家级 1 项、省部级 9 项、局级 3 项，科研经费共计 105 万元，科研成果共获各类奖 15 项，其中省部级政府奖 4 项；主编或参与主编著作与教材 6 部。

社会职务：1996—2000 年任北京档案学会教育分会副主任，1997—2006 年担任北京市档案科学技术评议委员会委员，1997—2008 年被北京市高级专业职务评审委员会聘为档案高级职称答辩组成员，1997—2000 年担任中国档案学会科技档案学术委员会副主任委员、被北京市档案局推荐为国家档案局科技进步奖评审专家，2000—2015 年担任北京市档案学会第四至六届理事会常务理事、副理事长，兼任北京市档案学会现代化技术应用委员会主任，2003—2008 年被北京市人事局聘为北京市档案系列高级专业技职务任职资格评审委员会副主任，2004—2009 年担任中国档案学会理事、档案基础理论委员会委员，2006—2010 年任北京市档案科学技术评议委员会委员，2004—2011 担任教育部档案专业教学指导委员会委员，2010 年被国科学技术名词审定委员会聘为档案学名词审定委员会委员。

2015 年 4 月

目 录

科技档案分类理论初探 …………………………………………… 1
科技档案工作原理初探 …………………………………………… 7
科技档案资产化管理初探 ………………………………………… 12
也谈科技报告与科技档案的区别
　　——与"中国科技报告体系的建设模式研究"的作者商榷 …… 16
论科技档案资源开发利用的知识产权保护 ……………………… 27
论科技计划项目档案管理的理论与措施 ………………………… 40
现代企业制度与企业档案工作的发展
　　——企业档案工作展望 ……………………………………… 56
我国企业档案馆的建设与展望 …………………………………… 62
企业档案资源管理新论
　　——信息经济条件下的企业档案工作 ……………………… 68
21世纪企业档案工作发展的探讨 ………………………………… 89
CIO（信息主管）职位对中国企业档案工作者的启示 ………… 96
论现代企业档案资源建设的依据与策略 ………………………… 102
企业档案战略初探 ………………………………………………… 111
企业档案属性与管理模式的创新 ………………………………… 122
中外现代企业集团档案工作述评 ………………………………… 135
对声像档案编研工作的几点认识 ………………………………… 161
运用现代管理技术和方法提高科技档案编研的科学性 ………… 165
科技档案编研的合法性原则 ……………………………………… 171

科技档案编研举要 ································· 175
现代信息技术在科技档案编研工作中的应用 ············ 182
我国档案管理阶段的探索 ··························· 192
特区档案管理政策管窥 ····························· 196
关于构建和谐档案事业的冷思考 ····················· 202
制订档案馆接收范围的基础研究 ····················· 210
"信息点"
  ——档案馆检索体系建设的理论依据 ··············· 230
高校教学督导工作依据初探 ························· 241
强化档案专业应用性的教学改革实践 ················· 246

附录：其他主要学术研究成果目录 ······················ 250

科技档案分类理论初探

科技档案分类是科技档案管理工作的内容与基础。我国的科技档案分类实践形成了许多反映科技档案特点的分类方法及其理论，然而飞速发展的科学技术和经济建设对其提出了更高的要求，科技档案工作正经历从单纯对科技档案实体管理，向对其实体与信息管理相结合的转变。为了顺利完成这一转变，有必要对其分类理论进行再认识。

科技档案分类理论是对科技档案分类工作及其方法的系统概括。它应揭示科技档案分类规律，回答科技档案分类工作的基本问题，作为科技档案分类工作的依据。笔者认为，科技档案分类理论应包括以下基本内容。

一、科技档案分类的定义与分类法体系

科技档案分类作为管理科技档案的基本手段，在科技档案工作中得到了广泛的应用。对于内容庞杂、数量众多的科技档案，不进行分类是难以将它们组织起来的。分类对于科技档案实体管理的这种作用，早已为人们所认识。

科技档案实体是指科技档案的物质形态。科技档案实体分类（以下简称实体分类）就是以其实体为对象所进行的事实上的分门别类。其结果揭示了科技档案实体管理的依据，为建立良好的库藏秩序创造了条件。

随着科技档案工作的深入发展，人们开始意识到，不能仅把科技档案工作局限在实体管理上，而必须对科技档案部门蕴藏的大量科技档案内容信息进行开发，以便为科技档案工作注入新的活力。由此便产生了对科技档案分类工作的新要求，即科技档案分类既包括对其实体的分类，更应包括对其内容信息的分类。

科技档案内容信息是指科技档案的知识形态，即科技档案中存储的可以提供交流的各种事实。科技档案内容信息的分类（以下简称信息分类）是以科技档案内容信息为对象进行的逻辑上的分类，其结果揭示了科技档案内容

信息的性质，为建立科技档案检索系统奠定了基础。

实体分类与信息分类存在着分类对象、分类目的与分类方法的显著差别，是两种不能混淆的分类，而将科技档案分类进一步划分为实体分类与信息分类，正是科技档案工作深入发展的必然结果。

科技档案是科技活动的伴生物，具有原始性和依据性的特点，有广泛的利用价值。以其实体进行利用与交流，必将受到一定的限制，而影响其作用的发挥。将科技档案实体及其内容信息区别开来，不仅解决了这一矛盾，而且为科技档案内容信息的相对集中创造了条件，在利用中呈现出灵活性、系统性的优势。因此，信息分类对科技档案的交流具有重要的意义。

信息分类是实体分类发展到一定阶段的产物，对实体分类起着补充和完善的作用。管理与日俱增的科技档案实体，建立良好的库藏秩序，可以通过实体分类实现。但是任何分类都是相对的，不可能始终适应其管理和利用的要求，反复调整实体分类又是科技档案工作的大忌，而信息分类则以其灵活性与多样性弥补实体分类的不足，为利用者提供更加具体的科技档案信息。信息分类的这些优点，随着科技档案数量的增长必将日益显著。可见，科技档案分类应担负实体分类与信息分类两项任务，是科技档案工作的客观要求。为此，必须对科技档案分类重新定义，即科技档案分类是运用分类的方法，结合科技档案的特点，系统地组织科技档案实体，分门别类地揭示其信息的科技档案业务活动。这个定义首先强调科技档案分类的任务是通过揭示和组织分类对象，为它们的管理创造条件，明确了科技档案分类与科技档案工作中一般运用分类方法的区别，从而保证了科技档案分类目的的实现。其次，这个定义明确了科技档案分类包括实体分类和信息分类两项内容，从而指明了它与其他科技文献分类的界限。

根据科技档案分类的新定义，我们可以得到这样的结论，科技档案分类是科技档案工作中一项特定的业务活动，其结果形成了众多具体的分类方法。由于它们的分类对象与目的不同，自然而然地形成了实体分类法体系和信息分类法体系。这两个分类法体系的形成，适应了科技档案工作的客观要求，完善了科技档案分类体系，保证了科技档案工作的顺利进行，必将对科技档案分类实践产生深远的影响。

二、类与分类的基本单位

　　分类实质上是以类别的形式将分类对象加以区别和集中，以突出共性的方式简化分类对象，为认识和管理它们提供依据。所谓类是一组具有共同属性或特征的事物的组合。它是一个集合概念，是由若干个至少具有某一共性的个体构成的群体。

　　所谓分类基本单位，是指充当分类的个体或分类对象的最小单元。在分类中，其基本单位具有相对性，可以因分类目的的不同而变化。但是分类基本单位又具有条件性，它以保证分类对象的整体性为前提，破坏了这种整体性，就会改变分类对象的面貌。因此，分类基本单位存在着一个最低限度——即不能小于它的最小单元。超过了这个限度，预定的分类目的就无法实现，因此，正确地把握分类的基本单位，是实现分类目的的关键。

　　对于什么是实体分类的基本单位，目前存在两种认识：一种认为科技档案分类应以"套"为基本单位；另一种则认为应以"卷"为基本单位。这两种认识是否为分类层次的不同呢？只要分析一下，就会发现，这两种不同的分类基本单位，导致了两种完全不同的分类结果。

　　以"套"作为分类的基本单位，实现了若干套科技档案之间的类分，形成了同类与属类将科技档案部门保存的大量科技档案组织成库藏系统的任务。而以"卷"作为基本单位，实现了一套科技档案内的科技文件的划分，解决的只是科技文件的排列组合，并没有涉及其他套科技档案，更不可能实现科技档案分类的目的。以"套"为基本单位和以"卷"为基本单位，具有不同的分类对象，完成着不同的任务，前者满足了科技档案分类的要求，后者只完成了组织保管单位的任务。因此这两项工作是不能混淆的，否则，必将贻误科技档案分类工作。对此我们在理论上必须有清楚的认识。

　　这里的"套"是指一项相对独立的科技活动所形成的具有一定价值的科技档案材料的有机整体。它在内容上表现为具有一定的综合性与完整性，在形式上表现为科技文件的集合。这样定义不仅反映了套的相对性，而且又强调了它的不可再分性。实践证明，实体分类的基本单位如果大于"套"，就不能将一套套科技档案组织起来，而小于"套"，又要犯分类过度的错误，以至改变分类对象，使分类误入歧途。因此，实体分类必须以"套"为基本单位。

对于起步较晚的信息分类而言，明确其分类的基本单位，具有更加重要的实践意义。目前，持"科技档案分类应包括信息分类"观点的人为数不少，但要使信息分类真正成为一个分类体系，就不能回避其分类基本单位问题。

信息分类与实体分类存在着对象与目的的不同，它以档案存储的事实为对象，以建立检索系统为目的。为了实现这一目的，信息分类必须使科技档案内容信息与其载体相脱离，这是内容相同的科技档案信息相对集中的必要条件。为了完成这一任务，信息分类必须突破其实体的限制。因为任何一项科技活动都是综合性的科技活动，一套科技档案包括的内容信息必然具有多元性。为了便于检索，信息分类的基本单位应具备既将多元信息类分，而又不至于破坏每一信息单元完整性的特点。因而，信息分类的基本单位显然不能与实体分类相同，而必将比实体分类的基本单位更加具体。

以科技档案内容信息为分类对象，意味着任何一个相对完整的信息单元，无论它们的载体形式是否独立，都可以参加信息分类。在检索体系中，信息分类的物理形式与最小单位是著录条目。它是依据一定的著录方式与规则而形成的反映科技档案内容与形式的记录。著录条目是著录工作的结果，在著录之前它并不存在。因此，信息分类的基本单位不能以其载体形式为转移，相反，它应是著录条目产生的前提。由于科技档案内容信息复杂且数量较大，就产生了以什么作为著录单位的问题。以单份科技文件为著录单位，只有少数文件能够达到一定的信息量；而以保管单位作为著录单位，其信息量因存在较大差异而难以把握。为了保证检索体系的效益，必须恰当地选择著录单位，信息分类的基本单位正是对著录单位的质的规定。

根据以上分析，科技档案信息主题可以作为信息分类的基本单位，它是科技档案内容的核心，是由主体因素、通用因素、位置因素及时间因素等构成的。它既是某一科技信息单元的代表，又是整个科技内容的重要组成部分，而且信息主题还是科技信息检索的依据。目前许多企事业单位的"专题目录"、"专业目录"都是以信息主题为基本单位而建立起来的。以信息主题为基本单位能够保证其检索体系的质量，不仅符合科技档案分类的理论要求，而且也是切实可行的。

三、科技档案分类的基本标准

分类是以分类对象的某些特征和属性为尺度，对分类对象逐个衡量的结果。这种尺度就是分类标准。由于科技档案种类多，内容复杂，可以作为分类标准的特征较多。我们不可能也不必要将它们一一列举，重要的是应对这些分类标准进行研究，从而概括出在科技档案分类中起指导作用的基本标准。所谓基本标准，并不一定是划分类别的具体标准，而是指导选择分类的出发点。分类实践表明，以分类对象的本质属性作分类标准形成的类别才具有典型性，也才能保证类别界限清晰易于掌握。科技档案内容的科学技术性质是科技档案的本质属性，也是区别于其他档案的标志，无论是实体分类还是信息分类的基本标准，都必须以此为基础。

实体分类是对科技档案物质形态的分类，科技档案实体是科技档案材料有机联系的固定形式，这种有机联系是科技档案原始性的具体体现，又是对其整体性的规定，是实体分类必须保证的。因此，对综合性很强的科技档案实体的分类，不可能直接以其某一种科技属性作为分类标准，否则将破坏科技档案实体的有机联系而使其肢解。必须选择一个能从整体上反映其内容属性的概念为分类标准，以科技活动的功能作分类标准可以满足这一要求。所谓科技活动的功能，是指一项科技活动要达到的目的或所起的作用。科技活动的功能是开展科技活动的依据，也是区别于其他活动的本质特征，无论是哪种形式的科技活动，都可以根据其功能加以区分。对与之相对应的科技档案采用功能作为分类标准，同样可以进行科学的类分。以产品档案为例，以功能为标准可将钢板产品分为铁道用板类、造船用板类、锅炉用板类与汽车大梁板类，等等。对于建筑项目亦可依其功能将水利工程分为防汛工程、排灌工程、枢纽工程、航道交通工程，等等。

必须指出，所谓科技活动的功能具有相对意义。在生产和科研现代化的今天，社会协作是它的基本方式。任何较大功能的实现，都需要许多部门与单位共同完成。这些协作单位以分别完成部分科技活动功能的形式，参与和实现着科技活动的整体功能。科技活动既然有整体功能与部分功能之分，选择分类标准的功能也必须与其科技活动的范围相适应。无论选择哪一层次的功能作为分类标准，只要具有相对独立性，就能反映分类对象的本质特征。

这说明，以科技活动的功能作为实体分类的标准具有普遍意义。

信息分类是对科技档案的知识分类，是对其存储的科学技术信息的分类，可以直接以其内容属性作为分类标准。尽管如此，信息分类的基本标准也不能信手拈来，必须满足信息分类通用性的基本要求。以专业分工作为信息分类的标准既能反映科技档案信息的内容属性，又具有一定的通用性，是比较理想的信息分类标准。所谓专业分工，是在学科分类的基础上，对产业部门工业化生产过程的划分。其结果将科技工作划分成各个业务部分，这些业务部分既反映了科技活动的相对独立性，又反映了各业务工作的相互联系。以冶金行业为例，根据其分工可以划分为冶金地质、采矿、选矿、烧结、焦化、炼钢、炼铁、轧钢以及工业炉窑、机修、燃气、电器、运输等专业，这些专业将冶金行业的生产技术过程分解成一个个相对独立的科技活动，也就奠定了以专业分工作为信息分类标准的可能性。值得注意的是，目前工业化生产方式不仅在生产部门得到了广泛的应用，同时也是组织科研活动的基本方法，因而专业分工已成为一种比较严密与通用的分类体系。不仅它的大专业分工明确，而且各大专业中小专业的划分也泾渭分明。以它作为信息分类标准，不仅便于掌握，而且各行各业科技档案形成者及其利用者都很熟悉，便于运用，是一个比较理想的分类标准。

总之，功能标准从科技活动的整体上反映了科技档案实体的科技属性；专业标准则是从科技活动的阶段和分工方面反映了科技档案内容信息的科技属性。两者表现形式虽不同但都源于科技档案的内容属性，都体现了分类对象各自的内容性质。因此，在选择分类标准时具有普遍性与典型性，在此基础上可派生出许多具体分类标准，都可以作为科技档案分类的基本标准。

另外，分类规则与分类表结构是科技档案分类工作顺利进行的技术保证，对于分类工作有着不容忽视的作用，也应作为分类理论的组成部分加以研究。因篇幅关系，本文略去不赘。

近几年来，科技档案分类的理论与实践有了较大发展。但是从教学出发，深感目前尚缺对科技档案分类理论系统概括的阐述。在广泛汲取有关研究成果的基础上，提出了笔者的一孔之见，以此抛砖引玉，求教于各方。

（原载于《档案工作》1989年第1期）

科技档案工作原理初探

科技档案工作原理是人们对科技档案工作规律的认识与概括,是科技档案管理学的理论支柱,也是科技档案工作发展到一定阶段对理论的呼唤。科技档案管理原理不应是现代管理学理论的翻版,而是它们与科技档案管理实践相结合生长出来的新果实。在这方面,科技档案工作者已经提出了不少颇有见地的观点,其中有以法规形式揭示的科技档案集中统一管理的原理、有很多人提倡的科技档案工作整体优化的原理和效益原理等,本人认为以下两点也是不容忽视的。

一、内容联系的原理

内容联系的原理是指在管理科技档案的工作中,必须遵循科技档案的自然形成规律,保持其内容的有机联系的原理。

科技档案的内容联系是相对"来源联系"而言的,是指科技档案反映的以科技活动为基础的专业、学科、程序等方面的有机联系。保持科技档案内容的有机联系包含两方面的含义:其一,它揭示了科技档案整体性的标准及其不可分割性;其二,它强调了科技档案构成及其结构形式的重要性。

保持档案的有机联系是档案管理的基本理论之一。希拉里·詹金斯曾提出:"档案各部分之间,也有着对它本身的意义不可或缺的结构、关节和自然联系,……档案只有在这种自然形成的形态和联系保持不变的条件下,才能使它的性质不受损害地保持下去。"[①] 长期以来,我国档案界一直把"来源联系"(即档案与其作者的联系)作为档案最基本的有机联系,即"一个机关的各项活动不是孤立的,而是有联系地进行的,这就决定了一个机关形成的

---

① [美]T. R. 谢伦伯格著,黄坤坊等译:《现代档案——原则与技术》,北京:档案出版社,1983年,第25页。

档案材料之间固有的内在联系，使它们成为一个有机整体。保持全宗整体，是档案管理的一条基本原则，也是贯穿于档案管理工作的核心问题。"① 这一原理在其他档案的管理活动中具有重要的依据作用，但是对科技档案的管理却不适用。科技档案工作的发展逐渐显示了自己与其他档案门类不同的形成规律。由于科技活动的综合性和社会化，一套科技档案往往拥有若干个形成者，少到一两个单位的若干部门，多到国内外各行各业。例如，大庆30万吨乙烯工程基建档案的形成者包括了美国、日本、英国、德国的21家公司和我国的25个设计院和35个施工单位。如按照来源区分与管理这些档案，势必要将它们肢解得七零八落，使它们无法实现科技档案的功能。为了客观地保持科技档案的有机联系，科技档案工作者认真地研究科技档案的形成规律，进一步认识了科技档案的形成特点：科技活动具有严密、科学的程序，它们所形成的科技档案真实地反映了特定的内容与过程。虽然这些档案材料的形成者不同，但是它们却源于同一个科技活动过程，紧密围绕着特定的科技活动，形成的所有科技档案材料天然地构成了一个有机的整体，进而揭示了科技档案最本质的有机联系即内容联系。

科技档案的内容联系原理，不仅概括出衡量科技档案整体性的标准，而且还明确了科技档案构成的要求。科技档案作为一种原始记录，不仅反映了科技活动的结果，更重要的是客观地反映了科技活动的全过程。因此它才能具有较高的利用价值并能满足广泛的利用需要。科技档案的这种价值是凭借它所包含的内容，即构成科技档案的各种科技档案成分实现的。可见，作为具有一定功能的科技档案的整体，必须同时具备以下条件：第一，具备与科技活动相适应的各种科技档案材料；第二，这些科技档案材料应按照一定的结构形式实现有序化。如果没有相应的科技档案材料，科技档案就不能反映有关科技活动；而虽然有各种成分的档案材料，但没有形成一定的结构形式，科技档案材料之间杂乱无章，这些科技档案材料就难以被利用。不仅单份科技档案材料的具体价值无法实现，而且还影响着科技档案整体价值的实现。而具有一定顺序的科技档案通过各种档案材料的相互配合，能够多角度、多侧面地提供各种科技档案信息，不但其综合价值大大超过单份档案材料价值

---

① 陈兆、吴宝荣主编：《档案管理学基础》，北京：中国人民大学出版社，1986年，第65页。

之和，而且其单份档案材料的价值也将充分地得以显现。这说明，科技档案不仅要求具备一定的内容，而且其内容之间还必须形成一定的结构关系，才能实现其基本功能。因此，对科技档案内容的要求必然成为科技档案管理工作的基本要求。那么科技档案究竟应包括哪些成分？它们将按照什么原则排序？实践证明，科技档案的内容联系是它们最基本的依据。因为内容联系反映了科技档案的"自然形成状态"，能够保持科技档案的性质和功能，并且也适合科技档案利用者的要求。

保持科技档案的内容联系是科技档案管理的重要依据，对于指导科技档案管理工作具有重要意义。首先，内容联系是科技档案收集工作的依据。科技档案的收集工作是实现科技档案资源积累与存贮的主要措施，为了保证科技档案的质量，为人类保存有价值的科学文化财富，在科技档案归档前要进行完整性的鉴别，正式归档时还要进一步核查其是否已形成具有一定顺序的科技档案材料的整体。而科技档案的成分是否齐备，排列是否合理，衡量的标准就是其内容联系。其次，内容联系是鉴定科技档案价值的基本依据。它一方面能从整体上制约各种科技档案材料的价值；另一方面又以其内容的合理构成和特定顺序的排列，便利了科技档案材料的查找和利用，进而增加了它们的价值。再次，内容联系又是科技档案开发利用的必要条件。对科技档案工作而言，内容联系是科技档案工作者熟悉库藏的主要线索，只有深入了解库藏内容及特点，他们才能游刃有余地开展科技档案利用工作；对科技档案的利用者而言，科技档案的内容是他们利用的出发点与着眼点，按内容联系组织科技档案材料及其检索体系，适应了科技档案利用者查找利用的习惯，有助于提高检索的效率。此外，在科技档案的其他管理活动，如科技档案的分类、排列等活动中，内容联系已经发挥着众所周知的重要作用。因此，科技档案的内容联系应是科技档案管理的基本理论依据之一。

二、动态管理的原理

动态管理原理即科技档案管理工作不是一次性完成的，需要随科技活动的发展反复实施各项科技档案业务管理活动，形成了科技档案业务管理螺旋式发展的规律。

动态性是科技档案管理的重要特征。它首先是科技档案形成规律的必然反映。以往人们总是认为，档案是一种历史的积淀，它反映了已经逝去的人类活动，因此，对档案管理应是一个相对稳定的过程。这种观点反映了大多数档案管理的实际，但是对科技档案的管理而言却值得商榷。科技档案是由科技文件转化而来的，具有自己特殊的形成规律，即科技文件的形成和积累贯穿于科技活动的始终。由于科技活动的延续性和复杂性，它们有的呈持续的状态——有始无终；有的呈螺旋状态——在原有的基础上不断完善；有的则是一次性的——虽然有始有终，但周期较长。科技生产活动的规律，决定了科技档案的形成、积累也是一个相对持久的过程，因此，科技档案管理活动就不可能一劳永逸，必将呈现出动态的发展趋势。

其次，科技档案管理的动态性是发挥科技档案作用的客观要求。科技档案具有较强的现实性，能够在其利用过程中产生直接的技术效益、经济效益和社会效益。为此，社会实践活动对科技档案的准确性提出了较高的要求：不仅要求科技档案要能够客观地反映归档前科技生产活动的历史面貌，而且又要求科技档案能够及时反映归档后科技生产活动的发展变化，将科技档案的准确性建立在历史与现实辩证统一的基础之上。因此，在科技档案的保管过程中，必须要不断补充陆续形成的那些新的相关科技档案材料，才能保证其动态的完整。随之而来又形成了科技档案管理的另一特点，就是允许对某些科技档案的内容，用修改、补充的方式来保持其动态的完整。这样，围绕科技档案的修改、补充，又产生了诸如科技档案的补充收集、质量鉴别以及对科技文件修改的监督等一系列新的科技档案管理活动。这充分说明，即使是在科技档案相对稳定的保管状态，其业务管理依然处于不断调整变化的动态过程之中。特别是科技档案与现实的科技生产活动的这种密切关系，要求科技档案要迅速适应科技档案利用的需要，这又为科技档案利用工作的不断完善与发展提出了新的目标和要求。可见，科技档案和科技档案工作的特点是科技档案动态管理的客观基础。

动态管理原理揭示了科技档案业务管理工作的规律，认识和运用这一规律对科技档案管理将产生重要影响。以动态管理的观点指导科技档案的归档，使我们能够辩证地认识科技档案的完整性，具体分析各种科技档案材料的形成规律，实是求事地确定其适宜的归档时间，保证科技档案的完整。以动态管理的原理指导科技档案的鉴定工作，使我们能够全面地认识科技档案的历史性与现实性，客观地把握其价值，及时调整库藏内容，保持库藏科技档案的质量始终处于最佳状态。运用动态管理原理指导科技档案统计工作，我们就不仅要了解科技档案的静态数量特征，更要注意研究其动态的数量特征，设计反映科技档案动态特征的统计指标，以研究科技档案工作的发展趋势、发展水平及发展速度，以此规划、协调科技档案工作。运用动态管理原理指导科技档案的利用工作，开展"跟踪服务"，是提高科技档案利用效益的重要途径。随着我国科学技术、经济建设与市场经济的发展，科技档案信息的积累日益丰富，科技档案的利用范围、利用需求也在不断扩展，科技档案服务的内容、方式、手段也将相应地得到调整。在这方面，科技档案管理的动态性表现得尤为突出、更加活跃。总之，科技档案管理的动态性是科技档案工作的客观反映，也是科技档案工作不断完善的主要原因，它将引起科技档案管理工作内容、结构、方法及职能的调整，从而推动和促进科技档案工作的发展。

（原载于《档案学研究》1995年第2期）

科技档案资产化管理初探

一、树立科技档案是无形资产的观念

国有资产是指国家基于权力的使用或依法取得和认定的，或者国家以各种形式对企业投资及投资收益的各种财产权益。它由有形资产、无形资产和资源性资产组成。其中无形资产，指不具有实物形态，但是可以持续地为所有者和经营者带来经济效益的资产。

根据无形资产的形成特点，还可以把它们进一步划分为：第一，依赖于载体的无形资产，包括商标、商誉、厂牌名称、商务合同等；第二，由于实施行政权力而形成的无形资产，它们的形成都是履行政府职能的结果，如土地使用权、特种经营权和各种生产许可证等；第三，在职务活动中形成的无形资产，它们都是在一定资金投入和智力投入的基础上形成的，如专有技术、技术诀窍、各种配方、工程或技术图、计算机软件、管理经验与技能等。

无形资产大多没有物质实体，通常是以某种文件作为其标志或表现形式。作为科技活动伴生物的科技档案，本来就是无形资产的组成部分。在计量科技成果时，科技档案更是其价值的直接表征。

科技档案不仅在无形资产中占有重要地位，而且还与有形资产息息相关。在清产核资与资产评估等有形资产的基础管理工作中，科技档案提供的设备购置凭证、反映技术诀窍的设计文件等起到了重要的凭证作用。而《档案法》和《档案法实施办法》提出的，档案具有国家、集体和个人三种所有制形式，又从法律上证实了科技档案的资产属性。

随着社会的进步，科学技术在市场竞争中的作用日益重要，作为科技储备形式的科技档案也不可避免地成为技术竞争的对象。在计划经济向市场经济的转变过程中，科技档案以多种形式和途径参与了市场交易活动，并产生了可观的经济效益。在技术入股和独占性技术贸易中，这种现象尤为显著。

为了适应这种变化，财政部于1989年4月对我国会计制度进行了重大修改，在《国营工业企业会计制度——会计科目和会计报表》的资产占用科目中，第一次增加了"无形资产"科目，并且在《企业会计准则》中具体确定了无形资产成本的三种记账方式。

二、对科技档案实行资产化管理的必要性

认清科技档案是一种无形资产，引入资产管理机制，对当前的科技档案工作具有重要的意义。

（一）明确产权关系，防止档案资产的流失

资产管理的前提是明确产权关系。这也是对科技档案实行科学管理、防止科技档案流失的法律基础。只有明确了科技档案的归属，才能保证其所有者的合法权益。

市场经济的发展进一步显示了科技档案在技术交流和技术贸易活动中的作用，为档案所有者创造了可观的财富。这也在科技档案的管理过程中引发了一些新问题。一些科技人员不向本单位档案部门移交科技档案，甚至私自转让科技档案。面对这些在市场经济条件下出现的国有档案资产私有化现象，必须强调，在国有企事业单位和国家投资的科技生产活动中形成的科技档案的国有资产性质。这是因为，这类科技活动都是职务活动，是在国家的支持和保障下进行的。本着谁投资、谁所有、谁受益的原则，这些活动的成果（包括科技档案）完全应该属于国家或单位所有。国有档案私有化现象的出现，其中一个重要的原因是，科技活动是一种知识密集型的劳动，它的成功一方面依赖大量的资金支持，另一方面还需要研究人员发挥自己的聪明才智。一些科技人员就此错误地认为，对自己形成的科技档案拥有一定的所有权，这个问题必须通过界定科技档案的产权关系才能解决。由于国家或单位对科技活动的投资，不仅为科技人员创造了应有的工作条件，而且还给科技人员提供了工资和各种福利，实际上这就是对科技人员"智力投入"的报酬。因此，国家或单位必须对这类科技活动的成果享有完全的所有权。科技档案形成者只有保证科技档案质量的义务，而没有占为己有的权利。可见，明确档案产权关系，是科技档案部门管理科技档案的前提，也是划定各级、各类档案馆工作范围的依据。

(二）明确资产管理的任务，保证科技档案的质量

价值管理是市场经济条件下资产管理的基本方式，资产的保值增值是资产管理的基本任务。纵观科技档案管理的实践，长期以来一直存在着保值增值的客观要求。众所周知，信息增值的基本方式是信息的积累、信息的系统化和信息的加工，而科技档案管理工作提出的保证其完整、准确、系统和安全的要求，实质上就是要保证科技档案保值增值。

在计划经济条件下，形成优质的科技档案并将它们归档，是科技人员完成科技任务的重要标志。在归档制度的制约和科技档案工作者的努力下，科技档案工作已经形成了良好的归档秩序，通过接收和补充收集，较好地保证了科技档案的质量。市场经济的发展激活了科学技术的经济职能，给广大科技人员带来了一定的经济收益，进一步调动了他们更多、更快地完成科技活动的积极性。但是，这种情况却在一定程度上淡化了归档对科技人员的影响。在科技档案形成质量和归档工作中出现了一些问题，诸如，为了获取更大的经济收益，一些人放松了对科技档案的形成、积累，致使有些科技活动没有形成完整的科技档案；有的科技活动虽然形成了科技文件，由于无人归档造成科技文件的遗失；少数人为了防止别人利用自己形成的科技档案，故意不提交反映科技活动的关键事实和数据材料，甚至用伪造的数据"偷梁换柱"，这就使科技档案部门保存的科技档案严重失真，影响了它们的价值和作用。

(三）研究无形资产经营的方法，合理开发科技档案资源

科学技术是构成商品价值的主要因素，企事业单位为在商品竞争中取胜，必然投入大量的人、财、物资源，以研究新技术、新材料、新方法，开发新产品。科学技术使企事业单位获得了巨大的利润，为了保持自己商品的竞争优势，保护自己的知识产权，企事业单位采取的基本方法就是垄断技术——禁止这些科技档案的利用。这是目前各单位科技档案利用工作中遇到的一个难以解决的矛盾。只有在保护本单位知识产权的前提下，寻求合理开发利用科技档案的方法，才能妥善解决目前基层科技档案利用工作的这一危机。

在无形资产的经营管理活动中，根据资产所有权和经营权分离的原则，在保证无形资产所有者利益的条件下，采取了例如让渡使用权、技术服务和技术咨询等多种交易的方式，其中"自备技术"的技术贸易问题特别值得我们关注。"自备技术"是各单位为了满足科技人员自身发展、改善工艺和提高产品的竞争能力而产生的，从它们被创造出来直至被淘汰，并不需要进入

流通领域。但是市场经济的发展却为"自备技术"转化为商品创造了机遇，在技术发展不平衡的条件下，当"自备技术"对其所有者已经无实际使用价值，但对其他企业仍有使用价值；或者该技术虽然仍有使用价值，但是如果技术转让的收益高于企业保持该技术垄断所产生的经济效益时，这些技术就可能进入流通领域转化为商品。这种技术的特点及其以知识为内容、以信息为基本形式的交易方式，同科技档案的某些开发利用有许多相似之处。根据马克思主义的理论，只要存在社会分工和不同所有者这两个基本条件，商品交换就是不可避免的。因此，当务之急是要从保护科技档案所有者权益出发，探寻适合科技档案这种有价资源开发利用的方式，从而实现科技档案的增值。借鉴上述技术贸易的经验，科技档案的开发利用应采取无偿利用、有偿利用和控制利用三种方式。

无偿利用，是指对不影响国家根本利益的国有科技档案应该公开，供人们无条件地利用。有偿利用，是指利用者和档案所有者协商，以公平交易的方式，获得科技档案的查阅权或复制权。控制利用，即为保证档案所有者对自己的专有技术、技术诀窍的垄断采取的禁止以及经过特许后方可有偿利用的方式。具体操作时，可以根据以下情况进一步区别对待。第一，根据科技档案形成时间区别对待。即对本世纪进馆的和实行现代企业制度以前形成的科技档案应无偿利用。这两种情况均为我国计划经济条件下形成的科技档案，在此期间，国家通过计划拨款支持各企事业单位的科技活动，所形成的科技档案都是国有资产。加之这些科技档案形成时间较长，技术贸易需求较少，只要不涉及国家的根本利益，都应该无偿地提供利用。第二，根据科技档案内容区别对待。实行现代企业制度后，企业成为独立法人，科技档案已经成为企业资产，利用这些科技档案必须得到其所有者的同意。其中涉及企业商业秘密和知识产权的科技档案，其所有者有权对它们控制使用，其他科技档案的利用则应该以双方认可的价格，有偿利用。第三，根据利用效果区别对待。对于归国家和集体所有的科技档案的利用，档案所有者应该客观考虑其社会效益和经济效益。凡将科技档案用于非经营性活动，例如社会公益事业、行政管理活动的，应放松控制；对用于经营性目的、并使利用者获得经济利益的利用，为保证公平竞争，科技档案所有者有权根据其经济效益实行有偿利用。

（原载于《档案学研究》1996年增刊）

也谈科技报告与科技档案的区别
——与"中国科技报告体系的建设模式研究"的作者商榷

贺德方所长与中国科技报记者关于科技报告与科技档案区别与作用的谈话①，引起笔者的关注，由此追根溯源，拜读了相关论述——《中国科技报告体系的建设模式研究》②（以下简称"体系说"）和《美国政府科技报告管理和服务体系研究》③（以下简称"美国报告研究"），进一步了解了相关科技报告体系的理念与管理设想。笔者认为，加强科技报告管理非常必要，然而体系说的相关理念与构想却值得商榷，因此，希望就中国科技报告体系（以下简称"报告体系"）建设的两个基本问题与体系说作者进行深入探讨。

一、商榷科技报告的定义

科技报告作为报告体系的客体或管理对象是体系说的理论基石，它不仅决定了该体系建设的范围与规模，还决定着建设的成效及难度。

科技报告这一概念在我国早已有之，实践中它拥有科研报告、技术报告、研究报告、实验报告等多个具体称谓，以对应相关科技活动。人们一般认为，科技报告是其作者根据科技活动的客观需要，形成的一种用于表现科技成（结）果的科技文件形式，利用价值高的科技报告是科技（研）档案的必要组成部分。体系说的作者则认为："科技报告包含部分科研档案内容，又不同

---

① "科技报告制度是国家创新体系的基本保障条件"——访中国科学技术信息研究所所长贺德方，中国科技网 http：//www.stdaily.com，2012年8月30日，发布时间：2012年8月30日，作者：徐玢。

② 贺德方、胡红亮、周杰：《中国科技报告体系的建设模式研究》，《情报学报》第28卷第6期，2009年12月，第803—808页。

③ 贺德方主编：《美国政府科技报告管理和服务体系研究》，北京：机械工业出版社，2006年。

于科研档案。科研档案的基本目的是归档保存和备查，作为一种原始凭证，涵盖内容相对宽泛，侧重保存研究过程中形成的管理性文件和研究结果的依据性材料；而科技报告则是以积累、传播和交流为目的，按照规定的格式编写而成，侧重描述研究的技术过程、内容和结果，更具有参考价值。"①

作者采用内涵定义和外延定义的方式，界定"科技报告是科技人员按规定的格式撰写、完整而真实地反映其从事的科研、设计、工程、试验和鉴定等活动的技术内容和经验教训的特种文献"。② "科技报告包括的内容范围十分广泛，包括科学研究的调查报告、初期报告、进展报告、月度报告、季度报告、年度报告、研究报告、期刊论文，以及技术札记、备忘录等，是科学研究活动的具体成果和实际过程的真实记录。"③ 因此，作者所谓的科技报告是一个抽象概念或广义概念，它囊括所有科技活动过程实际形成的各种记录。体系说的定义将一个外延无所不包、内涵含混不清的事物，摆在了世人面前，促使我们必须探究科技报告的本质，还其本来面貌。

（一）体系说关于科技报告定义及与科技档案的区别，背离我国相关基础理论

定义"是对概念的语言描述。它指出某一概念在概念体系中的确切位置，并将该概念同相关概念区分开来"。④ 定义首先要符合被定义对象的客观实际，而我国相关事物及其定义的客观实际如何呢？

首先，国家标准早已认定科技报告是一种具体的科技文件。"科学技术报告是描述一项科学技术研究的结果或进展或一项技术研制试验和评价的结果；或是论述某项科学技术问题的现状和发展的文件。""科学技术报告是为了呈送科学技术工作主管机构或科学基金会等组织或主持研究的人等。"⑤

其次，国家法规已经对科技档案做出法定定义。《中华人民共和国档案法（修正）》（以下简称《档案法》）规定："本法所称的档案，是指过去和现在的

---

① "科技报告制度是国家创新体系的基本保障条件"——访中国科学技术信息研究所所长贺德方，中国科技网http://www.stdaily.com，2012年8月30日，发布时间：2012年8月30日，作者：徐玢。
② 贺德方、胡红亮、周杰：《中国科技报告体系的建设模式研究》，《情报学报》第28卷第6期，2009年12月，第804页。
③ 同上。
④ 国标《术语工作原则与方法》GB/T10112—9593 的4.1 定义概述。
⑤ 中华人民共和国国家标准《科学技术报告、学位论文和学术论文的编写格式》（GB7713—87）2.1 款。

国家机构、社会组织以及个人从事政治、军事、经济、科学、技术、文化、宗教等活动直接形成的对国家和社会有保存价值的各种文字、图表、声像等不同形式的历史记录。"① 而"科技档案是指在自然科学研究、生产技术、基本建设（以下简称科研、生产、基建）等活动中形成的应当归档保存的图纸、图表、文字材料、计算材料、照片、影片、录像、录音带等科技文件材料"。②

最后，国家科技主管部门对相关档案已有明确定义。"重大专项档案是指在重大专项组织实施过程中产生的具有保存价值的电子文档、文字资料、声像资料、照片、图表、数据信息等。"主要包括：综合材料、实施方案编制阶段、实施方案论证阶段、组织实施阶段、研究工作总结阶段和评估验收阶段等阶段形成的重要材料，其中"实验、测试、观测、调查、考察的各种原始记录，综合分析材料，数据整理材料，样机、样品、标本等实物。研究工作阶段总结，专项（课题）执行情况、年度报告，专项（课题）调整申请及批复，专项工作报告；研究报告，研制报告，技术报告，论文专著报告，专利文件，成果推广应用报告，成果登记表，专项总结报告等"被明确列入其档案的范围。③

体系说的定义及其关于与科技（研）档案区别的阐述，背离了上述普适与法定的定义，混淆了科技报告与科技档案的概念。其一，体系说定义的内涵，与国标定义相悖，而与科技档案的内涵重合，不仅无法区别科技报告与科技档案，而且还将造成人们相关认识的混乱。其二，体系说以"目的"区分科技档案与科技报告的方法缺乏科学性，如同人们将货币存入银行或用于消费并不影响货币的性质一样，如何利用科技报告和科技档案，同样无法体现二者的本质，而且"归档保存，作为一种原始凭证"与"备查以积累、传播和交流"的所谓目的之间并不存在本质的差别。其三，体系说曲解了档案的形成规律。科技档案内容构成以客观、完整记录科技活动为尺度，强调对科技活动全过程相关档案文件的积累，相关法规对其范围都有具体的规定。所谓"侧重之说"只是作者的主观臆断，并不符合我国科技活动与科研档案

---

① 《中华人民共和国档案法（修正）》（1996年7月5日第八届全国人大常委会第二十次会议修正）第二条。
② 《科学技术档案工作条例》（1980年12月9日国务院批准）第二条。
③ 《国家科技重大专项档案管理规定》第一条和第九条科技部重大专项办公室2011年6月9日发布。

管理的实际。体系说的定义强调科技报告的内容涵盖其过程与成果，恰恰说明二者内容相同、成分一致。其四，体系说对科技报告与科研档案价值的表述难分伯仲。如果一定要区别，显然"原始凭证"的利用效果更可靠，利用的空间更大。

至于体系说推崇的美国科技报告的管理经验，笔者认为，根据美国国家标准《科技报告：元素、组织和设计》（ANSI/NISOZ39.18-1995）的定义："科技报告用以传递基础或应用研究的结果，支撑基于这些结果所产生的决定，这些报告还应包含一些必要的信息，用于解释、应用或重复一项研究结果或方法。"① 美国政府坚持共享的科技报告，恰恰是用以反映特定科技活动（政府资助）成果的科技报告，绝非泛指。

体系说关于科技报告的定义有悖于科技报告和科技档案这两个社会公认的成熟概念，其关于科技报告与科研档案的区别缺乏实质性依据。根据术语学的原则，作为术语必须具有单义性和稳定性，"在创立新术语之前应先检查有无同义词，并在已有的几个同义词之间，选择能较好满足下面这些对术语的其他要求的术语"。② 即选择"使用频率较高、范围较广，已经约定俗成的术语，没有重要原因，即使是有不理想之处，也不宜轻易变更"。③ 因此，既然科技报告和科技档案的术语已经"定型"，体系说应该尊重并采用这一概念的名称及内涵，否则就需要重新定义一个新概念。

（二）体系说关于科技报告的定义，不适合国家相关知识产权政策

体系说试图管控的"科技报告涉及或覆盖科研的全过程，内容翔实、专深，附有图表、数据、研究方法等，能如实、完整、及时描述科研的基本原理、方法、技术、工艺和过程等，科研工作者依据科技报告中的描述能重复实验过程或重现科研结果"。④ 据此，其他专业人士也能反求出研制人员付出大量智慧与心血才能创造的科技成果——非法侵占知识产权人的合法权益。而报告系统拥有了所谓科技报告，就拥有了"描述和重现"相关知识产权的

---

① 贺德方主编：《美国政府科技报告管理和服务体系研究》，北京：机械工业出版社，2006年，第1页。
② 国标《术语工作原则与方法》GB/T10112—9593 的 5.3.1。
③ 国标《术语工作原则与方法》GB/T10112—9593 的 5.3.5。
④ "科技报告制度是国家创新体系的基本保障条件"——访中国科学技术信息研究所所长贺德方，中国科技网 http://www.stdaily.com，2012年8月30日，发布时间：2012年8月30日，作者：徐玢。

能力。然而，报告体系是否拥有这样的权利呢？

根据国务院《关于国家科研计划项目研究成果知识产权管理的若干规定》："由科研项目研究成果及其形成的知识产权，除涉及国家安全、国家利益和重大社会公共利益的以外，国家授予科研项目承担单位（以下简称项目承担单位）。""项目承担单位须建立规范有效的知识产权管理制度，对项目执行过程中产生的研究成果及时采取知识产权保护措施，依法取得相关知识产权，并予以有效管理和充分使用。"据此，一方面，科技报告的形成者必然依法保护自身知识产权，拒绝提交如此翔实的科技报告，导致管控科技报告的初衷无法实现。另一方面，即使报告体系的组成部门果真能够得到这样的科技报告，将怎样处理与科技报告作者的知识产权关系？具体而言，即如何对待项目承担单位依法累积的科技档案资源？而"积累、传播和交流"科技报告的活动属于有关部门的职能活动，按照我国《档案法》的规定，这一过程中形成的、包括接收的科技报告在内的所有重要科技文件，也必须作为科技档案移交本单位档案部门。这就导致了相关科技信息与科技档案的反复接收与转化，将无谓地消耗大量的智力劳动与资源。

（三）体系说定义的科技报告外延过大，使其体系建设步履维艰

当今是科技活动空前普遍的时代，科技活动大到国家的科技项目，小到社会公众个人的兴趣爱好，只要是科技活动就会形成科技报告。体系说兴师动众地积累、管理与交流，内容千差万别、水平参差不齐、价值鱼龙混杂的所有科技报告，巨大的资源投入与毫无保障的产出，必将引发纳税人对报告体系必要性的质疑。即便达成体系建设的共识，如此庞大的建设工程绝非易事，既要联合动员科学院、国家自然科学基金委、教育部、国防科工委、科技部等系统，又要独辟蹊径地进行各层级的贯通。而越到基层头绪越多、矛盾越大，管理的积极性就越低。

目前除我国档案机构管理着数量可观的一定范围的科技报告以外，"我国其他部门科技报告的管理还比较零散和混乱，大量科技报告仍处于分散存档、搁置甚至流失的状态"[①]。"报告体系整体性建设进展并不顺利"[②]的事实，足以动摇作为体系建设基石的定义。就实践层面而言，任何事物都有重点，

---

① 贺德方、胡红亮、周杰：《中国科技报告体系的建设模式研究》，《情报学报》第28卷第6期，2009年12月，第805页。

② 同上。

科技报告也不例外，只有规定报告体系管理与共享的重点是可公开的、公共科技报告，其体系才能合理合法地建设与运行。而这正是长期以来我国科技管理活动的惯例。①

二、商榷报告体系的建设方式

"理论失之毫厘，实践谬之千里"，以体系说定义为基础的"完整的中国报告体系建设框架设计应包括管理体系，政策法规体系，标准规范体系，以及收藏和服务体系四大部分"②。"科技报告管理体系可建立三级组织管理机构。……成立科技报告部际领导小组，在部际领导小组之下，设立国家科技报告管理办公室。在中国科技报告管理办公室之下，可根据体系建设的具体需要设立科技报告资源管理专业委员会、技术和标准化专业委员会和信息服务专业委员会等专业委员会，对体系建设进行专业咨询、指导和协调。"③ 可见，体系说倡导建设的科技报告体系是目前并不存在的一个新体系，这种"另起炉灶"的建设方式，将造成组织职能的平行重复与国家行政资源的巨大浪费。

（一）报告管理体系的框架与现行科技管理体制及科技档案管理体制的冲突

科技报告一直是我国科技管理的对象与必要条件，我国各行业、各层级的科技（研）管理办法都已经规定了科技（研）档案的范围、管理要求与相关职责，有的还专门制定了相关档案的管理办法。

科技部颁布的《国家科技计划项目管理暂行办法》规定："项目承担者的基本职责包括：真实报告项目年度完成情况和经费年度决算，及时报告项目执行中出现的重大事项，填报由科技部制发的科技计划统计调查表和科技成果登记表；各类国家科技计划必须建立相互兼容的数据库，实现信息、数据资源共享。项目承担者提供的验收文件、资料，包括：项目合同书或项目计划任务书，科技部专项计划部门对项目的批件或有关批复文件，项目验收

---

① 《国家科技计划项目管理暂行办法》第四十条明确规定：项目承担者申请验收时应提供的验收文件和资料中就包括了项目研发工作总结报告和项目研发技术报告。

② 贺德方、胡红亮、周杰：《中国科技报告体系的建设模式研究》，《情报学报》第28卷第6期，2009年12月，第806页。

③ 同上。

申请表,科技成果鉴定报告,项目研发工作总结报告和项目研发技术报告等科研文件。"①《国家科技重大专项档案管理规定》:"重大专项档案管理工作实行统一领导、分级管理的原则。""各重大专项领导小组及牵头组织单位应指定一个档案管理机构全面负责本专项档案管理工作,以保证本专项档案管理的完整和统一。"《北京市科技计划项目(课题)管理办法(试行)》规定:"项目(课题)档案与保密工作纳入北京市科技计划项目(课题)管理全过程。档案管理按照《北京市科技计划项目(课题)档案管理办法》执行。"②

自20世纪80年代,国务院批准颁布国家经委、国家建委、国家科委和国家档案局联合制定的行政法规《科技档案管理条例》,到2010年国家科委制定的《国家科技重大专项档案管理规定》,乃至各行业及企事业单位的科技管理制度与科技档案管理制度,无一例外地将科技报告列入管理范围。至今,我国档案机构尤其是科技档案室(馆),已经持续积累并保存了大量重要的科技报告,它们是目前国家可以管控的科技报告的主体。

自20世纪50年代,我国开始设置档案机构专业化地接收、保存包括科技报告在内的科技档案,至今已经形成比较完整的档案管理组织系统和比较成熟的档案管理秩序。我国科技信息资源管理的这一重要特点,在世界范围都极为鲜见。忽视这样的信息国情,撇开已成规模的科技档案管理系统重新创建一种管理体制,其结果是科技报告管理职能的重叠、国家科技信息资源管理职能的混乱,最终导致科技信息资源管理的失控。虽然,目前科技档案管理工作在信息交流与共享方面还不尽如人意,然而,改造或完善现有信息资源管理体系的职能,强化其资源开发与共享的能力,比新建一个报告体系能够更快地见成效,也更加经济、可靠。

(二)报告体系的政策法规体系框架与既有相关政策法规的冲突

知识经济时代是法治时代,社会组织与个人的行为需要政策法律的规范与引导。以相关政策法规规范科技管理人员和科研人员的行为,是解决该问题的根本方式。

---

① 国家科技部2001年1月颁布《国家科技计划项目管理暂行办法》第三十二条、三十五条、四十条。

② 《北京市科技计划项目(课题)管理办法(试行)》,第三十九条。

仔细解读体系说列举美国政府颁布的《信息自由法》、《版权法》、《美国技术卓越法》、《政府阳光法案》等一系列法律和《联邦信息资源管理政策》发现,这些法律与政策的主要"功绩"在于确认了政府信息作为国家资源必须公开的法律基础。例如:"版权保护条款下的版权保护,不适用于美国联邦政府的作品。"①"政府科学和技术信息的开放和有效交换,只要符合国家安全管制要求和产权性质,将促进科学研究和联邦研发资金的有效使用。"②"除9项关系国家机密、商业秘密和个人隐私的情况外,一切政府信息必须对公众公开,允许公众按照程序获取政府信息。"③它们为开放美国政府资助的科技活动的科技报告,保护公众享有这些国家信息资源的权利提供了法律保障。其中除《美国技术卓越法》为鼓励科研人员的积极性,在将知识产权规定为一种出资方式的同时,规定了"美国联邦政府各单位必须及时将联邦资助研究及发展工作产生的非机密性科学技术及工程信息传递给国家技术信息服务局"以外,"美国并没有专门的科技法,也没有类似的科技进步法将科技抽象出来进行原则规定和宏观管理的法律或法规。……美国关于科技方面的规定是体现在各个具体部门和领域的,其所谈的科技是具体的科学技术而不是抽象的科技概念"。④因而,上述法规都不是美国政府针对科技报告制定的法规。

随着国家科技法规体系建设的日臻完善,我国不仅颁布了《中华人民共和国著作权法》、《中华人民共和国专利法》、《中华人民共和国科学技术进步法》、《中华人民共和国促进科技成果转化法》、《中华人民共和国反不正当竞争法》等一系列鼓励与保护科技创新的法律,还制定了《国家科学技术奖励条例》、《关于加强国家科技计划成果管理的暂行规定》、《国家重大科技专项管理规定》及《国家重大科技专项档案管理规定》等一系列直接规范科技活动及其科技成果的法律法规与政策。如"加强国家科技计划成果管理是科技管理工作的重要组成部分,各地方、各部门科技行政管理部门应配合科技部督促、检查本规定的执行"⑤"国家科技计划项目实施过程中,项目承担单

---

① 《版权法》第105节,美国国会1976年修订。
② 《联邦信息资源管理》A–130通告。
③ 《信息公开法》1966年美国国会通过并由总统批准。
④ 孙孟新美国科技领域法律政策框架概览《科技与法律》2004年第4期。
⑤ 《关于加强国家科技计划成果管理的暂行规定》六。

位应按《科学技术研究课题档案管理规范》和有关国家科技计划项目科学数据管理规定的要求将项目实施所取得的实验报告、数据手稿、图纸、声像及其他形式的科学数据进行收集整理,建立档案。……项目验收时,计划管理机构应检查项目实施产生的科学数据和档案是否系统、完整和准确,并以此作为项目通过验收的基本条件,以便于按相关规定和约定进行查询共享。重大成果的档案清单及其管理情况由项目承担单位负责在项目验收结束后1个月内通过计划管理渠道向计划管理机构报告"[①] 等大量科技档案管理的具体规定。

  上述法规与政策不仅奠定了我国政府信息公开的法律基础,而且还提出了科技档案管理的明确要求。不仅《档案法》系统规范了我国档案信息资源的形成、归档、保管和利用,在各单行法中也普遍设置了有关档案管理的条款。同时,《科学技术档案工作条例》还具体规定了科技档案的管理体制、管理内容与管理职责。"科技档案工作是生产管理、技术管理、科研管理的重要组成部分,各工业、交通、基建、科研、农林、军事、地质、测绘、水文、气象、教育、卫生等单位(以下简称各单位),都应当把科技档案工作纳入生产管理工作、技术管理工作、科研管理工作之中,加强领导。""各单位应当建立、健全科技文件材料的形成、积累、整理、归档制度,做到每一项科研、生产、基建等活动,都有完整、准确、系统的科技文件材料归档保存。""各单位应当把科技文件材料的形成、积累、整理和归档纳入科技工作程序和科研、生产、基建等计划中,列入有关部门和有关人员的职责范围。""一个科研课题、一个试制产品、一项工程或其他技术项目,在完成或告一段落以后,必须将所形成的科技文件材料加以系统整理,组成保管单位,填写保管期限,注明密级,由课题负责人、产品试制负责人、工程负责人等审查后,及时归档。"[②] 这些法规与政策有效地引导我国建立了科学科技工作秩序,保证了国家科技档案资源的积累与科技档案事业的健康发展。

  诚然,相关政策法规体系的日臻完备,并不等于科技信息资源管理与共享工作的完善,特别是对市场经济条件下科技档案资源的开发、档案利用与

---

  ① 同上,九。
  ② 《中华人民共和国档案法(修正)》(1996年7月5日第八届全国人大常委会第二十次会议修正)第三、五、六、八条。

保护知识产权的关系的研究还不够深入，制约了目前科技档案信息资源的传播与共享。但是，面对我国不断完善的一系列科技管理及科技档案管理的法律法规，体系说的政策法规体系将如何处理与国家现行政策法规的关系？需要专门规范科技报告管理的内容究竟有多少？能否构成所谓政策法规体系？这些问题都有待研究。

（三）报告体系的科技标准体系框架与相关国家标准的冲突

体系认为："为实现科技报告集成、整合和交流共享，应建立并遵循一套完整的科技报告技术标准、规范和协议。科技报告标准规范体系包括科技报告撰写标准、组织与存储标准、检索标准、权限管理和安全标准、系统技术标准、服务标准等各个方面。"①

标准是保证质量、提高效率、广泛交流的前提条件，也是现代化科技生产活动的基础条件。标准是人们针对大量的相同事物或重复性活动，根据实际需要，经过化繁为简、个中选优、大量趋同最终确定的，是相关实践经验的升华。因而，制定哪些标准、制定什么水准的标准、什么时候贯彻具体标准，必须适应现实的客观需要，才能达到"水到渠成"的效果。

科技报告是科技活动特别是近现代科技活动形成的一种不可或缺的重要科技文件，必然是人们首先统一的对象。20世纪我国制定了《科学技术报告、学位论文和学术论文的编写格式》（GB 7713—87），美国制定了《科技报告：元素、组织与设计》ANSI/NISOZ39.18－1995等国标，欧盟也颁布了许多相关技术标准。正是在各国制定的相关科技标准的基础上，才形成了《信息处理：SGML文档交换格式（SDIF）》ISO9069：1987、《SGML支持设施：公用文本登记程序》ISO9070：1987、《专业档案应用格式》ISO/IEC23000－6：2009、《多媒体档案标准》ISO 18934：2006等有关科技信息与档案的国际标准。

目前，我国已经颁布施行的有关科技报告的技术标准，包括：科技报告编写格式，科技文件的名称、格式、编号，电子信息的格式、检索、安全等国家标准；而科技档案归档范围、立卷方法、分类编号及安全保管等行业标准也都施行多年。这些标准经过多次修订，成为我国成熟的基础性技术标准，

---

① 贺德方、胡红亮、周杰：《中国科技报告体系的建设模式研究》，《情报学报》第28卷第6期，2009年12月，第806页。

为广大科技人员自觉遵从，并且成为各行各业科技活动的共同依据。科技报告作为科技文件的一种具体类型，其形成与管理必须遵循这些标准。建设独立的相关标准体系，必须采用或贯彻这些技术标准，即在大量确认与重申现有标准的基础上，有针对性地新建个别标准，而新标准的内容与水平必须与现行技术标准协调一致。

综上所述，第一，科技报告是科技活动及其成果的概括与总结，记录对象的基本信息，是共享科技信息资源的主要信息载体。强化科技报告的管理与共享意义重大，不仅推动我国科技信息资源管理前行的步伐，而且有助于提升我国科技创新的总体效益。每一个负责任的信息管理者都应该为此付出自己的智慧与热情。第二，突出科技报告管理的重点，强化对国家资助或支持科技项目的科技报告的管理与共享，是充分发挥科技项目效益、提高国家创新能力的重要措施。第三，科技报告管理属于基础性科技管理工作，科学管理科技信息资源、提高科研效益的根本，在于深化政府的科技管理职能，特别要强化对科技项目软成果、软资源的管理。规范科技文件的形成与科技档案的验收，有助于科技项目的全程控制，降低科技管理成本，提升科技管理的科学性与有效性。第四，整合是信息时代的重要手段，加拿大国家图书馆和国家档案馆已经整合为国家图书档案馆的实践，开启了信息资源管理职能优化整合的先例。弥补科技项目信息资源管理中信息传播与共享的短板，提升科技项目信息资源管理效益，为提高国家科技创新力提供有效的服务，必须整合科技信息载体与科技信息管理职能，这将对改革、优化国家信息资源管理体制产生重要影响。第五，应该摒弃解决一个问题搭建一套班子的思维定势，以网络化的现代管理理念，通过协同与集成的方式形成国家科技报告信息资源共享系统。这就要发挥宏观设计的构建作用，明确目前我国具有相关职能或职责的机构以及它们信息管理的优势与劣势，充分发挥各自优势，以较少的资源投入形成 $1+1>2$ 的系统效益。而且，在没有科学分析与评估管理效果和缺陷之前，不要轻易打破已经运行了几十年的较为完整并取得巨大成绩的现有体系。

论科技档案资源开发利用的知识产权保护

随着科学技术的发展与经济全球化的加速，知识产权已经成为决定国家核心竞争力的关键因素。胡锦涛同志在 2006 年全国科技大会上所做的"坚持走中国特色的自主创新道路，为建设新型国家而奋斗"的报告，阐明了国家的知识产权战略，"自主创新能力是国际竞争力的核心，是我国应对未来挑战的重大选择，是统领我国未来科技发展的战略主线，是实现创新国家的根本途径。""在社会主义市场经济条件下，企业是市场竞争的主体，也是技术创新的主体，我们必须培育一大批具有自主创新能力、拥有自主知识产权的企业。""要加大对知识产权的保护力度，完善国家知识产权制度，健全知识产权保护的法律体系，加强知识产权保护的执法工作，依法严厉打击侵犯知识产权的各种行为。"科技档案资源中包含大量的知识产权信息，科技档案资源的开发利用工作必须自觉实践国家的知识产权战略。

一、知识产权信息是科技档案资源开发利用的重要内容

（一）知识产权信息是科技档案的必要组成部分

档案家族中并不是所有档案都拥有知识产权，唯独科技档案资源囊括了全部知识产权文件。知识产权信息由知识产权保护客体的信息和知识产权信息组成。知识产权保护客体的信息，亦称狭义知识产权信息，即人类的科学技术开发活动、商贸活动等信息；知识产权信息又称为广义的知识产权信息，是权利发生、运动、变化过程中形成的信息，以及和权利信息有密切联系的各种其他信息。具体包括：知识产权制度信息、知识产权法律法规信息、知识产权法律活动信息、知识产权数据信息、知识产权声明信息、知识产权利益主体信息等内容。实际上，这些信息载体早已包含在科技档案的归档范围之中。

首先，科技档案大部分是职务作品，如设计档案、研究课题档案等，它们天生就拥有著作权。其次，科学研究或技术攻关活动促进大量发明创造的产生，科技成果持有人将视发明的客观效益与经济价值，自行决定是将它们申请为专利技术，还是作为专有技术或技术诀窍。无论哪种形式，它们的软成果都是科技档案，只是成为专利档案还是商业秘密档案而已。再次，市场经济条件下，各种科技成果都会成为知识商品，为适应市场竞争的需要，商品所有者必然要为它们申请商标，那么，商标的设计与受理文件自然就成为该产品档案的必要组成部分。

由于科技档案构成包含了大量的知识产权文件，对于这部分科技档案的管理、利用，必须符合知识产权管理的要求，因此，科技档案管理也就成为知识产权管理的重要依托。

（二）**信息开发利用是两项管理工作的共同目的和方法**

科技档案管理即通过对科技档案的积累、开发，充分实现其价值，为国家的各项事业服务。知识产权信息管理的具体内容与档案管理相同，其管理的根本目的是促进知识与技术的传播与利用，推动知识成果走向市场，转化为直接的生产力。两者的具体内容与根本目的完全一致。

说到知识产权信息管理，很多人立即联想到控制、保密等概念。其实这些只是其中的一种管理手段，过度保密将抑制知识产权信息的利用，导致知识产权客体因失去使用价值而丧失知识产权的性质，背离了知识产权信息管理的初衷，即进一步提升知识产权人的知识产权能力，创造更多的技术经济利益。长期以来，对于科技档案资源的开发利用，一直存在着控制与利用的博弈，其中的关键，就是科技档案中知识产权信息的保护与利用问题。根本解决此问题，需要两种信息管理的互相借鉴与配合，共同担负起保护与开发国家科技信息资源的任务。

（三）**科技档案资源开发利用体现了知识产权管理的要求**

知识产权是基于创造性智力成果和工商业标记依法产生的权利的统称。根据《建立世界知识产权组织公约》，广义的知识产权包括：与文学、艺术和科学作品有关的权利；与表演艺术家的演出、录音制品和广播有关的权利；与人类创造性活动的一切领域内的发明有关的权利；与科学发现有关的权利；与工业品外观设计有关的权利；与商品商标、服务商标、商号和其他商业标记有关的权利；与防止不正当竞争有关的权利；其他一切来自工业、科学及文学艺术领域的智力创作活动所产生的权利。狭义的知识产权范围，包括工业产权与版权两部分，其中工业产权又包含专利权、商标权、专有权；版权则包括著作权及邻接权。

1. 著作权的特点

著作权又称版权，是文学、艺术、科学作品的创作者及其他著作权人依法对这些作品享有的权利的总称。著作权保护著作权人的人身权和财产权，包括：发表权、署名权、修改权、保护作品完整权、复制权、发行权、出租权、展览权、表演权、放映权、广播权、信息网络传播权、摄制权、改编权、翻译权、汇编权等16项权利。

著作权具有四大特点：第一，自动产生性，即作者因创作作品而自动拥有著作权。第二，专有性，即除权利人同意或法律规定外，任何人不得享有或使用该项权利。第三，地域性，即除加入国际公约或缔结双边协定外，一个国家法律所保护的某项权利只在该国范围内发生法律效力。第四，保护期长，除对其署名权、修改权、保护作品完整性的保护不受保护期限制外，其他权利的有效期限一般在著作权人去世后50年内。

2. 专利权的特点

专利权指就一项发明创造，由申请人向国家专利主管部门提出专利申请，经审查合格后，由专利主管部门向专利申请人授予的，在一定期限内对该项发明创造享有的独占权。专利分为发明专利、实用新型专利和外观设计专利三类。

专利权具有三个特点：第一，专有性也称独占性，指专利权人对自己发明创造独占性享有的制造、使用、销售和进口的权利。第二，地域性，指一个国家依照其本国专利法授予的专利权，仅在该国法律管辖的范围内有效，对其他国家没有任何约束力，外国对其专利权不承担保护的义务。第三，时间性，指专利权人对其发明创造拥有专有权只在法律规定的时间内有效，我国现行专利法规定的保护期自申请日起分别为发明专利20年、实用新型专利以及外观设计专利均10年。专利期限届满后，原来受法律保护的发明创造就成了社会的公共财富，任何单位或个人都可以无偿地使用。

3. 专有权的特点

专有权指技术秘密和商业经营秘密等专有技术的所有权。世界贸易组织在《与贸易有关的知识产权协议》中界定专有秘密为"未披露的信息"，即不为公众所知悉、能为权利人带来经济利益、具有实用性未申请专利,并由权利人采取保密措施的技术信息和经营信息。专有权应具备三个条件才能成立:第一,其整体或者内容的确切体现或组合,不为该信息应用领域的人所普遍知悉或容易地获得;第二,具有实际的商业价值的动态技术信息;第三,信息的权利人根据情况采取了合理的保密措施。

4. 商标权的特点

商标权是商标专有权的简称,指商标主管机关依法授予商标所有人对其注册商标受国家法律保护的专有权。商标注册人拥有依法支配其注册商标,并禁止他人侵害的权利。包括:商标注册人对其注册商标的排他使用权、收益权、处分权、续展权和禁止他人侵害的权利。

商标权的主要特征为:专有性(又称独占性或垄断性)、法定时间性和地域性。《商标法》第7条规定:"商标使用的文字、图形或者其组合,应当具有显著特征,便于识别。"作为驰名商标还应具备:商标设计的独创性;商标使用时间较长;商标所指定的商品或服务项目的质量优良且稳定;使用该商标的商品的市场覆盖面和销售量大;该商标的广告投入与商品的销售量或服务收入成正比增加;在有关国家注册了该商标并销售使用该商标指定的商品或开展经营服务;在同行业中有很高的知名度和信誉以及为相当范围内的消费者所熟知等特点。

5. 科技档案开发利用工作中的相关保护措施

科技档案的知识产权特点决定,针对相关信息的开发利用工作做出明确规定。在制度上,科技档案资源开发利用的有关规定,有效地解决了利用与保护知识产权的矛盾。《科学技术档案工作条例》规定:"科技档案部门应当及时地提供科技档案为科研、生产、基建等各项工作服务……借阅和复制科技档案要有一定的批准手续。""各单位应当定期对科技档案的密级进行审查,根据上级的规定,及时调整密级,扩大利用与交流的范围。"《企业档案管理规定》第十条:"企业采取有效措施对档案进行安全保管,并切实加强对知识产权档案和涉及商业秘密档案的管理。"

在措施建设方面,科技档案资源开发利用具有一系列保密措施,主要体现在以下两个方面。

(1) 科技档案借阅审批手续。科技档案管理针对不同文件、乃至不同利用阶段规定了详细的利用要求。例如,相关档案获得专利申请前为保护其新颖性，除原作者外其他人不得利用；获得专利权以后，经过专利权人同意可以利用，为保证专利权人的经济利益，还明确了有偿利用的具体要求；专利期限届满后，档案部门积极承担宣传相关专利信息的义务，适时开发专利信息，促进社会的无偿利用。

（2）科技档案资源开发利用的规定，对知识产权的专有性或独占性的保护更为直接。由于著作权和专利技术不需要有关部门的认定，而且它的技术经济价值又是显而易见的，根据《知识产权协定》的要求：只有在已经采取可靠的保密措施，且公众也无法知晓知识产权信息内容的情况下，如果发生知识产权侵权问题，法律才能保护其权利人主张的权益。目前，我国企事业单位档案管理相当成熟，拥有妥善的保管与控制利用措施，只要将知识产权信息归档，实施档案管理，就能充分满足上述条件。

二、科技档案资源开发利用的基本思路

（一）科技档案资源开发利用控制的动态性

将科技档案这种无形资产，从科技信息优势转化为知识产权优势，最终成为市场竞争能力，需要施加一系列档案开发利用措施。然而，对于知识产权信息密集的科技档案的利用还应该加以适度控制，为保证利用控制的有效性，应该根据科技档案信息的知识产权的运营特点，分阶段确定科技档案资源的开发利用策略与控制要求。

科技档案信息现实性极强，而且知识产权一般都有时间限制，在法定的生命周期中相关知识产权的技术、经济价值在不断变化。科技档案利用控制应该根据各阶段知识产权的技术、经济特点，采用不同的开发利用策略。知识产权的生命周期大致分为四个阶段。

1. 防御保护阶段

此阶段权利人将知识产权视为法律资产，旨在获得知识产权并确保其应得的特权，此时，知识产权管理的重点在保护，科技档案资源的利用须慎重，科技档案管理的重心在于强化利用控制手段。

2. 成本控制阶段

此阶段权利人将知识产权视为保值资产，开始关注知识产权创造的价值，注重降低知识产权成本，提升知识产权运营效用。此时，正是开发相关科技

档案资源的有利时机，科技档案部门应该主动开发科技档案编研成品，做好蓄势待发的准备。

3. 利润中心阶段

此阶段权利人将知识产权视为增值资产，通过知识产权商业化管理手段，将知识产权货币化，实现知识产权的保值增值，希望获取超额利润。此时，科技档案部门应该加大宣传相关科技档案信息的力度，努力满足各种利用需求。

4. 战略资源阶段

此阶段权利人将知识产权视为战略性资产，注重知识产权的再创造，通过专利战略，创造出新的利用规则，实现知识产权持续繁殖。此时，科技档案部门应该弱化控制手段，简化利用手续，面向社会推广相关知识产权信息，促进科技档案资源的广泛利用。

(二) 科技档案资源开发利用手段的合法性

知识产权的基本特点包括：非物质性、垄断性、时间性与地域性。其中知识产权的保护对象的非物质性特点是知识产权的本质特点，其他特点都是在此基础上派生的。非物质性使其具有永久存续性、可复制性、可广泛传播性，可以同时被许多人使用，不能简单地采用控制物质财产的方式控制它。

知识产权的这些特点，给科技档案开发利用工作以重要启示，必须遵循知识产权管理的基本要求，合法地开发利用科技档案资源，才能实现开发利用的目的。

1. 遵守《中华人民共和国保密法》和《科技保密规定》，实行保密控制

科技档案资源的开发利用必须慎重处理信息开发与保护的矛盾，在保护国家利益与知识产权信息安全的基础上，开发科技档案信息资源，促进科技档案信息交流，解放和开发科技生产力。

《中华人民共和国保密法》和《科技保密规定》指明了科技档案资源开发利用方式的适应范围。第一，利用"绝密"和"机密"档案，一定要严格利用手续，必须经过主要领导或技术主管的批准方能提供，而且只能在档案保存地点阅读。第二，在知识产权的保护期内，不公开相关科技档案信息，必要的宣传必须经过主管部门的批准。第三，开发科技档案编研成品，尽量避免收录保护期内的知识产权信息；包含无法规避的知识产权信息的科技档案编研成品，必须标注其保密等级、严格利用控制使用范围。第四，提供涉

密科技档案信息，必须事先告知利用者应尽的保密责任与义务。第五，严格控制复制涉及知识产权信息的科技档案，强化复制审批手续。第六，必须多角度考虑各种开发利用手段的影响，规避可能产生的消极影响。

2. 适应知识产权利用的特点，保护权利人的财产权

知识产品的本质是一种信息，知识产权客体无论是技术成果还是艺术作品，向公众传达的都是一种信息，社会公众根据这些信息就可以实施专利，创造价值。因而，与物质财产的利用方式不同，知识产品信息的利用实际上就是在占有相关知识产权。也就是说，知识产权人一旦将自己的发明创造公之于众，其他人很容易通过非法途径获得知识产权信息并获取技术经济利益。而知识产权人却不能理所当然地享有或行使自己的发明创造带来的权益，难以补偿他们投入的创新成本。为此，就要通过法律手段保护知识产权人在一定时期独占其知识产权，以控制知识产权信息的外溢效应来补偿其成本，保护人们生产知识产品的积极性。与此相适应，采取有偿服务等方式，保护相关科技档案资源开发利用的成果，也是在刺激或鼓励知识产权所有者的科技创新。

3. 尊重知识产权的时空特点，加强开发利用的定向保护

知识产权时空特点表明，任何知识产权都有具体范围的限制。地域性表明知识产权在空间上的效力是有限的，地域限制具有领土性，其效力仅限于本国境内。时间性表明知识产权不是永恒的权利，一旦超出法律规定的有效期限，这一权利就自动消失，知识成果将转化为整个社会的共同财富——为全人类共同使用。

针对时空特点，科技档案部门必须细化利用服务的内容与方式，开展定向服务，以便在特定范围、在一定时间内，不失时机地做好科技档案资源开发利用工作，配合相关知识产权信息的利用要求，获取有效的利用效益。在有效期内，主要满足本单位利用者合理的信息需求，加强对外利用的控制；针对不同的时间段，分别采取权利人专用、提供目录定向利用、公开目录内部利用、交流目录开放社会利用等，不同的开发利用方式充分发挥出科技档案信息的不同时间段的各种作用。

4. 实施保护专利信息的措施

《专利法》是保护发明成果排他性的专有权，即专利权人有利用其发明、创造的独占权。具体方式为：在相关科技成果获得专利权或实施技术贸易以

前，严禁其档案形成者以外的人利用相关科技档案；公布科技档案信息，不能破坏相关科技成果的新颖性，以免影响其顺利申请专利；未经专利权人同意，任何单位和个人都不得利用包含专利信息的科技档案；开发、宣传、推荐含专利技术的科技档案信息，一定要事先征得专利权人的允许；反映专利技术信息的编研成品应该独立成篇（册），而且要采用适当的信息传播方式。

5. 自觉贯彻《著作权法》

《著作权法》保护人们对自己精神劳动成果享有的合理权益，对科技档案资源的开发利用具有重要指导和保证作用。

第一，明确科技档案的相关著作权。企事业单位的科技档案均属于法人作品或者职务作品，根据《著作权法》第十六条规定："公民为完成法人或者非法人单位工作任务所创作的作品是职务作品。""作者享有署名权，著作权的其他权利由法人或非法人单位享有，法人或非法人单位可以给予作者奖励。"第十一条规定："由法人或者非法人单位主持，代表法人或者非法人单位意志的创作，并由法人或者非法人单位承担责任的作品，法人或者非法人单位视为作者。"上述条款明确了科技档案的著作权为法人单位所有，科技人员即档案形成者仅享有有限的著作权。科技档案开发利用工作首先要从法人单位的利益出发，决定采用什么样的开发、利用方式。

第二，开发科技档案资源必须尊重原作者的著作权。《著作权法》第十四条规定："编辑作品由编辑人享有著作权，但行使著作权时不得侵犯原作品的著作权。"科技档案编研成品源于科技档案，编研人员必须要尊重原作者的精神劳动。开发科技档案信息首先应征得著作权人的同意；加工科技档案信息时不能曲解科技档案的原意，未与原作者商议，不能擅自对档案原文进行实质性修改；同时，应该在编研成品序言或注释里注明原作者，或者对他们表示感谢。

三、科技档案资源开发利用的保密控制

开发利用科技档案，为现代化建设和其他各项工作的需要服务，是科技档案工作的根本目的。而保证科技档案的安全、保护科技档案机密、实施保密控制，也是科技档案开发利用工作的重要内容与原则。

科技档案是国家或企事业单位科技保密的主要对象或重要客体。科技档

案的内容与价值决定了它的机要性。开发利用科技档案和保护科技档案机密是辩证统一的关系，二者相辅相成、缺一不可。

（一）保密与开发科技档案的相对性

开发利用科技档案信息，是科技档案工作的根本目的，科技档案的开发利用是否得当，直接影响科技档案工作的效益及其存在价值。但是，开发利用科技档案信息一定要合理，毫无限制地开发科技档案信息，任何人在任何情况下都可以随意利用科技档案，这种盲目和无原则的"过度开发利用"的结果，对科技发展和科技档案工作有害而无益。从科学管理的角度来看，保守科技档案秘密既是一种管理手段，也是为了适应开发利用科技档案的客观要求。由于科技档案信息能够给利用者带来巨大的经济效益，为保证档案所有者的科技投入得到合理的回报，维护良好的市场竞争秩序，科技档案工作者必须与知识产权人一起，研究如何开发、何时扩大利用范围才能获得更大的收益。在一定意义上，采取保密措施就是要保证知识产权人的利益，同时，也有利于获得知识产权人的支持，对开发利用将起到良好的促进和保障作用。因此，开发利用科技档案首先必须要保护好科技档案，保守科技档案机密。科技档案的开发利用和保守科技档案机密都是社会主义现代化建设的客观要求，应当在这个基础上协调二者的关系。

（二）协调科技档案保密与开发利用的具体措施

科技档案开发利用的过程，是保守科技档案机密与开发利用科技档案的辩证统一。只是在具体工作中，保守科技档案机密更侧重其政策性，而科技档案的开发利用则更强调其经济性。

1. 正确地划定科技档案保密范围

并不是所有科技档案利用都需要保密，保密是为了满足科技发展与公平竞争的需要，即使是有保密要求的科技档案也是可以利用的，只是利用范围与利用审批手续不同。因此，准确划定保密范围是合理利用科技档案的基本前提条件，进而使保密工作为科学有效地开发科技档案信息创造条件。

2. 搞好涉密科技档案的利用控制

科技档案保密并不一概地排斥档案的利用，即使最机密的科技档案，也要在一定范围内被利用。事实上，大部分科技档案信息都具有一定的机密性。不同密级科技档案保护与控制的目的有所不同，有的是为了保护知识产权人的经济利益，有的则是要保护国家的安全。划定科技档案的保密范围，实质上是为了区分利用科技档案的不同范围和不同方式，这是在充分考虑国家、集体和个人利益的基础上，建立起开发利用科技档案的实践基础，显然，是促进科技档案利用工作的积极措施。

3. 科技档案秘密的时间性

科技档案机密等级与知识产权一样都不是一成不变的。随着科学技术的不断发展，原有科技档案密级所保护的科学技术已经被世人知悉，其原定的机密程度就会减低甚至完全解密。科技档案机密的时间性对于科技档案开发利用范围的调整，以及开发利用措施的变换，具有重要的影响。特别是在当今社会中，信息产业和高技术的蓬勃发展，推动了科学技术水平的迅速提高，大大缩短了技术更新和产品换代的周期，这就要及时调整科技档案机密等级、开发利用范围与控制手段，以便大力开发利用科技档案信息，充分发挥其交流传播科技信息的优势，尽可能地创造更多、更大的经济效益。因此，在一定意义上，及时调整密级是科技档案保密工作的重要内容，是注重科技档案信息的时效性、及时满足用户档案利用需求的主要措施。

总之，在保密问题上，必须杜绝放松警惕或不负责任的轻率态度，也要排除"保密保险"、"利用危险"，把保守科技档案机密与开发利用科技档案对立起来，使保密扩大化、绝对化的偏见，这是当前科技档案开发利用工作必须扭转的、妨碍科技档案合理利用的错误倾向。

四、科技档案资源开发利用的有偿服务

科技档案的有偿提供服务，是社会主义市场经济和知识产权管理在科技档案工作中的具体体现。其主要特点如下。

(一) 科技档案的有偿提供服务源于科学技术成果的商品化

在社会主义市场经济条件下，科学技术成果成为一种特殊商品。中共中央在《关于科学技术体制改革的决定》中强调指出：应当开拓技术市场，疏通技术成果流向生产的渠道，改变单纯采用行政手段无偿转让成果的做法。——技术市场是社会主义商品市场的有机组成部分，科技贸易——有偿转让科技成果的方式，已经成为科技市场的"重头戏"。科技档案是科技成果的信息存在形式，就技术交流效果而言，科技档案比物质科技成果更胜一筹。科技成果的有偿转让是科技档案有偿服务的客观依据。但相对于一般的

科技成果商品的有偿转让，科技档案的有偿服务还有其特定的含义。

1. 科技档案有偿服务包括档案专业劳动的价值

科技档案服务有偿提供科技信息必须以科技成果的商品化为前提。科技成果首先具备作为技术商品的一切条件，方能进入技术市场开展技术贸易，其转让价格是在科技成果价值的基础上，依据技术市场的供需关系确定的。因此，科技档案有偿服务的完整含义，不仅包含了提供的科技成果信息的市场价值，还需包括对科技信息交易创造条件的工作——科技档案服务的报酬，这是对人们形成、管理科技档案和开发科技档案信息所付出的劳动表示尊重，并给予一定的经济补偿。

2. 货币交换是科技成果有偿转让的重要方式之一

通过货币形式来计算和衡量科技成果，是科技成果的商品化以及技术市场的贸易方式通行的方法。在科技档案的有偿提供服务中，货币补偿只是其中的一种形式，还应有对等互换信息等其他补偿方式。

3. 科技成果的有偿转让在科技档案有偿服务中占有重要的地位

其他科技档案信息服务，要为科技成果的有偿转让创造条件。一般来说，科技成果的有偿转让工作主要由企事业单位的经营部门承担。但是，无论交易标的是物质形式还是信息形式，档案部门都必须参与或配合。因此，科技档案部门应及时了解科技市场的需求以及本单位科技转让的信息，主动开发相关的科技档案编研成品，为日常的科技档案利用提供服务，为科技成果有偿转让的顺利进行打下良好的基础。

（二）科技档案的有偿提供服务是处理保密与开发利用关系的有效手段

科技档案的有偿服务，一改以往单纯以行政手段或保密手段控制其开发利用的做法，为适度开发利用科技档案信息提供了一种较为平等、有效的形式。保密与开发利用之间的矛盾，很多情况下都是源于科技档案持有者与利用者之间的经济利益，有偿提供服务的方式使科技档案所有者从受让方得到必要的经济补偿，从而使保密与开发利用的矛盾关系在经济杠杆的作用下得以缓解或解决。

需要说明的是，有偿形式只是处理保密与利用矛盾诸多措施的一种，对于关乎国家利益和企业事业单位生存发展的关键性科技档案信息，是不能以金钱的数量来衡量的。所以，科技档案的有偿提供服务只是解决保密与利用矛盾的一种方式。

（三）坚持有偿服务与无偿服务相结合的服务形式

科技档案是国家的一种信息财富，对它的管理和开发利用，在总体上应根据国家科技档案管理原则来实施。但是，科技档案包含了大量技术商品信息，在我国现行的经济体制下，它们大部分的所有权和使用权归企事业单位所有，因此，科技档案开发利用采用有偿和无偿相结合的形式，是妥善保护国家与企业利益的重要方式。

就利用目的而言，对于为国家和社会公益需要而利用科技档案信息的利用者，应当实行无偿服务，要求提供复制件的，只收取少量的复制工本费。对于为营利目的利用科技档案信息的利用者，则应以等价交换的原则实行有偿服务，如果要求提供复制件的，不仅要收取工本费，还要考虑适当附加利用科技档案信息创造的技术经济收益。

就利用的方式而言，一般性的查询、检索，档案部门应该坚持无偿服务的原则，充分体现其社会性与公共性；而对于索取相对系统的科技档案信息或各类科技档案编研成品的，或者要求提供成套科技档案复印件的，以及满足利用者提出的特殊要求的信息服务，则应当实行有偿服务。

总之，科技档案的无偿服务与有偿服务，是科技档案资源开发利用的两种互为补充、并行发展的有效形式，两者不断地协调与完善，对于科学有效地开发科技档案，充分实现科技档案及其管理工作具有重要的意义。

五、科技档案资源开发利用的现代化控制手段

信息化为科技档案资源开发利用控制提供了现代化的技术手段。目前大量科技档案的形成及开发利用都是在计算机和网络上实现的。对于电子科技档案的利用控制，必须采用现代化技术手段。

由于网络技术发展出现并不断升级的网页制作、网站建设技术、搜索引擎技术、网络多媒体存储与检索技术、网络数据库技术、元数据技术、专利管理系统、商标管理系统、版权管理系统、专题指南库技术、网上信息发布技术等，都大大丰富与变革着科技档案管理的运作手段。

在科技档案资源建设方面可以利用的新技术，主要有文件组织技术、数据库技术、主体目录技术、超媒体组织技术等。在科技档案信息安全防护与控制方面，主要有密钥技术、安全控制技术（包括访问控制技术、数字签名、

鉴别技术）、安全防范技术（包括防火墙技术、病毒防治技术、信息泄漏防护技术）。而面向网络的科技档案信息资源开发利用所产生的技术，主要有 Internet 上的数据标记技术（如 HTML、XML、元数据等）、搜索引擎技术、自动文摘及自动分类技术、数字水印技术等。这些技术的推广和运用有力地推动了科技档案资源开发与利用的发展，同时，也为实施科技档案开发利用的控制提供了有效的手段。

（原文是 2000 年以来应国家电力部等部门邀请举办的"科技档案开发利用的方法与实务"专题讲座部分内容的摘要，此内容已经收入第三版《科技档案管理学》，王传宇、张斌主编，中国人民大学出版社，2009 年）

参考文献

［1］梁红，蔡兴蓉. 论数字图书馆信息资源开发利用中的知识产权保护［J］. 现代情报，2005，08：82－84，88.

［2］潘亚男，向立文. 论科研档案开发利用中的知识产权保护［J］. 档案学通讯，2005，02：48－50.

［3］邱玉环，胡修周，刘兆民，李凤芹，张继民. 高校科技档案管理中的知识产权保护问题［J］. 档案学通讯，2001，05：53－54，47.

［4］张蔚. 科技档案信息资源共享与知识产权保护［J］. 四川档案，2001，04：18－19.

［5］朱晓俊. 论科技档案管理中的知识产权保护［J］. 科技创新导报，2007，33：138－140.

［6］王林廷. 论网络信息资源开发利用的知识产权保护［J］. 四川图书馆学报，2004，02：71－74.

［7］吴育生. 档案工作信息化中知识产权保护理论与方法研究［D］. 武汉大学，2004.

论科技计划项目档案管理的理论与措施

科研档案是科学研究与科研管理成果的重要表现形式，为国家科技信息源的重要组成部分。知识经济时代，科研档案不仅是科技开发的必要条件，也是科技管理的基本对象。行政管理体制改革规范了管理程序，强化了信息与信息管理的作用，使文件、档案管理实现了规范信息内容及其流向的功能。在当前的科技管理活动中，文件和档案已经成为传递管理信息、表达决策意图、反馈执行情况的基本形式，成为现代科研活动及其管理的必要条件和国家重要的战略资源。

科研档案管理在科技活动中的作用，人们已有比较深刻的认识，但对于它在科研管理活动中的作用则认识不足，致使科研档案在形成、积累与归档等管理环节问题较多，归档率大大低于文书档案。科研档案如果支离破碎就不能为科技活动提供借鉴，也难以成为科技资源共享的信息载体，并严重制约其价值。

就其价值与影响而言，科技计划项目（课题）档案（以下简称"项目档案"）是科研档案的精华，属于北京市科研档案中的核心资源。就其形成单位而言，可以分为：项目管理档案，即反映科技计划项目的立项、检查与验收鉴定等项目管理过程的档案，由科技主管部门和项目承担单位共同形成；项目研究开发档案，即项目承担单位在项目实施过程中形成的，反映项目的研发技术与成果、研究条件与资金运转等内容的档案，主要由各项目承担单位与主持单位共同形成。

北京市政府支持科技计划项目的研究，旨在通过科技创新带动本市的科技发展。然而，随着项目的完成，项目组解散、相关研究人员各归其所，项目档案也将下落不明。关注项目档案管理问题，具有迫切的现实意义和重要研究价值。

第一，项目档案具有重要的开发利用价值。科技计划项目是北京市政府

（科委）根据本市科技发展规划，为引导全市科技发展趋势而定，通过征集申报科技开发项目，进一步确认其必要与可行性。科技计划项目大多属于北京市的科技基础研究、高新技术发展研究以及重大科技成果的转化研究，对北京市科技发展具有重要的促进作用。科技计划项目的意义决定了项目档案信息无论对当前科技创新、技术贸易，还是对记录、见证北京市科学技术的发展过程与脉络，都具有重要的保存与研究价值。

第二，科技计划项目档案管理体现了科技主管部门的基本职能，具有典型性。近年来，国家及北京市政府加大了对科技创新的支持力度，大幅度提高年度科技经费。为了保证公共资金的有效使用，为实现科技计划项目的预期目标，北京市科委加强了科技计划项目的监管力度，从立项的公开、公平，项目的年度、中期检查，科研经费使用的年度评估与项目审计，到最终项目成果的认定，各科技管理职能部门行使的科技管理职能，都忠实地记录在项目管理档案里。既可以工作查考以保证政策的连续性，又可以作为科技政务公开的依据。

第三，项目档案管理对科研档案管理具有规范性。科技计划项目是围绕一个个具体研究任务展开的相对独立的科研活动。从申请立项、项目研发到项目验收是一个完整的科技项目运作过程。其目的明确、范围清楚、活动过程容易区别，项目档案管理相对封闭，具有实施过程控制的良好基础。且项目档案的管理以项目为单位，跨越了项目承担单位与人员复杂的隶属关系、级别等障碍，管理效果明显。项目管理与其他科研管理的共性多、密切相关，便于其他科研档案工作借鉴，具有较强的示范与带动作用。

项目档案的管理作为北京市科研档案的核心与重点，直接关系到首都核心科技信息资源建设的成败。

一、项目档案的概念及其特点

（一）项目档案概念

项目档案，专指以国家或地方政府财政投入为主，并列入国家或地方科技计划的科研项目，在其管理和实施全过程中形成的，具有保存价值的各种类型和载体的原始记录。此定义明确了项目档案的三个基本特征：第一，它是项目成果的重要组成部分，项目成果不应该仅表现为物质方面，必须有与之配合的文件，而这些系统化的文件的总合就是项目档案；第二，它是项目实施的载体和项目管理的对象，是项目立项、实施、验收及成果推广应用全过程的客观记录和真实、可靠的凭证依据；第三，它还是国家科技档案资源的重要组成部分，必须对其加强管理。

(二) 项目档案特点

项目档案作为"档案家族"的成员，首先必须具备档案的一般属性。主要表现为：

原始性。原始性是档案价值与作用的基础，即档案完全是为适应客观需要而形成。从具体构成方面看，项目档案包含的每一份文件都是在项目实施过程中，为满足具体活动或工作的需要才形成的，每份文件都具有其特定的功能；从总体构成看，档案文件都是原生信息与其载体的结合形式。项目档案就是项目主体在自身创造性的科研劳动中，适应科研活动或科研管理的需要，直接形成的原始文件。它们客观、真实地反映项目全过程的实际情况，能够再现相关活动，能够在项目的管理、监测、评价和验收中发挥依据作用。

使用价值高。管理项目档案的先决条件，是由于它们使用范围更广、使用时间更长、管理效益高，这样的档案才会激发人们管理的积极性。因而，项目档案必须是项目文件的精华——由具有较高价值的项目文件转化而来的，才能比一般文件的使用价值更高。而项目的创新性与应用性特点，又使它比其他科研档案的利用需求更广泛、更强烈、创造的效益更大。

系统性。系统性是档案可用性的前提。就档案构成原理而言，档案是文件的有机整体。首先，项目档案包含的基本文件的内容和数量必须完整；其次，各文件之间经过有序化，呈现出特有的系统性，这是实现档案价值的基本条件。由于档案是凭信息说话，要说明什么情况，必须要有记录或反映它的相关文件；由于项目档案使用的时间持久、范围广，这些档案成分必须具有固定的顺序，成为"有机整体"才能便于他人利用。

由于项目实施活动比较复杂，形成的档案内容丰富、数量繁多，更要强调档案构成的完整和系统。档案界对科技档案完整性和系统性要求，有个特定的概念——"成套性"。"套"是指一个相对独立的项目或子课题所形成的一系列内容密切相关、互相补充的科技文件构成的有机整体。这些文件既以不同的工作部门和阶段相区别，又以整体的科技程序和科技内容相衔接，它们的内容与成分相辅相成，共同记载和反映该项目活动的全过程及其成果。只有成套的项目档案才能发挥或实现其应有的功能。

项目档案能够成为科技档案的一个类别，更因为它拥有同类档案不具备的特点。因此，就需要研究揭示项目档案的特点及其管理的特殊要求，以便进行科学的管理。项目档案是科技计划项目管理及实施过程的伴生物，科技计划项目的运行规律，决定了项目档案区别于其他档案的特殊属性。

1. 项目内容的成套性与形成、保管的分散性

所谓形成分散性，是指项目档案是由不同项目主体分别形成的。与其他科技档案一样，虽然项目档案必须成套才能有效地使用，但是其成套的方式与众不同。通常，一套科技档案都是由一个单位的各个部门或人员共同形成的，由该单位统一管理。项目档案则是由许多单位分工合作共同完成的，就项目管理主体而言，可分为两部分，由于得到国家财政的支持，为了有效管理公共资源，国家建立了多层次的项目管理体系，既包括政府的科技行政主管部门，也包括项目主持单位和各种受托单位。就项目研发主体而言，由于采用"项目—课题制"管理，于是产生了若干个项目承担单位即档案形成单位。就项目档案构成而言，项目研发活动虽然具有一次性，但是项目档案构成是"麻雀虽小五脏俱全"，必须要成套地实行专业化管理，即将所有相关档案文件组成项目档案的有机整体，才可以保证以后有效地利用项目档案。由于项目档案文件是其主持单位和各承担单位在相对独立的研发活动中分别形成的，各部分文件都具有一定的规模和相对密切的联系，各个子课题形成的档案文件在更小层次或范围内也都是"成套"的关系，因此，项目档案的成套性就表现为"大套"套"小套"的形式。

"保管的分散性"，是由于项目档案的内容性质以及与形成者的关系，客观存在着不同的利益关系，如若"一刀切"地集中统一管理，势必因各种利害关系阻碍而难以实行。项目的各课题承担单位形成的课题档案，则为保存各单位自行保管这些课题档案提供了可行性。例如，由于项目各方都有自行保管自己档案的意愿，项目档案的管理部分的实体与项目档案完整的文件目录，保存在科技行政主管部门和项目主持单位，项目研发档案的实体则分别保存在各课题承担单位，它们履行合同的约定向项目主持单位移交相关的档案内容。

针对项目档案成套的特点，项目档案管理必须强化宏观调控，通过管理

制度、管理规范的统一，通过项目目录信息的集中，实现国家对成套档案的集中统一管理。就是说，项目档案在整体或观念上要坚持档案集中统一管理的原则，但对档案实体的管理不强求一致。根据项目形成主体的组织架构与分工，确定项目档案管理的相关责任人。层层落实项目档案管理的相关责任，确保形成并保存齐全、完整的项目档案，以正常发挥项目档案的功能，实现国家扶持项目开发的初衷。

2. 项目档案形成主体的临时组合性

为保证科技计划项目的创新与成功，科技计划项目采取集中科研优势的组织形式——针对项目的特点与需要临时组成项目团队。项目的技术范畴和研发目的不同，相关研发团队的主持单位与研发人员也各有侧重。但是有一点是不变的，即每个项目团队都具有临时性，项目结束后研发团队就会解体。

这种"一次性"的组织形式，利于激发每个参与者的优势与积极性，但是也容易滋生"得过且过"的思想，导致项目档案的形成、积累各自为政，档案出现问题难以补救等情况，直接影响项目科技成果的后续发展与推广应用。因此，在项目管理与实施过程中，必须加强对项目档案文件形成与积累的同步规范与控制，将项目档案管理的要求作为保证项目信息流转、运用及其真实、完整的重要条件。为此，项目档案管理应该实行"风险管理"，建立前期约定、全程管理、先期验收的风险机制，特别要强调"抓两头"——强化前期控制与终期检查。

3. 项目档案所有权的多元化

项目档案所有权的多元化，即项目档案的归属比较复杂，整套档案呈现出多层面、多形式的所有制关系。项目档案形成于国家资助的科技计划项目中，作为投资主体，国家理应对项目成果拥有一定的权利。考虑到科技成果是项目承担单位及研发人员的智力劳动成果，特别是国家为了支持与引导科技创新采取了倾斜政策，除特殊情况外，将项目研究成果的知识产权授予项目承担单位。由于项目承担者的贡献不同，项目成果的知识产权还要在项目承担单位内进行分割。

档案管理的前提是档案的所有权，项目档案是项目成果及其知识产权的客观记录，同样存在所有权的分割问题。而所有权的排他性，很容易引起项目档案管理与使用权的纠纷。因此，档案全程管理必须首先明确各阶段及各种项目档案的所有权关系，解决项目档案的保管及利用工作的责任问题，尤其要尊重档案的所有者的权益，尊重他们自行选择的档案管理方式。针对上述情况，项目档案进一步划分为项目管理档案和项目研发档案，以便针对它们各自的特点实施科学管理，十分必要。但无论是国有还是集体所有，档案所有者必须遵守《档案法》，履行其保证档案的真实、完整、准确的义务。无论采取什么样的档案管理方式，必须要维护项目档案的档案属性，实现一定范围的集中管理，便于项目档案资源共享。

综上所述，项目档案既不同于传统的文书档案，也不是完全意义的科研档案，实现项目档案的科学管理应该充分考虑这些特点。然而，现有的档案管理制度与规范不可能照顾或适应这些特点，这就需要我们推陈出新，揭示项目档案管理的规律，完善相关的制度与方法。

二、项目档案的管理依据

项目档案的特殊性引发了一系列管理方面的疑虑。科技管理部门未提出集中管理项目档案要求的主要原因，是相当一部分科研管理人员认为，国家政策明确规定，计划项目研发成果的知识产权转交项目承担单位，那么项目档案同样应该由各单位自行处置。特别是，项目研发档案在科技成果的推广应用以及相关知识产权保护方面发挥着重要的作用，能够获得客观的技术、经济效益，科技管理部门干涉项目档案管理恐有"越位"之嫌。因而，对项目承担单位在项目研发过程中形成的不可再生的原始科技文件，无论就其形成、归档还是管理方式都没有提出具体要求，项目档案实际上处于无主管的放任自流状态。

对项目承担单位而言，项目研发档案是它们项目研究的重要成果，是成果推广应用或技术贸易的依据，能够创造极高的经济效益。因而，担心移交的项目研发档案，可能被他人轻易地利用而影响自己的切身利益，在履行归档义务时有可能打"折扣"，可能私自留存反映核心部分、关键技术或重要数据的技术文件，影响相关项目档案的质量。加之，项目团队是临时机构，相当一部分项目档案要么随团队解散而失控甚至散失，要么被其部分形成者据为己有，其结果，是项目档案的质量低下，无法查证、利用，后患无穷。

对相关档案部门而言，项目档案特别是项目研发档案一般应该由项目主持单位接收并完整保存。由于项目承担单位档案部门未参与科研管理，无法及时将这部分文件材料纳入档案管理的范畴，更不能有效地监督相关项目文件的形成、积累，无法承担项目档案各环节的管理责任。在科学技术商品化的环境下，项目档案的质量问题日益突出。面对此种情况，档案行政管理部门重申了科研档案"四同步"管理的要求，对项目档案工作组织了专项检查。但是，由于相关制度不配套，专项检查只能是临时性、针对性的，没有触及项目档案管理责任问题。特别是科研管理体制改革已经付诸实施的项目制管理，旧的问题还没解决，又遇到了更加复杂的利益关系，相关档案部门原有的监督、指导责任也难以维系。

上述原因综合作用的结果，是国家投入经费与科技资源支持的科研项目，没能留下可靠的档案资源，引领科技进步的初衷因为缺乏客观依据而无法实现。因此，当前迫切需要明确项目档案管理的法律依据，依法开展项目档案工作。

1. 项目档案必须实行集中统一管理

《档案法》第十条规定：对国家规定的应当立卷归档的材料，必须按照规定，定期向本单位档案机构或者档案工作人员移交，集中管理，任何个人不得据为己有。

对档案实行"集中统一管理"是我国档案工作的基本原则，是档案所有权的具体体现，也是我国档案工作行之有效的经验。"集中管理本单位的档案，不仅有利于提高档案保管的效率，更是档案信息资源开发利用的前提。实践证明，有些地方或单位由于不重视归档和档案集中管理，一些档案形成者长期将本单位重要的档案文件留在个人手中，甚至离开单位时将它们带走，导致这些档案的流失，甚至给档案所有单位造成重大技术经济损失。也有些项目参与者，将属于单位所有的档案文件视为个人成果据为己有，个别人在单位不能满足个人私欲时，甚至将手中的档案文件私自出售，给国家和单位造成无法弥补的损失。"①

项目档案是否属于"国家规定的应当立卷归档的材料"呢？答案是肯定的。《档案法》第三条规定："本法所称档案，是指过去和现在的国家机构、社会组织以及个人从事政治、军事、经济、科学、技术、文化、宗教等活动

---

① 《中华人民共和国档案法实施办法释解》，北京：中国法制出版社，2000年，第60页。

直接形成的对国家和社会有保存价值的各种文字、图表、声像等不同形式的历史记录。"明确规定,无论是国家机构还是社会组织,不管是国家还是个人,只要从事的活动对国家和社会有保存价值,其就具有相应的档案义务。

1987年3月20日,国家科委、国家档案局联合颁发《科学技术研究档案管理暂行规定》第三条规定,科研档案是科学技术研究活动的真实记录,是科学技术储备的一种形式,是一项重要的资源,是国家的宝贵财富,必须实行集中统一管理,确保完整、准确、系统、安全,以利开发利用。并在第七条明确规定了科研文件材料的归档范围。毋庸置疑,科技计划项目是项目主持单位科研工作的重要组成部分,在项目的立项、审批、研发实施、成果推广的过程中,形成的重要文件都是项目承担单位科研档案的必要组成部分,必须按照《档案法》和《科学技术研究档案管理暂行规定》的要求,认真做好项目档案的立卷归档工作,进而实现集中统一管理。

2. 项目档案工作是科技管理的重要内容

调查发现,项目档案管理失控的一个主要原因,是项目管理部门没有对项目承担单位提出项目档案管理的明确要求,也未把项目档案的齐全、完整、准确作为项目验收的一个基本条件,这主要囿于科技管理部门对项目档案管理的性质及自身行政职能缺乏清晰的认识。

项目研发活动是项目参与单位重要的科技活动,项目档案则是其科研档案的重要组成部分。项目档案的形成与管理必须遵从《档案法》等相关法律、法规的规定。调查发现,相当一部分科研管理人员对此缺乏明确的认识,他们普遍认识到项目档案对知识产权的影响,却忽视了科技管理部门的档案义务和国家科研管理档案资源的建设的大前提,因而,在项目研发档案规范及必要管控方面放弃了应有的作为。我们需要从北京市科技计划项目的立项过程来进行分析。

3. 项目档案管理与知识产权保护的关系

项目档案是科技过程即一个个具体科技活动的客观记录,它既可以通过共时的信息交流实现其经济功能,也能通过档案管理实现对知识产权信息的专业保护。随着时间的推移,项目档案在传播科技信息方面的现实作用逐渐降低,而作为特定时期典型的技术记录,其历史及社会价值反而会不断提升。恰恰是在历时信息交流中,项目档案记录和再现历史功能的唯一性使它更加不可替代。从这个意义上讲,项目档案的社会功能并不亚于它的经济功能,这正是《档案法》强调的档案"对国家和社会有保存价值"的意义所在。因此，项目档案的形成部门具有不可推卸的积累并保存档案的责任和义务。

首先，项目档案的管理内容，包括保守技术秘密的基本要求。技术秘密通常寓于研发单位的各种科研报告、技术操作规程等技术设计文件、新产品生产的工艺流程、配方、检测数据表之中，科技档案通常成为记载企业技术秘密的重要载体。技术秘密是企业的核心竞争力，直接关系到企业的效益与发展。在激烈的市场竞争中，技术档案也就成为众多竞争对手极为关注、多方争夺且伺机窃取的目标，保护好技术创新信息密集的项目档案，必然成为保护技术秘密的重要措施。

《反不正当竞争法》规定，作为商业秘密的要件之一就是"权利人采取了保密措施"。如果对项目文件的形成、保管没有具体要求，任凭项目参与者随意处置，必然置技术秘密于失控状态。由于权利人主观上未采取保护措施而被侵权，将无法得到法律的保护。因此，企事业单位"应对研究与开发的技术资料或产生的相关知识产权文献做好收集和分析工作，……建立研究与开发活动所涉及的资料、档案、记录和其他信息资料有专人负责保管的管理制度"①。档案部门是企事业信息的专业管理部门，拥有一整套科学的管理方法和严格的管理制度，拥有受过专业教育和良好职业道德的档案人才，享有档案专业主管部门的业务指导，自然成为保管企业技术秘密的首选部门。换言之，项目档案管理方式就是保护技术秘密最为有效、最为经济、最为成熟的技术措施。

其次，规范项目档案管理有利于产权权属的司法认定。档案对界定知识产权归属拥有决定性意义，项目档案具有的原始记录性，赋予它社会公认的法律凭证价值，在知识产权纠纷中能够保护权利人的合法权益。由于是相关项目研发活动的伴生物，项目档案客观地反映了是谁、怎样地研发了相关技术，有力地证明权利人的创造过程，是知识产权权利主体精神权及财产权最有力的证明。

为更好地发挥档案部门在保护知识产权方面的作用，1988年国家档案局、财政部共同颁发了《开发利用科学技术档案信息资源暂行办法》的第十

---

① 何敏主编：《企业知识产权保护与管理实务》，北京：中国法制出版社，2009年，第314页。

条规定:"信息开发与专利保护都是为了加速科技成果及时、有效、合法地推广应用,促进科技成果向生产转化。任何单位、个人不得借口申请专利而不向档案部门移交应该归档(属于职务发明)的有关文件材料;档案部门有责任在其申请专利的过程中为其保密,对需要进行技术交流、开发或参考使用该项科技档案,须经专利权人(或单位)的同意。专利申请获准成为技术商品后,除技术诀窍在专利保护期内应保密外,档案部门应依照《中华人民共和国档案法》的规定,积极为其宣传。"因此,明确制定项目档案管理的制度,妥善保护项目档案的完整与安全,是项目承担单位保护自有知识产权的重要措施。

再次,项目档案的专业化管理,有助于张扬智力劳动者的人身权。我国档案部门对于档案信息的开发利用,已经形成了完整体系和系统的方法,借此,档案部门可以对知识产权及其所有者进行广泛的宣传、报道,提供专业化的交流渠道,扩大项目档案资源的知晓范围和共享面,最大限度地实现知识产权的多方面效益。在报道、推广科技成果的过程中,对产权人的名誉权也会带来不可小视的宣传作用。对档案工作而言,这将鼓励更多形成者主动将项目档案移交给档案部门,从而丰富档案馆藏,使档案资源的开发利用走上良性发展的轨道。

三、项目档案管理的内在要求与实施措施

为了妥善解决项目档案管理的特殊问题,在理论研究的基础上,我们研究团队将项目档案管理的内在要求制度化,形成了《北京市科技计划项目档案管理办法》(以下简称《项目档案管理办法》),经过反复、广泛地征求档案管理人员、项目研发人员、科技管理人员与有关专家的意见,不断修改完善,并且作为专业规范,于2008年由北京市科委和北京市档案局联合发布施行。

(一)认识科技管理规律,实现项目档案的科学管理

项目(课题)制是按照公平、公开、公正的原则和规定的立项程序,确定科研项目(课题)及其经费,并以课题为中心、以课题组为基本活动单位,进行课题的组织、管理和研究的一种科研管理模式。由于这种管理模式适应了科研活动的规律,有利于激发研究人员的创新潜能、提高科研活动的

效率，被世界大多数发达国家和地区采用。作为科技管理体制改革的重要措施，科技部1998年开始对国家重点基础研究规划项目管理实行项目（课题）制管理模式。

传统的科研管理以科研单位为直接管理对象，间接管理科研项目。科技管理体制改革以后，项目承担者与科研单位（项目依托单位、承担单位）的关系从隶属变为合作等多种形式，垂直管理不再像以往那样有效，实行项目管理恰逢其时。

从理论上讲，项目管理是"对达到项目目标必须执行的活动进行的计划、进度和控制"①，它与传统科技管理的重要区别在于按阶段细化与量化项目过程，便于针对每个过程的特点进行检查评估，进而对项目全过程实施有效的控制。项目的全程管理使科研管理者越来越清楚地意识到，项目档案是研发活动的知识性体现，是研发过程的佐证，最终成为项目的"软成果"。就项目科技成果应用、技术转移的效果而言，其价值甚至超过了科研活动的"硬成果"。因而，项目档案必然成为项目验收与评估的对象之一，作为项目管理的分目标或子项，项目管理必须明确项目档案管理的组织形式、实施措施和目标任务。

项目制管理是科研管理体制改革的一个正确的抉择。这种科学的管理理念，在我国科技档案管理体制中早有体现。1987年国家科委和国家档案局联合颁发的《科学技术研究档案管理暂行规定》已经明确："科研档案工作是科技管理的重要组成部分，是科研活动的重要环节，各级科技管理部门和有关单位应当把科技档案工作与计划管理、课题管理和成果管理紧密结合。"这从行政管理和专业管理两方面，为科研档案管理提供了强有力的依据，并赋予档案机构相应的专业管理职能。科研档案管理必须融入科技管理体系，依托科技管理制度、规范和程序，实行科学管理也是项目档案管理的内在要求。

由于项目研发档案的形成与项目运作过程一一对应，各研发阶段形成的技术文件具有规律性。项目档案已经成为科研项目立项、进度检查、结题验收等管理活动的客观标志，强化项目管理必然要规范项目档案工作。实践证明，项目档案管理的基本方法，就是结合科技主管部门的行政管理职能，将

---

① 〔美〕詹姆斯·P. 刘易斯：《项目经理案头手册》，北京：机械工业出版社，2001年，第8页。

项目档案管理要求分阶段纳入相关科技活动之中。反之，科学地管理科技项目需要以项目档案内容为基础得以实现，二者相辅相成、缺一不可。

（二）改革属地管理模式，完善科研档案管理体制

《档案法》第五条"县级以上地方各级人民政府的档案行政管理部门主管本行政区域内的档案事业"，提出了我国档案管理体制的重要内容——属地管理模式。

属地管理模式主要体现为：第一，国家档案行政管理部门从行政管理的角度依法监督、指导所辖行政区域内的档案工作；第二，属地管理与分级管理相结合，属地内各单位按所属级别，分别接受上级档案行政管理部门和同级档案行政管理部门的监督、指导；第三，属地管理和专业管理相结合，属地范围内各单位在接受行业主管部门的监督、指导的同时，接受所在地档案行政管理部门的监督和指导。

专业或行业档案部门对所属机构的档案工作的监督指导，是专业垂直管理在档案领域的具体体现。这一模式为确立我国科技档案管理体制、协调各类档案管理机构的工作、维护国家档案管理秩序奠定了基础。

我国目前档案管理体制与档案属地管理模式创建时相比，已经发生了重大的变化。原有的垂直的行政体制，以上级、下级单位关系为主导，层级明确、管理权清晰。随着我国政治体制改革，包括档案管理在内的垂直管理关系变得复杂了。就北京市科技计划项目而言，承担该项目的单位并不仅限于市属单位，还包括相当数量的中央单位和军队所属的科研机构，甚至有些科技计划项目还需要数省数市不同行政级别的单位联合攻关。面对这种情况，恪守属地管理模式的档案行政管理部门已经"鞭长莫及"，而各专业主管部门为避免管理"越位"，也没有介入项目档案的管理，项目档案管理陷入无人问津的困境。

专业行政管理的缺位，致使许多科技项目结题以后，竟然没有留下相应的技术资料，更不用说是完整的项目档案了。这种令人堪忧的情况，近则严重制约了国家投入应实现的技术效益和社会效益，甚至导致项目的重复开发；远则形成国家科技信息资源的空白，造成殃及后人的历史遗憾。处于变革之中的项目档案，比以往任何时候都更需要实行专业化管理。然而，究竟由谁管理、谁来监督呢？基于属地管理模式的档案管理体制，无法超越属地而有效地管理项目档案。这正是传统属地管理模式在新形式下应该创新与调整的问题。

1. 改革传统"属地管理"模式

属地管理虽然强调以地区行政隶属关系维系与调整档案工作，但是我国的档案管理体制并非只认定所属行政主管一种档案行政领导关系。国家早已确定的"按专业集中统一管理科技档案"的档案管理体制，体现了另一种从中央到地方的垂直领导关系。因此，地方档案主管部门对企业及科技档案工作的指导一直相对薄弱。当前，垂直的行业领导关系随着国家经济体制改革已经日益淡化，大量企业"下放"改变了固有的档案领导关系，科技档案管理业已出现了"真空"。作为国家战略资源管理的重要组成部分，项目档案管理无论怎样改革也必须要有所专属。在"档案专业主管"弱化乃至缺失的情况下，客观上凸显了地方专业行政管理部门的领导地位，迫使它们"挺身而出"填补档案行政管理的缺位。对于中央单位云集的首都北京，此种情况尤为突出，必须明确与强化北京市专业主管部门的档案行政管理职能。

就北京市科技计划项目管理实际而言，无论项目承担单位是什么性质，隶属关系如何，只要承担了北京市科技计划项目，就有义务接受北京市科学技术委员会（以下简称"市科委"）的科技管理，其中必然包括接受并实施市科委《项目档案管理办法》的要求。所以，强化项目档案管理的实质，就是以明确地方科技主管部门项目档案管理责任的"新属地管理模式"取而代之。

新属地管理模式的主要特点：第一，以属地范围为基础、以项目为依据，理顺所有项目承担单位的档案管理责任；第二，按照属地内各行政管理部门的职能分工，落实项目档案管理的各项具体要求，使属地管理模式不再是项目档案管理的束缚，而成为强化科研档案管理的有力武器。同时，也为当下档案的属地管理模式注入新的生机与活力。这是本课题研究为国家档案管理体制改革进行的有益的探索与尝试。

2. 分解与落实项目档案的完整与准确性的要求

第一，实行项目负责人档案责任制。项目的负责人不仅要对项目研发的科学性与目的性负责，也应该对客观反映项目进程的项目档案的质量负责。就项目管理责任而言，项目负责人要全面掌控各种项目资源，以达到组织目标。在项目实施过程中使用与配置的"资源"主要有四种，即人力资源、财务资源、物质资源和信息资源。项目档案是项目信息资源的主体，对项目研发目标的达成有不可替代的作用。项目负责人既要把它作为完成课题的重要条件,保证项目团队共享优质、通畅的信息资源;又要把它当成项目成果,保证项目文件真实、规范、完整。在立项时,项目负责人要对项目委托单位和纳税人做出关于档案质量的"承诺",保证成果档案的完整、准确性;在项目实施的过程中,项目负责人要明确专人负责项目文件的形成监督与随时积累;申请项目验收时,项目负责人要亲自检查项目文件的内容与数量,保证项目档案的齐全完整。这是衡量项目负责人的基本道德和科学素养的客观标准之一。

第二,项目档案员恪守档案职责。在项目实施过程中设置档案员是落实项目档案管理要求的必要条件,通常由项目负责人指定项目研发团队的一名(或多名)成员兼任。项目档案员承担项目档案文件的日常管理、系统整理和归档工作。具体包括:协助项目负责人制定、贯彻档案管理制度和规范的内容;检查项目团队成员同期形成项目档案文件的数量与质量;负责项目档案文件的流转控制,负责项目档案文件的日常借用工作;随时接收项目档案文件,实现积累控制,并负责建立文件账目(登记簿);负责项目档案文件归档前的监督、系统整理、编目等工作;负责项目档案文件的归档,移交档案、办理具体移交手续;负责与科技行政管理部门、相关主持单位的档案部门的业务联系。

第三,项目团队成员自觉落实相关的档案职责。现代管理思想强调,管理者更应该是一个"指导者(mentor)",他的"一项重要工作就是直接帮助没有经验的员工改进工作表现,提升他们的事业"[①]。具体到项目档案管理,就是要指定并通过专兼职档案管理人员,指导全体项目组成员按照档案管理要求,形成项目档案,在他们的配合下,有效地控制与保证项目档案的质量。

3. 依托社会专业资源,落实专业档案管理职能

在行政管理法治化的进程中,在"小政府大社会"的社会化管理趋势面前,如何履行科技行政管理部门的档案管理职能,不仅存在管理体制问题,而且也存在实施的可行性问题。面对各专业大量形成的项目档案,与市科委

---

① 〔美〕安德鲁·J. 杜伯林,《管理学精要》第6版,北京:电子工业出版社,2003年,第273页。

极为有限的档案人员编制形成的强烈反差，如何落实这一责任，成为实现专业主管部门档案管理职能的关键。从行政改革的角度入手，提出了依靠社会资源、委托实现专业管理职能的设想。

第一，国内外行政管理改革的趋势表明"减政放权"是大势所趋，而"分权比集权更有效率，下级人员接触问题的机会最多，了解问题的症结"[①]。项目档案的管理与监督，不可能完全依赖档案行政管理部门或科技管理部门来完成。本着讲求行政效率、避免重复设置现有管理职能的思想，可以试行将部分档案管理权下放。例如，委托社会化的档案专业机构，承担项目档案业务指导与验收评估等工作，就是一种可行的解决方案。

第二，新出台的《行政许可法》明确了档案行政管理权。在2004年9月国家档案局组织召开的全国档案系统贯彻实施行政许可法工作会议上，国家档案局副局长郭树银指出：在保留部分档案行政许可事项和档案行政审批事项的同时，国务院正式确认了国家档案局具有行政许可实施权的主体资格。这种确认与档案法所确定的档案行政管理部门的法定职权是完全一致的。在国务院决定保留的三项档案非行政许可审批事项中，第一项就是专业档案具体管理制度和办法审批，为专业主管部门在规范专业档案管理方面的作用提供了法律保障。

第三，分析国内行政改革进程，仔细解读新出台的《行政许可法》，我们注意到在我国行政管理改革中，事业单位和中介机构的作用将得到提升。中央机构编制委员会办公室张志坚主任指出，今后5年中国将在四个方面推进政府行政管理体制和机构改革，就是"进一步转变政府职能，调整职能定位，规范政府行为；西部地区政府机构得到调整和精简，提供公共服务的能力得到提高；市场监管机构和职能得到加强；事业单位和社会中介组织得到科学分类，与政府的关系得到规范和理顺，市场化程度得到加强。"既然中介机构承接某些政府机构行政释放的职能将成为一种趋势，科研档案管理也应该与时俱进，积极引入中介机制，实现项目档案质量评价的公开、公平、公正与高效。

根据上述形势和我国档案事业的发展趋势，本课题组认为：项目档案管

---

① 〔美〕加雷思·琼斯等著，《当代管理学》第2版，北京：人民邮电出版社，2003年，第111页。

理具有很强的专业性,应该与国家行政管理趋势和国际惯例接轨,由社会中介机构承担一部分项目档案的评估与咨询工作。

(该专题于 2005 年首次在全国科技计划项目管理培训班开讲)

参考文献

[1] 中华人民共和国档案法 [M]. 北京:中国法制出版社,2001.

[2] 中华人民共和国档案法实施办法解释 [M]. 北京:中国法制出版社,2001.

[3] 科学技术部. 国家高技术研究发展计划(863 计划)管理办法. 2001.

[4] 科学技术部. 国家科技计划项目管理暂行办法. 2000.

[5] 科学技术部. 科研条件工作任务项目验收办法. 2003.

[6] 科学技术部,财政部. 科技文献信息专项经费管理暂行办法. 2001.

[7] 科学技术部. 关于加强国家科技计划知识产权管理工作的规定. 2003.

[8] 〔美〕罗伯特·K. 威索基. 有效的项目管理 [M]. 北京:电子工业出版社,2002.

[9] 〔美〕加雷思·琼斯. 当代管理学 [M]. 第二版. 北京:人民邮电出版社,2003.

[10] 邓心安,廖方宇. 关于科研项目管理中几个关系的研究 [J]. 科技进步与对策,2003.

[11] 任林. 国家科技计划成果知识产权管理及相关政策 [J]. 科学学研究,1999.

[12] 陈卫红. 科研单位体制改革后的档案工作 [J]. 浙江档案,1999.

[13] 贺德方. 我国科研项目实行课题制管理模式探析 [J]. 煤炭科学技术,2000.

现代企业制度与企业档案工作的发展
——企业档案工作展望

建立社会主义市场经济是我国社会主义条件下的一场伟大的革命。企业是市场经济的主体,过去由于产权关系没有理顺,一直无法发挥其应有的作用。实行现代企业制度,将企业改造为公司制形式,使企业真正成为自主经营、自负盈亏的法人实体,是社会主义市场经济发展的客观需要。

公司是以盈利为目的,由两个以上股东共同出资经营的经济组织,经过注册登记依法承担民事责任。公司制企业与传统的国有企业相比,突出特点是:第一,公司拥有法人财产所有权,可以自行决定公司资源的配置;第二,公司产权关系明确,无论是有限责任公司还是股份制公司,都必须经过清产核资和资产评估来界定产权;第三,公司拥有法人自主权,与政府和投资者不存在行政上的隶属关系,由董事会领导下的总经理对公司负责。现代企业制度的这些变化,对企业档案工作将产生重大影响。

一、市场经济进一步显示了企业档案的价值

企业档案是企业生产经营活动的真实写照,企业档案工作是企业管理工作的组成部分,但是它们从未像今天这样受到企业家们的青睐,成为企业的重要资产。

第一,市场经济强化了企业档案信息的作用。计划经济条件下,社会生产和资源的配置是通过政府部门的行政干预实现的。企业的人、财、物,甚至生产、技术信息都是靠上级下达的,企业自然不用依赖自己的信息和信息系统。市场经济通过供求关系和竞争调节着社会经济运行和资源的配置,企业成为商品的生产者、销售者和购买者,为了自身的利益,企业必须科学地确定自己的经营目标、经营策略,必须紧紧依靠自己的信息资源,企业档案

就成为企业发展的重要依据。

第二，市场经济使企业档案真正成为一种资源。市场竞争是科学技术的竞争，在一定意义上就是科技信息的竞争，谁掌握了最新的科技信息和先进的技术和工艺，谁就能获得巨大的经济效益，在竞争中取胜。企业的技术和工艺精华都集中在企业档案之中，利用企业档案可以优化企业的生产要素，如提高企业员工的技能，拓展劳动对象的功能，节省原材料。甚至通过对企业档案信息资源的开发，合成新技术，增加企业财富。企业档案信息可以使企业获得极大的经济效益，也可以使企业在短期内蒙受巨大损失。在巨大利润的诱惑下，企业档案成为竞争的对象，有人甚至不择手段非法攫取别人的科技档案，近几年来，在档案利用中这类不正常利用的问题已屡见不鲜。事实使企业经营者认识到企业档案的重要性，使企业档案不仅成为企业资源配置的对象，而且还成为企业资源配置的依据。

第三，企业向公司制过渡的实践，进一步证明了企业档案的重要作用。在国有企业向公司制过渡的过程中，必须经过清理企业资产和债务，进行企业资产评估，界定产权范围，确定法人财产权，进行产权登记等一系列步骤。企业档案中保存的大量原始凭证，在此间发挥了重要作用。企业档案不仅是企业资产评估的依据，同时也是企业资产评估的对象，特别是企业的生产技术和科研档案，积累着大量的科技成果、工艺诀窍等商业秘密，是企业科技实力的有力证明，也是企业发展的基础。我国某电力集团公司为使股票在纽约上市，委托美国一家著名的律师事务所办理资产公证，当对方看到我方提供的资产清册中没有档案等无形资产时，感到"迷惑不解"。这既说明了企业档案在市场经济中的重要地位，也说明了我们在这方面的意识应该强化。实践证明，凡是企业档案工作做得比较好的，这一过程就顺利，而且还能节省大量的时间缩短这一周期。凡是原档案工作基础比较差的单位，这一过程就十分复杂，以至拖延了企业转型工作的时间。

二、现代企业制度下企业档案工作的改革

企业产权制度的改革使现代企业进一步认识了自己的无形资产，管理和开发企业档案的积极性有所提高。这将是企业档案工作发展的新契机。然而，新形势对企业档案工作也提出了更高的要求。创造最佳的经济效益是现代企

业的根本目的，也是其衡量和评价内部机构的标准。对此，企业档案部门必须要有清醒的认识，主动调整、完善自己的职能，以新的精神面貌适应这种客观需要。

（一）企业档案部门应强化档案的收集工作

收集是企业档案工作的基础，现代企业的档案收集工作还体现了控制和保护企业资产的意义。企业档案收集工作不仅表现在对传统档案内容的收集，更需要加强新型档案内容的管理。随着企业走向市场，在企业经营活动中出现了大量合同、协议等法律文件，在产权制度改革中，又形成了董事会、监事会、股东大会以及募股、股份分配等各种文件。企业档案部门要根据需要及时调整归档范围，补充完善现代企业档案的新类别。

市场经济的发展使知识产权问题日益突出，为了维护企业的正当权益，企业档案部门收集工作更加艰巨。过去为保证科技档案收集质量，企业档案部门大都制定了一些有效的控制措施，但在新的形势下，有的措施已经难以实施，如不归档就不能从事新的科技工作；有的措施已起不到约束的作用，如某些经济手段，甚至出现有的科技档案的形成者宁可受罚，也不将关键数据或设计文件归档，造成档案的严重缺陷，并且留下知识产权问题的后患。因此，现代企业档案工作的发展应首先体现在对企业档案的收集与管理上。企业档案部门应该充分认识自己在保护企业知识产权和维护企业正当权益方面的责任，进一步做好档案的收集工作。

（二）企业档案部门应该主动参与企业的生产经营活动

企业科技成果的转化是件利国利民、利于企业发展的大好事。由于计划经济条件下，科研与生产相互脱节，许多单位的科研成果鉴定以后，就成为档案被"束之高阁"。我国科技成果的转化率一直较低，目前虽有好转，也只达到20%，相当于发达国家的1/3。这些长期积累起来的大量科技成果档案，成为现代企业档案部门开发科学技术的"资本"。企业档案部门不仅要在本单位最新科技成果的技术贸易中积极提供信息、提供技术资料，而且应特别注意那些"沉睡"多年的"老"科技成果。它们虽然不如新成果那么"抢手"，但是它们仍有一定的推广应用价值，尤其对中、小企业有较大的吸引力，对这类成果的开发与推广，是对企业科技资源的把握，具有可观的技术、经济效益和社会效益，是企业档案部门一项具有潜力的工作。

企业档案部门在科技贸易中除提供有关科技资料、接待洽谈和办理转让事宜外，目前已有不少企业档案部门从"幕后"走上"前台"，独立承担科技贸易活动。某科研单位档案部门在参加某项科技成果鉴定时，发现其中间成果有开发和推广应用的价值，就与该课题负责人协商，受其委托，利用档案部门的信息渠道，召开科技成果推广会，将这项中间成果开发成为一项新型的空气净化设备。不少科技专业档案馆也积极地为企业科技交流与推广创造条件。航空工业总公司档案馆编辑的《技术转让信息》，系统地介绍了所属企业的科技成果，在社会上广为发放，为所属企业与大专院校、部队和相关行业的技术交流与合作牵线搭桥。

(三) 企业档案部门应增加主动服务的力度

现代企业对档案工作的要求，促使企业档案部门必须改变自己多年形成的工作方法与习惯，以主动服务与被动服务相结合的方式，取代以往的被动服务。根据企业档案工作的特点，目前企业档案部门应着重在以下方面增加主动服务的力度。

其一，开展定题服务。定题服务是指根据客观需要，以企业主要的科技生产活动或管理决策活动为对象，伴随其全过程，主动提供相关科技档案信息，进行跟踪服务。定题服务与一般提供利用不同，是一种同步的、全过程、全方位的主动服务。它既是一种高效服务的方式，又是档案部门的一种科研形式。因为，定题服务必须建立在正确选题的基础上，一旦确定了跟踪的对象（科研活动或课题），档案部门就要同其他科研工作一样申报科研项目，组织人力、物力保证其实施。并且在对有关档案信息进行加工的同时，档案工作者还要掌握有关的科技政策，了解相关科技动态，收集市场信息，尽量满足服务对象的需求，使企业档案部门更好地承担起企业决策支持系统的重任。

其二，开展档案信息咨询。档案信息咨询是开发档案信息资源、深化利用工作的一种有效方式。它是档案工作者以企业档案为依据，对利用者提出的问题进行解答或提供参考意见的服务方式。在第三产业飞速发展的今天，信息咨询业正在崛起，其中值得注意的现象是，世界上著名的信息咨询公司往往聚集在政府机构和大公司总部的所在地。这与这些部门保存着丰富的信息资源有着密切的联系。这就给我们一个应该怎样认识和发掘手中的档案信息的启示。档案信息既是人类活动的历史记录，同时又是人类活动的最新写照，过去档案部门比较重视其历史作用，对其他现实服务的能动作用强调得不够，表现在档案工作上就是消化、加工信息的能力不强，信息处理速度较慢，特别不能适应现代企业的需要。开展档案信息咨询就是调动各种档案信息，及时有效地为现实利用服务。为此，档案工作者必须事先进行档案信息的研究，提高驾驭档案信息的能力，才能在各种利用需求面前，引"经"论"据"，以备作答，提高信息反应能力。

可见，增加主动服务的力度，必须以档案信息于发利用为基础，企业档案部门通过对档案信息的管理与开发，不仅提高了服务质量，而且向信息产业迈出了具有历史意义的一步。

三、现代企业制度下企业的档案观念

在改革的大潮中，不少企业档案部门已经做了一些有益的尝试。与此同时，在一些档案工作者的心目中也产生了一些疑惑，似乎感到这样做是否"离谱"了。这说明，企业档案工作的改革，必须从思想观念入手。

首先，要认清企业档案工作的任务。企业档案工作是企业管理的重要组成部分。它的根本任务是以档案为对象发挥自己的管理职能。历史经验证明，企业档案部门从来就没有仅仅从事档案管理工作，而总是围绕企业目标和要求，以档案管理为主线，在企业的生产经营服务中发挥其管理职能。例如，对企业科技文件形成的监督指导、参与科技成果鉴定、管理科技资料等工作，严格讲都不属于档案管理工作的范围，但是由于它们与档案工作具有密切的联系，为适应企业的需要，多年来企业档案部门一直把这些作为自己的分内之事。

现代企业对企业资源（包括档案信息资源）有完全的处置权，对内部机构有充分的设置权，它是以如何使企业盈利为标准，全面考虑企业档案及其管理机构问题。企业档案部门必须在开发企业档案信息、为企业经营和国家现代化服务上下功夫，才能够存在和发展。因此，企业档案部门深化档案信息的管理，开展档案信息研究，正是企业档案工作合乎情理的发展，不仅不值得忧虑，相反，应该使档案工作者达成此项共识，企业档案工作才能充满活力。

其次，明确企业档案工作的服务对象。计划经济条件下，企业实际上是社会生产的一个"大车间"，并不具备企业所有的职能。作为"车间"内部的档案部门，其任务自然是为本单位服务。诚然，企业是企业档案的形成者和利用者，是企业档案部门服务的主要对象。但是档案的价值是在交流中实现的，仅仅为本单位服务限制了企业档案的交流，也就限制了它的作用，影响了企业档案工作的经济效益。特别是市场经济的价值规律为企业档案的有偿利用提供了依据，比较合理地解决了企业档案利用中的知识产权问题，既保护了企业的经济利益，又能为企业创造了更多的价值。因此，企业档案部门必须破除只为内部服务的封闭观念，尽可能扩大档案的利用范围，研究和培养社会上的档案利用者，进一步发挥自己应有的作用。

特别应该注意的是，企业产权制度的改革，对企业档案所有权产生了新的影响，企业档案作为企业资产如何向档案馆移交也有待于进一步研究，即使移交也将是在档案现行作用大大降低以后，这就为企业档案部门充分发挥档案的现实作用，创造经济效益，开创了一片新天地。企业档案部门应该清楚地认识这一趋势，把握住企业档案利用工作的时机，向社会开放，为企业和国家的经济技术发展、为两个文明建设做出新的贡献。

（原载于《航空研究》1995 年第 1 期总 100 期）

我国企业档案馆的建设与展望

档案馆作为我国档案事业的主体,其种类和布局正在不断地完善。截止到1993年底,我国已建成220余个企业档案馆。企业档案馆数量的迅速发展,成为我国档案事业的一个十分值得注意的现象,然而目前对企业档案馆的认识,有人肯定,有人否定,褒贬不一。实践向我们提出了如何认识企业档案馆及其发展的问题。

一、企业档案馆产生的必然性

档案馆是适应社会政治、经济和科学文化需要的产物。在古代人类文明的发祥地就已经出现了档案馆的雏形。考古发现证明,古埃及十八王朝就建立了专门保存泥板档案的仓库,我国武丁时期也设置了专门保存甲骨档案的处所。那时的档案是作为统治权力的神圣之物被精心保存的,因此,最早出现的档案馆都是官署档案馆。这种"一统天下"并没保持多久,随着商品、货币经济的发展与政治的变革,出现了城市手工业者、商人以及由他们组成的各种职业的行会和公会,在他们的生产和贸易活动中也既形成了自己的档案,也形成了区别于官署档案馆的社团档案馆和银行档案馆。根据这些档案馆的馆藏,可以把它们看作近代企业档案馆的起源。

纵观外国企业档案馆建设的历史,我们可以清楚地看到企业档案馆产生的必要性和特殊性。

第一,企业档案的价值和所有权性质是企业档案馆产生的主要原因。企业档案既是一种具有长远使用价值的珍贵史料,又是企业生产经营的依据,也是企业所有者的私有财产。企业所有者深知它比动产和不动产还重要,绝不会把它们交给别人保管,必然要建立自己的档案馆。因此,资本主义国家的企业档案都是有别于国家档案馆的私人档案馆,其私有性质不仅表现为企业对其档案的所有权,而且还表现为这类档案馆主要是由企业或企业集团出资建设和管理。

第二，企业档案数量和科学管理的要求，促成了企业档案馆。国外企业档案馆建设中一个共同的现象，是它们都同本企业的建立存在一定的时间差。德国西门子公司成立于1847年，60年后才设置了公司的档案馆；美国火石轮胎和橡胶公司创建于1900年，43年后设置了企业档案馆；而已有120年历史的日本三菱财团，近几年才着手其档案馆的建设。

企业档案馆建设的这种滞后现象，揭示了企业档案馆建设的一个重要条件，是档案的数量及其科学管理的需要。随着企业"年龄"的增长，珍贵的企业档案积累得越来越多，为妥善管理这些档案，才导致了企业档案馆的建立。

第三，满足企业自身需要，保证了企业档案馆的持续发展。企业档案是企业生存发展不可缺少的重要信息资源。建设企业档案馆，首先是为了满足企业生产发展、产品销售和经营决策的需要，不断为企业提供原始档案信息、各种统计分析数据和根据特定需要加工的档案信息。其次也是适应企业文化建设的要求，为其编写企业发展史、地区经济史、家族史、名人传记和学术著作等，以树立良好的企业形象。因此，许多外国企业档案馆的负责人都是历史学或经济学方面的高级人才，他们在管理企业档案馆工作的同时，还出版了诸如德国的《莱茵河工业史》、日本的《花王一百年史》等著作。这些企业档案馆虽然不对外开放，但通过出版各种著作向社会公布企业档案信息，已经成为其研究性和社会性的重要表现形式。正是由于企业档案馆满足了企业自身的需要，得到了企业所有者的重视和支持，使企业档案馆能够持续地发展。它不仅保证了馆舍建设和设备的增置与更新，而且还支持企业档案馆规模的扩展。目前，有的企业档案馆已经发展成为专业档案馆，如西门子公司档案馆，有的已成为当地的经济历史档案馆，如克房伯公司档案馆等。

在单一的社会主义公有制条件下，我国企业档案与行政机关档案一样归全民所有，企业建设自己档案馆的积极性不高。近几年来，我国市场经济体制的建立和企业经营机制的转变，使企业档案呈现国家、集体和个人等多种所有制形式。企业的经营者是否还愿意把自己最珍贵的档案移交到国家档案馆？如果不交，企业档案室能否担负这样艰巨的任务？从外国企业档案馆的建设与发展中，我们应该得到一些有益的启示。

二、我国企业档案馆的基本任务

企业档案馆的基本任务是企业档案馆建设的重要依据，它决定了企业档案馆的地位和作用。同时，企业档案馆的基本任务又具有时代特征，受一定时期文化背景和政治制度的制约。

(一) 企业档案馆与国家档案馆的区别

国家档案馆是指由政府或政府主管部门建立的，以政务档案为馆藏主体的综合性档案馆。法国的布莱邦指出："档案是国家的'记忆'，而档案馆则是重要的文化工具，因为它保存的是一个国家最宝贵的东西——一个国家的历史证据和作为国家灵魂的材料。"因此，各国政府都很重视，并专门对本国档案馆的基本任务做出明确的规定。我国在1984年4月颁布的《档案馆工作通则》规定了国家档案馆的基本任务：在维护党和国家历史真实面貌的前提下，维护档案的完整与安全，积极提供利用，为社会主义现代化建设服务。国家档案馆馆藏的继承性和综合性特点，为人们研究政治活动、社会活动，特别是历史问题提供了丰富的珍贵史料。而且国家档案馆的国有性质要求它必须满足公民的利用需要，因此，在保证国家利益的前提下，国家档案馆采取向社会开放的形式，为社会各项事业服务。

企业档案馆与国家档案馆不同，它是为维护企业自身利益而建立的，其目的是保存自己珍贵的技术经济和其他重要史料。从它建成之日起就担负为企业生存、发展服务的职责。尤其是处于市场经济体制建设过程中的我国企业，将成为独立法人，自主地进行经营活动，对其档案的管理，必然要纳入企业经营范围，为其根本利益服务。企业档案馆建设的特殊性，决定其基本任务必然要满足企业经营管理的需要，即企业档案馆要妥善保管企业全部档案和主要资料，对它们进行科学管理与有效的开放利用，为企业的经营、发展及各项工作服务。

(二) 企业档案馆与企业档案室的区别

企业档案馆是在若干企业档案室的基础上发展起来的，它与企业档案室工作既有密切的联系，又存在显著的差别。根据我国企业管理的实际，我国企业档案室的任务范围一直很宽，既管理着企业档案，又管理着企业现行和半现行的文件；既要为企业的历史查考服务，更要为企业的现行生产经营活动服务。目前，不少企业的决策者直接把企业档案室归入企业生产技术系统，足以说明企业档案室为现行科技生产和经营活动服务的重要作用。在繁忙的现行生产活动中，企业档案室的各项档案管理工作难以保证，档案的利用只能被动地应付，企业档案信息的开发难以列入工作日程，档案工作的科学性受到一定影响。

目前许多企业档案工作实践表明，随着企业"年龄"的增长，需要永久保存的档案越积越多，它们又不可能进入国家档案馆保存，使企业担负的保管和开发它们的任务越来越繁重，而企业档案室目前的状况却难以完成这样的任务。为此就要对企业档案室进行改造，如改善它们的保管条件，扩大保管空间，添置技术设备，培训档案工作者以提高其档案管理能力。正是这些改造使企业档案室发生了质变——形成了许多企业档案馆。可见，企业档案馆与档案室的基本任务区别，主要反映在是否能够保存自己的全部档案以及档案管理的科学性与开发深度上。

通过上述比较可以看出，企业档案馆的基本任务应该是：维护本企业的真实历史面貌，对企业全部档案实行科学管理、有效开发，以方便利用，为企业各项工作服务。

三、企业档案馆的本质属性

档案馆的本质属性即构成档案馆的基本特征，是识别档案馆的一项主要内容。档案馆的本质属性取决于它的作用，各类档案馆的作用又是其特定馆藏内容和具体任务所规定的。国家档案局在《档案馆工作通则》中规定"档案馆是国家科技文化事业单位"，将其本质属性概括为单位性质、永久保管职能和社会职能三方面，为我们认识企业档案馆的性质提供了依据。

（一）企业档案馆是科学文化机构

计划经济条件下，我们一般以机构的作用（或职能性质）和资金来源区别单位的性质。据此，档案馆是为科学文化事业服务，自身不能直接创造经济价值，必须将它列入事业编制，以获得国家提供经费的非生产性机构。那么在以赢利为目的的企业中，能否存在一个非生产性的"事业单位"呢？其一，就企业档案馆的作用而言，它以反映企业生产技术、科学研究和经营活动的档案为馆藏主体，它们在为企业各项工作服务中有不可替代的作用，又都是间接的作用。其二，就其存在的可能性而言，现代管理强调企业的整体最佳效益，为此在企业内部就要形成合理的分工，企业并不要求每个部门都能创造直接的经济效益，这样在各企业特别是大型企业中都设置了一些"非生产性"的机构。其三，就其资金而言，目前国有资产的经营正在实现所有权与使用权的分离，企业对政府授权经营的国有资产拥有自主经营权。企业经营者根据效益原则进行企业资源的配置，无论什么性质的机构，只要是企业发展需要的，企业经营者就会酌情给予资金等各方面的支持。目前企业档案馆建设的资金，并不需要列入什么序列来保证，只要企业档案馆较好地完成其任务就能获得资金和人才支持，就能健康发展。

另外，对"事业单位"不能创造经济效益的传统认识，在新的形势下也值得商榷。市场经济体系的完善，扩大了商品的范畴，在大力发展第三产业的过程中，服务已经成为一种重要的商品，为许多"事业单位"创造了可观的经济效益，有些单位还发展为科技产业。因此，所谓事业单位不创造价值的界定应该淡化。从这点出发，将企业档案馆定义为科学文化机构更为恰当。

(二) 企业档案馆应是永久档案的归宿

根据集中统一管理国有档案的原则，以往重要的企业档案都保存在国家档案馆中，但在实际工作中这种做法却存在一定的问题。一方面，某些企业档案因为仍具有现行职能，不能按时进馆，只有向国家档案馆移交其副本，造成大量档案的重复保存，影响了档案馆事业的效率。另一方面，国家档案馆根据进馆范围接收永久档案，不可能将企业所有永久档案都接收进馆，相当一部分永久档案仍要由企业自行保存，客观上造就了企业档案馆保管永久档案的职能。

市场经济条件下，这些问题非但没有解决，反而出现一些新矛盾，如企业为维护自己的利益，不愿向国家档案馆移交规定进馆的材料，即使向国家档案馆移交了档案，企业作为其形成者，仍拥有这部分档案的著作权，使这些档案的利用复杂化。

随着对企业档案价值的认识不断提高，企业经营者保存自己档案资源的要求日益强烈，自然要为自己建设一个能够永久保存各种载体档案、具有良好环境和设施的档案建筑，并且为它聘任高水平的管理人员，以此证明自己管理档案的能力。就企业档案所有权和保管条件而言，企业档案馆完全可能作为其永久档案的归宿，这样做不仅扩大了国家永久档案的保管范围，而且减少了重复，提高了国家档案馆事业的效益，无论对国家还是对企业都是有益的。

（三）企业档案馆的社会职能

在审视企业档案馆性质时，人们经常把它是否向社会开放作为衡量其社会职能的重要标准。实际上这里面包含了开放条件和开放方式两个问题。众所周知，所有国家档案馆的发展都经历了保存—利用—开放的过程。档案作为特殊的历史记录，其利用是有条件的，只有在不影响档案所有者的利益和保证档案内容安全的条件下，才能向社会开放，这已经成为国际惯例。各国政府纷纷根据自己的国情，规定本国档案的开放年限，就是一个极好的证明。

《中华人民共和国档案法》规定："国家档案馆保管的档案，一般应当自形成之日起满30年向社会开放。经济、科学、技术文化等档案向社会开放的期限，可以少于30年，涉及国家安全或重大利益以及其他到期不宜开放的档案向社会开放的期限，可以多于30年。"国有档案尚需如此，何况企业档案呢？

就企业档案馆社会职能实现的形式而言，国外的企业档案馆一般不向社会开放，它们主要通过出版各种档案编研成品，不断地向社会公布和传播企业档案信息，但是这样并不影响它作为档案馆的地位。这是否可以看作是社会职能实现的另一种形式？在我国企业体制改革的情况下，保存能够带来巨大技术经济效益档案的企业档案馆，是否一定要采取与国家档案一样的开放形式，才算具有社会职能呢？笔者认为，社会职能是档案馆的基本职能，也是企业档案馆必须具备的职能，这一点不能有任何动摇。而社会职能的实现则是个形式问题，形式应该是多样的，因此，企业档案馆应该在维护自身权益的前提下，采取各种适当的方式为社会服务，而不必强求对外开放唯一模式。

我国企业档案馆的建设已经得到人们的重视，随着社会主义市场经济体制的完善，企业档案馆必将得到进一步发展。应该强调的是，目前我国的企业档案馆还处于初创阶段，必然存在许多问题，允许它存在着不完善，给它们以发展的机会。目前应加强对企业档案馆问题的调查研究，尽快提出适合我国企业档案馆实际、可操作性强的建馆标准与评估标准，积极引导和扶植企业档案馆，为它的建设提供理论和政策依据。

（原载于《北京档案》1996年第11期）

企业档案资源管理新论
——信息经济条件下的企业档案工作

一、信息经济对企业档案工作的要求

20世纪80年代以来,世界信息产业突飞猛进的发展,使人们提出了"信息经济"的概念。信息经济是继工业经济之后,世界经济发展出现的一个新阶段,即随着信息产品和服务商品化程度的不断提高,以及信息市场规模的不断扩展,产品中的信息成分逐渐增大,国民生产总值和就业总人数中有关信息产业的产值和从业人员的比例也逐渐增大,在信息组分达到相当比例时,就形成了这种新型的经济结构。

信息经济对国民经济的发展有巨大的推动作用。它可以软化国民经济结构,优化生产要素,替代物质、能源、人力、资金等基本资源,对国民经济起到巨大的增值作用,成为社会、科技发展的强大动力。当前,信息资源的开发利用程度和信息产业的发达水平,已成为国民经济现代化的重要标志。在我国,作为信息经济构成的信息产业正在以人们意想不到的规模和速度向前推进。因为国内外都是把信息产业作为第三产业的重要组成部分,我们可以从第三产业占国民生产总值(GNP)中的比例来了解目前我国信息产业的情况,见表1。

表1 我国第三产业产值占 GNP 的比重

年 份	1985	1987	1989	1991	1993	1994
比重(%)	20.8	25.2	26.1	28.6	27.0	30.1

资料来源:1994年《中国统计年鉴》。

表1说明,我国第三产业产值占 GNP 的比重在逐年增长,反映了信息产

业在国民经济中比重的增大。同工业经济发展一样，世界各国信息产业的发展是不均衡的，经济发达国家即所谓市场经济工业国同发展中国家之间的差距相当明显，如表2。

表2 世界不同国家和地区各产业产值占GDP的比重　　　　　　单位：%

国家和地区	第一产业		第二产业		第三产业	
	1960年	1988年	1960年	1988年	1960年	1988年
低收入国家和地区	49	32	26	36	25	32
中等收入国家和地区	24	12	30	40	46	48
市场经济工业国	6	(3)	40	(35)	54	(62)

资料来源：1984、1988、1990年《世界发展报表》。其中括号内为1986年数据。

表2反映了两个基本事实：其一，经济愈发达的国家，第三产业占GDP的比重愈大；其二，不论经济发达程度如何，各国第三产业占GDP的比重都是逐年增加的。这进一步说明了信息产业对国民经济发展的正强化作用，因此，发展信息产业是促进国民经济大发展的重要途径。

（一）信息产业的发展对我国信息工作的影响

1994年，国务院颁布的《加快第三产业发展的决定》，将咨询业、信息业和技术服务业作为发展我国第三产业的重点之一，为信息产业的腾飞奠定了基础。信息不再只是一种知识的副产品，而是同矿产、土地一样，是现代社会发展不可缺少的资源。今天，人人都需要信息，对信息的利用，已经渗透到社会政治、经济和文化生活的各个方面。新的信息观念和信息需求，对我国传统的信息工作提出了严峻的挑战。

第一，发展信息产业要求实现信息资源的共享。我国目前的信息管理极为分散，不仅按信息的来源和性质分成不同系统，而且对各系统信息的管理也各行其是。由于没有统一的标准，各信息系统及系统内部各信息机构之间缺少信息通道，难以形成规范的社会信息流，阻碍着社会信息资源共享。这种状况又导致了两个更为严重的后果：一是使信息部门对现代信息技术要求的迫切性大打折扣，信息技术落后、办公自动化和网络化程度低，信息流通不畅；二是信息产品研制开发上的盲目性和自发性，使信息产品与需求脱节，应用价值低，效益普遍较差，如北京100多家信息机构建立的数据库中，能够对外提供服务的只占其中的6%。

第二，发展信息产业，要求建立和完善国家信息系统。国家信息系统是指在国家范围内，由各信息系统构成的一个综合性的大信息系统。建立和完善国家信息系统旨在充分开发和共享信息资源，指导人们利用人类在科学、技术、经济和社会发展等方面记录和积累下来的各种形态的知识。然而，目前我国信息系统的实际情况是：其一，全国的信息机构分属科委、文化部、教委和档案局，多头领导难以构成国家统一的信息系统。随着市场经济的发展，涌现出一批集体和个体的信息服务机构，它们针对市场需求，开展多种形式的信息加工和信息服务，完全不受上述系统的控制，由市场机制进行优胜劣汰，进一步增加了完善国家信息系统的复杂性。其二，目前我国信息机构的行政依附性强，将各系统的信息的流通限制在本系统或本单位的狭小范围，不能充分发挥其应有的作用。

发展信息产业要求社会信息的广泛交流，促进了各种信息系统的融合。为了适应形势的发展，当务之急是加强国家信息系统中各子系统的合作与协调，使它们成为具有各自的任务范畴、工作重点、用户群体、信息产品和市场，以及适当的管理和运行方式的开放系统。并通过市场竞争对各信息系统进行改造，使它们更便于相互协作与联合，最终形成有机联系的社会化大系统，即国家信息系统。因此，发展信息产业，必须加强国家对信息系统的宏观控制，各信息子系统必须在国家宏观控制下加强自身的建设。

(二) 企业档案工作与信息产业的关系

信息产业包括两大部分，即信息技术设备制造业和信息服务业。前者是开发、制造、销售信息设备和软件、提供信息"装备"的产业；而后者是使用这些设备进行信息开发与服务的产业。美国信息专家波拉特（M. Porat）根据信息可作为商品进行交换的特点，将后者进一步分为第一信息产业部门和第二信息产业部门。第一信息产业部门，包括所有向市场提供信息产品和信息服务的部门与企业，如知识的生产与开发产业、信息流通与通信产业、信息处理与传递服务业、信息商品业等。第二信息产业部门，指为内部生产信息和为信息消费活动服务的政府部门和非信息企业，包括政府机构的大部分和企业内部管理部门的全部。这些部门和企业的信息活动，虽然不直接向社会提供信息产品和服务，没有在信息市场上表现出来，但对整个信息产业来说则是不可缺少的。企业档案工作服务于企业，是信息产业发展的重要基础。大力发展信息产业，一定要从企业的档案工作抓起。

1. 企业档案是国家信息资源的重要组成部分

企业的信息工作包括在企业的计划、决策、管理的各个方面，承担信息流通责任的专职部门，指企业的情报部门、图书部门和档案部门。随着国人信息意识的增强，人们日益关注科技信息资源的管理与开发，但是，在讨论这类问题时，总是探讨科技图书和科技情报信息（以下简称图情信息）的开发，却很少涉及企业档案信息，这不能不说是一种严重缺憾。的确，图情信息是人们比较熟悉的信息资源，但是，它们绝非科技信息资源的全部，更重要的是，它们与企业档案信息有着密切的关系。

首先，企业档案是科技图情信息的主要来源。档案是人类活动的系统的原始记录。现代人的科技活动，必须依赖文字、数字或符号等形式形成各种各样的科技文件或记录，以准确表达自己的思想或认识，继续从事科技研究或交流。企业（包括企业化的事业单位）是科技活动的主体，企业档案是记录企业活动的最重要、最直接、最有价值的科技文件，是经过科学整理、妥善保管的结果；图书或科技论文是人们对相关科学技术研究活动，有选择地进行系统表述的产物。显然，企业档案较之后者更具直接性或原始性，是人们进行科技活动的第一手材料，成为人类重要的信息源。大量的科学著作都是利用科技档案编写而成的，至于众多科技刊物上刊登的技术报告或论文，更是离不开企业档案，甚至相当一部分就是科技档案原文的再现。因此，企业档案是科技图书、科技情报的源泉。

其次，企业档案是科技信息的重要组成部分。随着科技进步以及信息传播手段与技术的发展，科技图书与科技期刊与日俱增。据专家估计，"目前全世界科技期刊正以每年4%左右的比率增长"①。就我国图书出版情况分析，以1980年与1984年为例，出版图书由2万种发展到4万种，印数从19亿册发展到62亿册②，四年间图书种类增长了100%，图书册数增长226.3%，对此人们惊呼"文献爆炸"了。然而，以上描述仅为社会信息激增的一个侧面，它还没有包括科技图书和情报产生的母体——企业档案。当前企业档案

---

① 〔美〕F. W. 兰开斯特：《通向无纸情报系统》，北京：科技文献出版社，1988年，第78页。

② 黄宗忠：《文献信息学》，北京：科技文献出版社，1992年，第84页。

的数量也呈现迅猛发展的势头。以"八五"期间企业档案发展为例，1991年共有11105个全宗8672113卷档案，到1995年已达13858个全宗74486370卷档案。五年间企业档案的全宗数量增长25%，档案数量增长811%。① 由于科学技术及其信息交流具有的特殊性，相当一部分科技档案信息无法见诸书籍或报端。诸如，有些科技成果出于政治、军事或经济的原因不能公布于世；某些精深的科学研究由于使用范围所限又不必广泛交流，它们都只能以档案信息的形式存贮起来。据此，能够以书籍、论文形式公开交流的科技信息，不到科技信息总量的50%，也就是说，社会科技信息中近一半有待开发，而这一半中绝大多数为企业档案信息。因此，如果不重视企业档案信息的开发，充分开发国家科技信息将成为一句空话。

2. 企业档案信息在信息交流中具有特殊功能和重要的补充作用

（1）企业档案信息的客观性和具体性。企业档案是在科研、生产、经营和管理活动中，为了满足企业自身活动的需要而产生的知识形态的产品。它们忠实地记录了相关活动的全过程，提供着系统的企业信息。企业档案产生的客观性造就了它忠实地再现相关企业活动的功能。这种功能具有以下突出的优点：第一，利用效果十分可靠。由于企业档案详细地反映了相关企业活动的全过程，利用者不用再进行验证或实践，就可以直接运用这些信息，甚至能够直接利用它们创造经济价值。第二，信息含量高。企业档案是重要的原始记录，它全面而客观地反映了相关活动，不同利用者根据自己的需要，可以从中获得多侧面、多层次的信息。而图情信息在形成的过程中，为抢先获得发明、发现权或突出其新颖性，或者为保护知识产权，对有关信息的反映受作者主观影响较大，有些信息甚至未经充分的实验和检验，使利用者难以"拈来就用"，影响了它们的可选择性与可靠性。

（2）企业档案信息的实用、新颖性。提到信息的新颖性，不少人总认为这是图情信息的"专利"，殊不知从产生过程分析，企业档案信息才是最新鲜的。企业档案信息是伴随各项企业活动同期形成的，它们一经归档便可以一直被利用。根据我国企业归档制度的规定，企业档案除按年度归档外，大部分都是在企业活动（阶段）完成数天至数周内随时归档。显然，企业文件

---

① 吴红：《回顾"八五"——不断深入的企业档案工作》，《中国档案》1996年第11期。

形成后只需很短的整理、归档周期，就能及时地得到交流和利用。而书稿、论文产生于科学、技术实践之后，不仅它们的形成要比相关档案的形成晚一步，而且，书稿、论文撰写完成后，还要等待一定的出版滞后期。国外资料表明，1974年世界科技领域的出版滞后期平均为9.4个月，而今随着文献数量和篇幅的增加，这一周期还在延长。① 由于我国出版业还不发达，图书、杂志的出版周期则更长，估计至少要10到12个月。如此算来，企业档案信息应是最新颖的信息。

（3）企业档案信息具有较高的利用价值。首先，企业档案具有较高的现时使用价值。企业档案信息能够实时提供反映企业活动的最新信息，及时满足有关现时活动利用的需要。以企业档案主体的科技档案材料为例，有人统计，与当前科学技术的飞速发展相适应，科技类档案的现时价值呈负指数性衰减的趋势。它们在归档的5年间，现时价值衰弱了58.3%，10年后将衰减到17.4%，20年后其现时价值只剩下7%。② 按照我国企业档案形成20年后向有关档案馆移交的规定，企业档案在企业自行保管的阶段，是其现时作用最活跃的时期，也是实现企业档案经济效益的关键时期。

其次，企业档案具有较高的工作效益和利用频率。这是因为，企业档案的利用需求大都是为了解决现实企业经营管理与决策的问题而产生的，其利用效果必将很快在企业活动中反映出来，为企业带来经济、技术或社会等多方面的效益。另一方面，企业档案管理的投入很小，与其收益相比经济效益十分显著。由于企业档案是企业活动的知识产品，其形成成本已经纳入相关活动的成本，只要稍微再投入一点档案管理的资金和设备，就能使其得到妥善的保管与有效的利用，就能发挥更大的作用，为企业带来多方面的效益。在新形势下，企业从未像现在这样如此广泛与迫切地依赖信息，必然对自身的信息工作提出更高的要求。企业档案工作必须适应这种需要，将企业档案巨大的潜在价值变为可观的现实价值。

企业档案的功能既有其显著的优势和巨大的利用潜力，但也存在一定的劣势。其一，由于企业档案具有较高的利用效益，在国内外激烈的竞争中，

---

① 〔美〕F. W. 兰开斯特：《通向无纸情报系统》，北京：科技文献出版社，1988年，第96页。

② 霍振礼、王恩汉：《现代科技档案管理》，北京：国防工业出版社，1996年，第233页。

企业必然要强化对档案信息的控制，设定各种保护性措施，在一定程度上限制了档案信息的交流。其二，企业档案信息的原始性及其信息和载体形式的多样性，造成相关信息分布比较分散。这种信息的不系统、不规范，在一定程度上影响了企业档案信息的交流效果。正如企业档案信息的优势为图情信息所不及一样，企业档案信息的这些劣势也正是图情信息的优势所在，这在客观上形成了两种信息的利用互相补充、相辅相成的要求。这进一步说明，必须统筹安排这两种信息的管理与开发，才能完整构成国家科技信息资源，合理开发我国的科技信息资源。

二、企业档案的资源管理

（一）新形势下企业档案工作的任务

企业档案是企业和国家重要的信息资源，国家和企业必然要求"有效保管和利用档案，为社会主义现代化建设服务"[①]。实现档案的"有效管理和利用"具有相对意义，它一方面受社会信息意识和社会信息能力的制约，另一方面还要受档案所有者的限制。这一点在企业档案工作中反映得尤为突出。计划经济条件下，企业只是我国社会生产的一个"车间"，其信息来源和需求都源于上级的指令。那时的企业对其档案工作的要求只是管好档案以备查考。市场经济条件下，企业成为独立的法人和市场竞争的主体，必然要把档案作为企业的科技资源和管理资源，档案不仅成为企业竞争力的保障，有的档案信息已经成为企业产品或产品的组成部分。因此，企业必然要把档案工作纳入经营范围，为企业创造更大的经济效益服务。企业机制的转变，决定了企业档案工作任务的发展，企业档案工作者必须更新观念，从资源管理的高度重组企业档案工作，以企业档案信息的开发，带动档案实体的管理，促进企业档案业务建设的改革与发展。

档案资源管理是档案工作的一种新机制，也是时代对档案工作提出的新要求，即把档案作为一种资源，对其进行综合化和集约化管理，以实现其更高的效益。所谓综合化，就是指对各种档案信息资源和信息机构的综合管理；

---

① 《中华人民共和国档案法》，1987年9月5日第六届全国人民代表大会常委会第22次会议通过。

所谓集约化，即讲求档案管理的科学性，强化开发档案信息资源的力度；所谓高效益，是指企业档案信息开发创造的技术和经济效益、企业档案部门与社会信息网络接轨形成的社会效益，以及档案科学管理提高的工作效益的集合。

档案资源管理是档案传统管理的必然发展。它建立在我国档案工作经验积累和对档案工作规律的初步认识、档案库藏量的空前丰富、社会档案意识的不断强化，以及现代信息技术在档案工作中普遍应用的基础上。它与传统档案管理的显著区别在于高科技和高效益。市场经济使我国企业的职能日臻完善，企业经营机制的改变，必然导致企业档案工作机制的调整，使其在档案的传统管理向资源管理过渡中，处于先行的地位。

（二）企业档案资源管理方法的探索

受市场经济和企业机制的规定，企业档案工作既按照《中华人民共和国档案法》的规定，履行其法定的档案义务，又要与企业发展的总目标相适应，尽可能地为提高企业经济效益服务。因此，企业档案资源管理应强调以下方法：

1. 强化档案鉴定工作，把好收集关

档案鉴定是档案工作的重要业务建设，其基本功能是保证档案的质量，提高档案工作的效益。传统的档案鉴定包括档案归档前鉴定与归档后鉴定，而重点在于后者，即对过期档案的保管期限的鉴定，以及对档案内容质量的核实。多年的实际证明，传统的档案鉴定难以保证该目的的实现。这是因为，目前我国企业档案的范围过大，档案鉴定工作繁重，难免其价值上的"鱼目混珠"。提高企业档案工作的效率，首先必须严格归档范围，其实质就是强化归档前档案价值鉴定的科学性。其次，企业档案工作为适应企业自主经营、自我发展的需要，正在不断调整与深化自己的工作内容，工作量不断加大。在档案工作者和机构不可能同步扩充的情况下，反复鉴定更是难以落实。因此，档案归档前鉴定的质量，就成为企业档案业务建设和提高企业档案工作效益的"龙头"。

强化鉴定工作必须更新传统档案鉴定的原则。以往的档案鉴定，将档案价值以永久、长期和短期等保管期限来表示，其实质是要在反复的鉴定中，逐渐减少档案数量，不断提高档案的质量。档案资源管理的鉴定工作，要避免低价值档案的"过度"保存造成的浪费，为针对档案价值采取不同的管理方法提供科学依据，必须强调鉴定的准确性。为此，资源管理汲取了传统管理严格控制永久档案的数量和采用不同的保管方法的经验，主张首先将档案鉴定为永久性和非永久（定期）性两部分，以便从收集开始采取不同的管理方法。其优点是，第一，便于对这两种档案分别编目和保存。分别编目，不仅突出了档案价值以利利用，还简化了剔除非永久性档案造成的反复注销工作；分别保存，一方面能以最少的投资为永久性档案创造适宜的保管条件，另一方面又避免了因剔除档案造成的反复倒架。第二，便于针对两种档案的特点，选择不同的信息开发方式。除将所有档案的检索信息统一、及时地编入检索工具体系外，在对两类档案进行信息开发或编研工作时，应分别选择对它们更经济、有效的方式。为确保对非永久性档案的时效性，要重点开发报道性和便于交流的形式，如专题目录、专题索引或简介等，使档案利用者及时了解库藏信息、及时利用这些档案。对档案形成者认为其中可以公开的档案信息，亦可在做适应性加工后进行交换或销售，以便为企业赢得更高的经济效益或换取更多的信息。对永久性档案的开发，则要分析其价值与需求，有计划地安排编研各种形式的高附加值和长效性的编研成品，进一步提高信息开发工作的效益。

档案鉴定的任务不仅要区别保管期限，还要确定密级与保持其准确性的任务。关于密级的鉴定，资源管理强调效益原则的指导作用，即企业要在履行保护国家信息资源安全义务的前提下，从自身根本和长远利益出发，以价值补偿为基础，合理确定档案的密级，尽量扩大档案信息的交流，为企业获得更多的信息和更高的效益。至于因企业活动的发展变化，引起某些档案信息与现实不一致的问题，可以由档案计算机管理的反馈功能加以解决。例如，在档案形成者要求修改图纸时，通过计算机的自动登录功能在相关记录项中说明，并由计算机发出反馈信息，提示档案人员进行补充收集等。

资源管理的鉴定工作涉及传统档案鉴定的两个基本问题。一个是如何准确判定档案的价值；另一个是如何科学地制定档案归档范围。传统的档案鉴定，一直采用经验型的定性分析方法，这种方法受鉴定人主观影响较大，难以统一鉴定质量、提高鉴定工作效率。根据传统鉴定工作中定性与定量分析相结合的经验，档案部门应研究制定一个操作性强、比较具体的档案价值因素体系作为鉴定依据。把它们作为"档案归档说明书"的内容，由档案的形成者据此提出评价意见，然后再由档案部门按档案价值因素进行综合评判，以期在保证鉴定质量的前提下，提高鉴定工作效率。由于企业规模、科学技术和生产管理水平、经营方式的不同,各单位档案的价值因素及其具体作用有所差异,应在国家有关规定的指导下,结合具体情况确定本单位档案价值因素体系及其作用的比重,为企业档案鉴定提供科学依据。

准确地判定档案的价值,是科学制定归档范围的基础,树立资源管理的效益观念,也是制定归档范围的重要依据。由于传统管理缺乏效率意识,制定的归档范围往往"多多亦善",大部分企事业单位文件归档率高达80%—95%,而且这些单位还保存着一部分档案副本,使企业的档案数量过大,企业档案部门长期担负着如此繁重的档案保管工作,根本无暇从事档案信息的研究与开发。由此,资源管理强调以国家全部档案为鉴定基础,从企业的根本利益出发,科学制定归档范围,严把档案"入口",是企业档案资源管理的首要条件。

2. 实施档案管理信息化

档案管理信息化即采用现代信息技术和方法管理档案,这是档案资源管理的基本特征,目前主要是指运用计算机和网络技术管理企业档案。应该看到,档案是企业的重要资源,企业档案工作既是企业资源配置的依据,又是资源配置的对象。作为依据,企业档案反映了企业各种资源的匹配、使用情况及其效益,企业决策者根据档案和档案部门提供的有关数据和资料,就能科学地确定资金、物资、设备和人员的流向与流量,档案工作在这里起到资源配置的"参谋"作用。作为对象,企业档案工作的发展需要具备必要的条件,特别是在档案数量大、利用要求高、档案工作者严重不足的情况下,用现代信息技术武装档案工作者,是最经济、最有效、最可行的办法。这就要求为档案部门配置必要的信息设备与设施,这时档案工作就成为资源配置的对象。档案管理信息化虽然需要一些资金投入,但在企业资源配置中所占比例是极小的,而且大部分设备和设施的添置,如电子计算机的购置和联网,都是企业管理信息化或办公自动化的客观要求,与企业管理信息化建设同步完成。从目前企业档案工作的实际来看,我国中型以上企业的档案部门普遍配置了电子计算机,配备光盘和多媒体设备的单位已屡见不鲜,甚至不少小型企业也给档案机构或人员单独配备或者与办公室共同配备了电子计算机。据有关部门统计,到1993年底我国档案部门拥有计算机已经超过7000台。[①]

---

① 蔡则、丘晓威:《关于档案管理现代化问题的一些补充》,《档案学研究》1994年(增刊)第68期。

因此，资源管理强调档案管理信息化虽然有信息设备与设施问题，而更重要的还在于有效开发和充分实现档案管理部门现有设备和设施的功能效益。这包括如何科学地规划资源管理的内容与程序；如何研制或选择适用、方便的管理程序软件；如何进一步深化计算机管理档案的功能，如系统的反映能力、图形与网络等技术的开发与应用等。

3. 简化传统的档案整理方法

"整理"在传统档案管理中占有突出的地位。传统管理的基本单位是"案卷"，无论是哪种性质的文件归档，都必须按其"有机联系"组织成案卷。这就使立卷成为传统档案整理中操作性和技术性较强的档案业务活动，甚至成为档案管理"最具专业性"的技能。随着科学技术的进步，档案文件的内容越来越复杂，载体形式越来越多样化，立卷难度也越来越大。如果仍固守传统的整理要求——必须以"卷"作为档案管理的基本单位，必将过分牵制档案工作者的精力，影响其工作效益。实际上立卷的目的，是为了便于纸质档案的查找与保管，而档案信息化管理通过电子计算机，不仅能从浩瀚的库藏中迅速、准确地查找到任何一份档案文件，而且还能深入到对档案内容的控制，因此许多国家的档案部门已经不采用这种复杂、烦琐的整理方式。在我国档案管理的实践中，文书档案的"一事一卷"和科技档案的"套"，在一定意义已经改变了"案卷"原有的含义，是对传统立卷工作经验的总结与反思。为适应档案信息化的需要，应该改革档案立卷的方法，即除对永久性纸质档案仍然采用传统的方式立卷外，对其余档案文件一律采取设"虚拟卷"——通过计算机建立文件的逻辑组合——的方法。这样做既满足了档案管理的要求，减轻了广大档案工作者的负担，使他们有可能将工作重心转向档案资源管理的重点——档案信息的开发上；同时也适应了计算机管理的特点，有利于档案工作的标准化。

4. 企业档案信息的交流方式

传统的档案管理只要求企业档案工作为企业内部的信息需求服务，即为企业保管好档案，为企业员工的利用提供档案。市场体系的建立与发展，疏通了信息生产与消费的渠道，企业可以通过信息市场获得所需信息，也可以通过信息市场以自己的信息获利。这将在客观上改变企业决策者对档案工作的认识，必然要求企业档案工作与信息市场接轨，在保证企业的生产、管理与经营需求的前提下，面向社会拓宽档案服务范围，为企业盈利做出更大贡献。

企业对其档案工作的新要求，对企业档案部门的信息开发产生了深远影响。首先，它调动了开发档案信息资源的积极性，使档案部门更加自觉地以信息开发作为自己的重要任务，通过生产一定规模的档案信息产品，不仅更好地满足了企业内部的需要，而且使企业档案部门成为企业生产经营活动的一部分，进而得到企业更多的支持与资源配置，为企业档案工作的发展提供了物质保障。其次，它促使企业档案工作从封闭走向开放，不仅进一步发挥了企业档案信息的作用，而且密切了企业档案工作与社会其他信息机构的关系，为企业档案工作的发展注入活力。

应该看到，在企业档案信息开发的过程中，档案部门除了要提供一定数量和质量的档案信息产品外，当务之急是要迅速学会组织与控制档案信息的交流。传统的企业档案管理处于封闭的状态，档案部门很少与外界进行交流。资源管理则把档案信息交流作为实现档案工作高效益的重要手段，因为，企业档案是一种特殊的信息资源，一方面它的价值可以在反复利用中多次实现，另一方面其价值又必将通过利用者的工作得以实现。显然，档案信息交流的范围越广、交流频率越高，实现的价值就会越大。从这个意义上，档案信息交流是开发档案信息资源的重要内容和形式。但是，企业档案信息又是一种具有较高现实性的档案信息，档案资源管理如果不能提出适合企业档案信息交流的方式，就不能真正实现其效益。

为了适应企业档案工作的特点，促进企业档案信息的合理交流，企业档案信息应采取多种互惠的交流方式。企业内部档案信息的交流方式，要根据企业的组织管理方式而定。如企业实行内部独立经济核算，档案信息应以"有偿"的方式，体现和处理与其他部门之间的合作关系，即按照提供档案的内容、数量、占用时间和咨询服务系数，以货币或记账的形式表现或实现档案信息的交流；对仍实行一级核算管理的企业，则应采用"无偿"的方式，以计划为尺度表现和考核档案部门的工作。对于企业外部档案信息的交流，为保护企业的合法权益必须实行"有偿"的方式。企业档案部门必须正确运用价值规律，处理好档案控制与交流的关系，制定合理的收费标准。在收取一定的服务费的基础上，根据档案信息在当前技术、管理和市场竞争中的作用，及信息加工的工作量，适当加收档案信息的效益费用，以双方都能接受的价格，保证和促进企业档案信息的交流。总之，由于企业档案现实性强，经济效益显著，应该采取"有偿"为主的交流方式。

5. 企业档案业务建设的拓展与重组

企业档案在传统手工管理条件下,形成了系统的业务建设,即档案收集、整理、保管、鉴定、统计、利用的"六环节"。"六环节"既是对档案业务建设内容的高度概括,又是对档案管理程序与方法的客观反映,一直作为指导我国档案工作组织管理的基本依据。档案资源管理是在传统管理的基础上发展起来的一种现代化管理模式。它充分汲取"六环节"的合理因素,以高科技手段实现其目的。以电子计算机为代表的现代信息技术的应用,使档案的立卷、登记、编目、统计和著录标引等业务活动,在计算机上一次完成,原手工操作中多人、多次的"环节",在此已经难以区分。

资源管理以其收集、保管和档案信息开发利用的"三步骤",不仅取代了传统管理的全部活动,而且使档案管理更加科学,档案的利用更加深入。例如,完善计算机的统计功能,我们就能深入、具体地判定每份文件的价值量和逻辑归属,为收集、立卷、鉴定工作提供了科学依据;计算机在进行档案登记时,将档案的编目、著录一并完成,并很容易地建立起库藏档案内容特征和形式特征的数据库;利用计算机的编辑功能,可以获得各种档案专题目录和文摘型的档案编研成品,不仅强化了档案信息开发的力度,而且为档案部门实行信息咨询、跟踪服务等信息服务创造了条件。在档案部门与社会信息系统联网的情况下,通过计算机以特定的方式将档案检索信息送上局域网或广域网,为企业吸引了更多的客户与档案利用者,并为企业获取更多的信息。作为网员,企业档案部门也真正成为国家和世界信息系统的一员。

档案资源管理的现代化方式,不仅简化了传统档案管理工作,而且扩展了档案工作的功能,使企业档案部门能够更好地为企业经营决策和发展服务,在企业中担当起更加重要的任务。20世纪80年代以来,国外企业信息机构负责人从60年代的"数据处理经理"、70年代的"管理信息系统主管",一跃成为企业的"首席信息经理"。首席信息经理"直接对最高经营决策层负责,其主要职能是辅助企业的高层决策和长远规划,实现企业的全面信息管理,包括负责开发企业的信息技术、健全企业信息系统、管理信息人员、实现企业内部的资源共享、沟通最高决策者与信息部门的联系等,成为一个身兼多职的核心人物"[①]。发达国家企业信息机构负责人地位的变迁,反映了其

[①] 卢泰宏:《国家信息政策》,上海:科学技术出版社,1993年,第23页。

企业信息机构地位和作用不断提高的趋势，企业信息真正成为战略资源，发挥着巨大的作用，企业信息管理因此进入了资源管理的新阶段。

三、企业档案资源管理的条件

企业档案资源管理虽然是企业档案管理发展的必然趋势，但是作为企业档案管理的新阶段，必然具有其特定的要求。这些有的目前已经初步具备，有的正在形成，有的则需要社会、企业和档案部门多方面的支持与配合。认识和创造这些条件，是实现企业档案资源管理的重要步骤。

（一）企业档案资源管理的外部环境

1. 社会有效信息需求的强化

市场机制的核心是竞争，而赢得竞争的必要条件是充分获取信息。从理论上讲，市场应当实行完全的竞争，供需双方得到信息应该都是比较完整的。但实际上完全竞争是没有的，就是信息的获取也不可能绝对完整和完全对称，这就说明了信息在市场经济中的重要作用。我国市场经济的完善，使国人日益认识到信息在市场资源配置中的基础作用，信息作为一种战略资源、经济资源、管理资源的意识不断加强，社会的信息需求越来越普遍、越来越丰富，成为企业信息资源管理的重要的前提条件。

2. 国家宏观指导的逐步完善

从市场的微观活动来看，信息流愈畅通，市场机制作用就发挥得越好。近年来，农村乡镇企业对信息的需求如饥似渴，究其原因，就在于它们的经营与发展完全受市场控制。我国市场经济的进一步完善，将所有企业都推向市场，必然迫使它们重视获取信息，以保证其生存与发展。从市场宏观运动来看，现代市场经济需要实行宏观调控。获取信息、掌握信息、分析信息，既是政府宏观调控的决策基础，又是政府宏观调控的一种手段。随着国家对企业宏观指导的完善，指令性的计划将越来越少，取而代之的是各种政策引导，在这种情况下，谁能获取和运用信息，谁就掌握了进入市场的主动权。国家宏观调控手段的变化，进一步诱发了企业的信息需求。

3. 社会信息市场的初步形成

信息市场是信息商品的集散地，能够在整个社会范围内协调信息流的流动，最大限度地发挥信息的作用。信息市场有狭义和广义之分，狭义市场是指进行信息商品交换的场所,广义市场是指信息商品交换关系的总和,也就是信息商品的买卖或流通。根据信息商品的形态,还可将信息市场进一步分为信息服务市场与信息服务和信息设备产品的综合市场。

信息市场是个中间环节,它的培育和发展可以带动信息产品的生产和消费,也为档案信息产品的流通创造了理想的条件。处于封闭状态下的企业档案部门,难以了解社会的需求,社会也无法了解企业的信息,信息市场为企业档案部门提供了一个窗口,使以企业档案信息制成的各种信息产品在信息市场找到了用户;企业档案部门也得以通过市场需求情况确定产品的种类和数量。

目前我国信息市场的发展状况还不尽如人意,主要表现在:第一,信息商品需求乏力。目前在信息市场上,中小企业、乡镇企业、各类专业户是最活跃的信息需求者。由于它们自身经济发展水平较低,对信息商品的需求有一定的局限性。而国有企业,尤其是大中型企业信息产品和服务商品化的意识不强,信息市场观念淡漠,还未成为信息商品供求的主角。信息市场的交易活动呈现的局限性,制约了信息产品生产的发展。第二,信息商品品种单一。企业目前提供的档案产品比较单调,主要是科技成果简介、新产品样品样本、技术转让信息等。这些产品信息含量低、系统性较差、配套服务不够,缺乏竞争力。企业档案部门应当从现在起,注意研究信息市场产品销售的趋势与需求,根据馆藏的特点,在开发上述简单产品的同时,增加信息产品的种类,不断提高质量,研制开发具有一定规模的数据库。以丰富的企业档案信息产品的生产,密切信息流通、反馈等各环节的联系,促进企业信息市场的完善与发展,实现规模效应。

4. 企业管理信息系统的发展

管理信息系统是企业为了控制自身进行最佳运转和达到满意的目标而建立的信息传递、分析、反馈的综合系统,是提高企业管理效率的关键性部门。现代企业要求其信息系统必须具有提供企业决策所需要的各种管理和商业信息的能力,以及在任何时间和任何地点按企业要求进行信息交流的能力。运用现代电子技术在企业各部门建立集成计算机系统,利用它对生产过程进行质量监控,实现生产的最优化、提高生产率和工作效率;通过集成计算机系统建立企业内部数据库,便于公司决策者持续地对各部门的情况进行巡视和技术监控,实行各部门的技术衔接和信息反馈;利用集成化的信息系统,集中力量进行产品开发和市场发展,是目前我国大部分企业管理信息系统的现状。但是,企业的生产和经营活动是一项社会活动,封闭、独立的企业信息系统,难以与周围环境的协调性,掌握社会环境的变化并迅速做出反应,这就迫使企业管理信息系统实行下列转变:

第一,企业管理信息系统从封闭式走向开放式。其表现是,企业计算机系统从以自我为中心改变为环境适应型,从自立型转变为联合型。前者将企业的信息系统从企业内部向市场延伸,不断地对市场信息进行扫描,并根据市场需求的变化,调整企业的发展目标和战略;后者是指企业与相邻经贸环节中的各信息系统实现互联,逐渐淡化封闭系统的边界,实现企业信息系统的联合和集团化,企业之间彼此共享数据库和信息网络。

第二,企业信息系统走向企业信息化与企业信息服务社会化。个人电脑的普及,使企业管理决策和各项业务活动逐步信息化,掌握和利用信息技术成为企业员工的必备能力和员工技术培训的重要内容。随着信息生产的商品化和社会化,数据库产业迅速发展,面向企业、商业、经贸、金融领域数据库的信息服务迅速增加。针对不同用户需求设计生产的各种高智能、大容量的商情数据库,能够提供有关市场环节、科技专利等全面信息,实践已经迫使企业档案工作必须与社会信息市场接轨,企业对信息技术的投入必将逐步加大。

第三,企业信息系统走向网络化。随着计算机与远程通信技术的发展,企业内部联网、企业之间联网、企业与贸易伙伴及用户的联网、企业与社会信息系统之间的联网,改变了企业经贸活动的传统模式。网络化集电子文件、电子数据传输、电子制表、文字处理、数据库检索为一体,通过电子邮件,建立有关销售报告、客户档案、市场信息和财务决策的数据库,将企业带到信息管理的新时代。由于信息的即时性已经成为商业成败的关键,信息技术就成为企业竞争必不可少的条件。

企业与这些数据库或信息网络的互联,实际上已促使企业信息系统从内部服务为主的封闭系统,向社会需要及市场为主的开放系统转变,企业在克服时空障碍、便利地获取各种信息的同时,利用网络向外传播企业信息,这又为企业档案信息的开发利用提供了新的、更加宽广的途径。企业管理信息系统中较为成熟的是企业档案部门,它保存着企业的计划、产品、销售、科研等方面的重要信息资料,使它最可能成为企业管理信息系统中各种信息的汇集中心。同时，联机数据库是企业查询市场、新产品、竞争对手的最重要的信息源，档案部门有条件利用大量的库存档案信息，建立各种数据库，不断向外界提供企业的各种信息，在为企业取得经济效益的同时，也为企业树立起良好的社会形象。

(二) 企业档案资源管理的自身条件

1. 人才准备

人才是档案资源管理的关键。资源管理的高科技与高效益，要求企业档案部门拥有一大批信息意识强、掌握相关现代技术和专业知识的新型专门人才。根据现代企业的特点，资源管理对新型企业档案人才的要求如下：

（1）观念新。企业档案人员大多是从事传统信息管理的专业人员，本身知识面比较狭窄，加上传统的档案管理将档案工作者束缚在繁重的立卷、编目、调卷等日常工作中，难以走出企业档案的圈子了解信息的社会含义，对日新月异的信息技术更是难以掌握，致使档案工作者观念陈旧、墨守成规、缺乏创新精神。要实现企业档案的资源管理，必须改变档案工作者的传统观念。除了鼓励他们扩充知识、开阔眼界、增长技能，进而更新观念外，还要有计划地引进一批具有新思想、新观念的人才，促进原有档案工作者观念的更新。

（2）结构新。指企业档案人才结构应适应市场经济及信息经济发展的需要，做到多样、协调和动态相结合。所谓多样，即指人才组合的多样化，这是优化的人才组合所应具备的基本形式，它要求企业档案人员的知识背景和业务水平是多专业和多层次的，而且各类人才保持适当的比例。所谓协调，即各类人才的关系是和谐的，能够实现知识互用、能力互补、职能协调。所谓动态，即人才结构要不断适应信息市场的变化和信息产业发展的需要，通过人才竞争机制使档案人才构成保持最佳状态。

近几年来，档案机构的人才结构、知识结构虽有很大改善，但仍然存在一些不合理的因素。如：行政管理"出身"的人员多，技术管理"出身"的人员少。档案专业人员熟悉手工管理技能和知识的多，掌握信息知识和信息技术的比较少，使档案人员难以适应信息服务的发展。因此，档案资源管理系统的人才建设，应着重更新和完善档案人员的知识结构。

第一，调整档案人才的知识结构，对现有的档案人员进行知识补充与更新。特别要加强中青年业务骨干知识结构的完善，对其中未受过档案专业高等教育者，应着重补充档案专业知识；对受过档案高等教育者，则应侧重补充与本职工作相关的专业基础知识、外国语、科技写作和信息理论与技能。

第二，根据信息产业发展的要求，重点完善研究型人才和经营型人才的知识结构。所谓研究型人才，主要负责档案信息产品的开发与生产，他们应是具有高级技术职务的业务人员和学术、技术骨干，其知识结构应由基础知识、信息业务知识和相关学科知识三方面构成。基础知识，即大学本科毕业生所应具备的基础知识，这是进一步吸收新知识、运用新技术、跟上形势的发展必备的前提。信息业务知识，包括信息理论、信息处理、信息传播、信息系统、信息研究方法、信息用户与心理、信息技术等。相关专业知识，要根据研究人员的专业分工而定，例如，信息系统设计人员应具备现代信息技术应用、信息系统分析、信息系统管理、预测与决策支持系统等方面的专业知识；对于信息研究与咨询人员，则应具备面向用户或面向学科、工程技术的背景专业知识以及数学、逻辑学、经济学和社会学等方面知识。

除知识结构的要求外，还要注意不断提高研究型人才的智力素质，即敏锐的洞察力和系统分析与综合思维能力。敏锐的洞察力，是信息意识的认识基础，即对有针对性信息的快速发掘能力和对潜在问题的预见能力。研究型人才具备了这种能力才能在大量繁杂的档案信息中捕捉有价值的信息，才能对影响全局的或影响深远的事物变化做出反应与预测。系统分析与综合思维能力，是信息开发能力的基石，由此研究型人员才能从多元协同系统的整体出发，分析各个子系统（包括相关的外部信息流）的特征、功能及相互影响，把握整体与部分的关系、部分与部分之间的关系，从繁杂的研究对象中揭示和发现规律。研究型人员是企业档案部门的高级人才，目前中、小企业可能还不具备招募这类人才的实力，但大中型企业或企业集团必须考虑这类人才的安置问题，他们的作用如果能够得到充分发挥，必将给企业带来巨大的回报。

所谓经营型人才，其主要责任是把研究型人才开发的档案信息产品推向市场，使档案信息真正成为商品，实现它应有的价值。同时，他们还要善于捕捉市场信息，及时将它们反馈给研究人员，为他们提供信息开发的依据。多年来，企业档案部门一直与经营"绝缘"，这类人才自然十分短缺。市场经济为档案信息产品成为"商品"创造了条件，但真正形成档案信息商品的广泛交流，还必须通过经营人才的宣传、促销活动，完成档案信息资源开发的全过程。因此，这类人员应具备信息产品经营、信息市场拓展、信息经济法规等方面的专业知识与技能。

（3）技能新。计算机管理档案技术的应用，使得档案工作者专业技能陈旧的矛盾越发突出。从档案部门的特点和计算机技术发展的趋势来看，档案部门并不适宜引进计算机专业人才。这是因为档案管理的要求并不复杂，企业档案部门的计算机开发工作有限，引进计算机人才势必造成人才的浪费，档案部门也难以留住这些人才；另一方面，计算机软件开发费用相当高，如果各单位都自行开发研制，无疑是一种严重的资金浪费，我国档案部门的经验表明，只要对市面上一些通用软件加以改造，就能满足档案管理的要求。可见，自行研制档案管理软件弊大于利，从软件市场购买档案管理软件将成为档案部门计算机管理的必然趋势。因此，提高档案人员的技能，集中表现为运用信息技术处理信息的能力，即了解各种信息设备的性能，并能熟练使用、维护现代信息设备。

2. 信息技术准备

信息技术是开发信息资源的工具与手段，档案资源管理的发展必须建立在必要的信息设备和适宜的信息技术的基础上。尽管我国不少企业档案部门已配备了计算机，也开发了一批管理软件，但整体上的技术基础仍薄弱，一些配置了计算机的单位，有的只能演示不能运行，有的仅用于借还档案的登记，有的设备因长期搁置已经落后，有的设备之间还不配套。在这样的技术基础之上的资源管理，只能是"空中楼阁"。因此，档案部门的技术准备，应该和企业管理信息系统建设一样，不断地同步完善。

3. 数据准备

除技术准备外，企业档案部门还要加强数据库建设的力度，做好档案信息的数据准备。社会信息服务的趋势是规范化及联网化。规范化要以数据库为依托，采用国际或国家标准处理、储存、提供信息产品；联网化主要是指通过电子计算机联网实现信息融通与信息资源共享。企业档案部门要提高信息服务的质量与效益，就要尽快从开发零散的、粗加工的、原始性的、常规性的低档信息产品，转向多品种、大批量、时效性强、后续服务水平高的信息服务，而建设大规模、系统化的数据库，就成为企业档案部门数据准备亟待填补的"空白"。

数据库的质量主要取决于资料来源的权威性和准确性，企业档案部门所保存的各种科技、计划、经营、财务等档案信息，以其原始、真实、准确、全面见长。不仅能介绍企业的产品，还可以反映企业的概况、背景和历史，企业的经营管理状况、科技水准等。建设高质量的企业档案数据库还取决于信息的更新速度、服务手段与效率，因此，企业档案部门在开发数据库之初，就要立足于高起点，特别注意数据的规范化、标准化，及时更新数据内容，以便逐步建立起良好的商业信誉，使企业档案数据库成为最吸引用户的数据库。

（三）企业档案资源管理的组织建设

企业档案工作的作用必须依赖一定的组织机构得以实现，档案资源管理要求有与之配套的组织建设。企业档案工作的组织建设包括档案机构的组织形式和档案管理制度等内容。企业档案管理制度的建设，要根据资源管理的实际情况，制定各项档案管理的规程和行为准则，它是在上述档案业务建设和系统建设的基础上逐步完善的，建设适宜的企业档案机构则是档案资源管理的当务之急。

档案组织建设是一定历史条件下社会政治、经济和文化制度的综合反映。我国政治体制改革和市场经济的不断完善，加速了企业向现代企业制度的转变，企业经营机制和组织形式发生了重大变化，企业档案机构的组织形式必须随之进行同步调整。目前企业的组织形式已从过去单一的职能制，变为职能参谋制、事业部制、模拟性分散结构、矩阵结构和多维制结构等多种形式。

"事业部制"是公司制企业比较多见的组织形式。事业部是企业内部相对独立的单位，在企业或企业集团中具有相对完整的组织机构、相对独立的自主权，以及相对独立的利益和市场。事业部制使企业最高决策者能集中基本政策权，分散经营权，并能充分发挥各事业部的积极性和主动性。在一些已经实行公司制的大型企业或企业集团中，相当一部分档案机构已改为信息事业部或档案信息部，它们大多是以原档案机构为基础，合并了图书、情报机构，以管理、提供、开发和交流企业所有信息为基本任务。企业信息事业部的组织形式，适应了运用现代信息技术和设备高效管理大量企业信息的需要。在信息事业部内，除档案、图书和资料的实体仍分别排架保存外，其他管理工作都由计算机一并完成。例如，统一建立检索体系、统筹安排信息的开发、统一完成信息的交流、统一开展信息服务等，既打破了"各自为战"的信息壁垒，避免了重复业务活动造成的浪费，还可以充分挖掘现代设备的潜力，承担对外保管档案和加工各种信息产品的任务，使信息事业部逐渐发展为本单位、本地区信息中心。这种信息一体化管理的形式，是在现有档案综合管理的基础上发展起来的，具有一定的可行性，比较适合大、中型企业或企业集团档案工作的发展。

中、小企业由于规模、档案数量、信息需求与企业组织形式等原因，除档案机构外其他信息机构都不够完善，因此，应该以企业档案机构为基础，根据企业具体情况，确定档案机构的组织形式。在企业管理信息化的前提下，选择集中或分散管理的组织形式。集中管理的形式，指企业设置独立的档案或信息机构，配备若干专职人员，担负管理、开发档案和其他信息资源的责任。分散管理，指企业配备专职和兼职的档案人员或信息管理人员，由专职档案人员或信息管理人员，负责组织管理本企业的信息工作，并具体管理重要、永久档案；各专业部门的兼职档案人员不仅负责保管一般或非永久档案，还要负责向专职档案人员移交本部门形成的重要和永久档案；其他信息管理人员要在专职档案人员或信息管理人员的指导下各司其职。总之，企业档案资源管理的组织建设，应树立"大信息"或企业完整信息的观念，选择与现代企业制度和现代化信息技术相适应的、高效的组织形式，以保证企业档案资源管理的实施。

企业档案资源管理是作者对改革中的企业档案工作的初步建议。它产生于传统档案管理，又是不同于它的一种划时代的档案管理思想与方法。受现有档案理论与实践的局限，这些认识还很不成熟，希望得到专家、同行的指正，以便继续进行深入的研究。

（此文为1994—1996年北京联合大学科研课题"市场经济条件下企业档案工作研究"的课题研究报告同题名的精编稿，发表于《档案学通讯》1997年第4期）

21 世纪企业档案工作发展的探讨

21 世纪是中国腾飞的世纪。中国企业将连续跨越高度工业化、市场化、步入信息化，真正成为独立的社会法人和市场经济的主体。处在这种革命性变革之中的企业档案工作将如何生存和发展，已经成为广大企业档案工作者十分关注的问题。

一、企业档案工作发展的依据

企业档案工作是企业自身发展的客观要求，是企业管理活动的必要组成部分。就其本质而言，必将伴随现代企业的成熟而持续发展。这是因为企业档案工作的必要性不仅得到现代企业的认可，而且它能够持续满足现代企业的需要，具有较高的技术、经济和社会效益，具备了存在发展的必要条件。这一结论是基于现代企业发展对信息的高度需求及档案工作的不断改革与完善而得出的。

（一）现代企业更加依赖档案信息资源

企业是指依法运用资本而设立的，在承担经营风险条件下为社会提供产品和服务，以求得自身经济效益的经济实体。现代企业则是具有时间限定的企业概念，一般指 20 世纪 80 年代以后，我国建立和完善社会主义市场经济体制阶段的企业。因此，现代企业就是适应社会化大生产需要，反映社会主义市场经济要求，面向国际、国内市场的法人实体和市场竞争的主体，即实行现代企业制度的经济实体。它们既包括制造业、采掘业等生产物质产品的传统工业企业，也包括提供各种社会服务的新兴产业。

《中共中央关于建立社会主义市场经济体制若干问题的决定》要求，现代企业产权清晰、权责明确、政企分开、管理科学，是具有中国特色的新型企业。由于公司制具有特别适合市场经济发展的运行机制，已经成为现代企业的典型形式。这些机制是在法律允许的范围内，为追求利润最大化进行自我改造、自我发展的动力机制，自主地做出实现自身利益的各种决定、自主经营的决策机制，按市场需求进行生产经营决策与资源配置的竞争机制，来自出资者、生产经营者双方的利益约束机制和财产约束机制。所有这些机制的形成及其作用的实现，离开企业档案资源是难以奏效的。因为企业档案是企业最鲜活、最权威的信息资源，它客观地记录了企业创新、经营活动的全过程，经过多年积累和沉淀成为企业重要的知识资源。因此，管理和开发企业档案资源是现代企业管理最经济、有效的方法之一。

（二）知识经济使现代企业更加依赖档案资源

当前世界经济发展的现状是，一方面，发达国家传统的物质生产技术已经发展到极致，并且这种依赖物质、能源的经济增长方式，日益面临物质资源匮乏的严重威胁。以美国为例，其传统产业中的主要行业，从"二次大战"后开始走下坡路，到70年代这一趋势明显加剧。① 这就迫使传统企业通过信息化进行自我改造，以提高企业的劳动生产率，保持其缓慢增长。另一方面，传统产业的发展进一步加剧了物质、能源危机，使环保问题日益突出，严重地影响人类的生存环境，进而从根本上动摇了传统的经济增长模式。特别是20世纪末世界科学技术的新突破引起的信息技术革命，加速了知识经济的来临，给人类社会的发展带来了生机。

知识经济是建立在知识和信息的生产、分配和使用基础上的经济。它是在高科技与市场经济高度发展的基础上形成的，与传统生产方式截然不同，以知识作为经济发展主导因素的新的经济形态和以高新技术与知识密集型服务业为主体的新的经济结构。在知识经济初试锋芒的发达国家，知识密集型产业已经居于国民经济的主导地位。美国微软公司超过传统的"石油大王"、"汽车大王"，一跃成为美国经济巨人的事实就是对知识经济最形象的写照。

知识经济的崛起，导致现代竞争的优势从企业的制造技术转向企业的创造性，使无形资产在企业资产总值中的比重显著上升。现代企业"主要关注的对象是信息、知识、人才，而不是原料、设备和劳动力"，并且"将物质生产过程视为一种信息的获取、存储、处理、传输、控制的信息流动过程，从而在人机、机机以及机器与劳动对象之间，以数字化作为共通的桥梁，建

---

① 张正德：《美国信息技术的发展及其经济影响》，武汉：武汉大学出版社，1995年，第106页。

立起自动化系统"①。进而形成了更适合于企业信息流动而不是物体置放的企业组织形式和管理方式,使信息成为现代企业管理的主要对象。

知识的崛起强化了社会的信息需求,也向人类昭示信息加工产生知识的重大意义,这不仅对企业档案、情报等传统信息工作的发展产生了重大影响,而且刺激了新兴信息产业的诞生。使代替别人管理信息或对数据进行处理即以信息产品为基础的新兴信息产业迅速发展。在美国已经出现了专门为企业保管和开发档案,并使其增值的企业"历史工厂"②,至于以信息为依托形成的各种数据库业、电子商业,更是令人眼花缭乱、耳目一新。

知识经济的发展将企业的信息利用能力,提升为决定其生死存亡、成败兴衰的关键因素,根据信息流和数据分析技术进行企业重整成为企业决策的基本手段。在国内外竞争的巨大压力下,企业越来越重视对现有信息资源的收集和利用,通过挖掘自己的档案信息资源,将发现许多过去认识不够或未被认识的数据关系和现象,帮助企业管理者做出更加科学的决策,进而大大提高现代企业的信息利用能力。知识经济的增长方式使现代企业重新认识了档案信息资源,对企业档案工作的信息处理能力提出更高的要求,为现代档案工作的发展提供了客观依据。

(三) 现代企业档案工作的发展需要新的生长点

我国的企业档案工作经过40多年的发展,已经形成可观的资源规模和适合企业信息需求的档案工作秩序。改革开放以来,国家档案行政管理部门对企业档案工作的监督、指导,进一步促进了企业档案工作的规范化与现代化,为企业档案工作充分满足企业各种信息需要奠定了比较坚实的基础。由于传统企业的档案信息需求一直疲软,企业档案工作虽然具备了深入开发档案资源的条件,但只能处于被动、"蛰伏"的状态,难以有较大的发展。现代企业信息需求的硬化,为企业档案工作开辟了新领域、增加了新职能,为企业档案工作的发展注入了生机和活力,科学管理和深入开发档案信息资源将成为企业档案工作新的生长点。

---

① 张正德:《美国信息技术的发展及其经济影响》,武汉:武汉大学出版社,1995年,第106页。
② 沈丽华:《美国企业档案巡礼》,《档案学通讯》1994年第2期。

二、现代企业档案工作发展趋势的探讨

知识经济的发展为现代企业带来了新的发展机遇，它不仅为企业改造提供了高新技术，创造了前所未有的生产能力和销售环境，而且引起了企业劳动组织和工作方式的重大改革，导致了企业管理思想的变革。现代企业的档案工作必须努力适应现代企业管理的特点和要求，在适应中求得自身的持续发展，因而，现代企业制度的建立与完善规定了现代企业档案工作的发展趋势。

（一）职能延伸的发展趋势

现代企业档案工作的职能或任务，是由现代企业的经营管理目的决定的。为了最大限度地获取利润，现代企业要调动一切因素，充分发挥各部门的创新能力，特别是信息利用的能力。档案资源是企业各职能部门创新的依据，企业档案工作在这方面的责任是显而易见的，要使企业档案信息资源最大限度地的为企业创利，档案部门单纯"提供档案"由利用者来实现档案的价值，已经不能适应现代企业的要求。必须强化信息开发职能，使现代企业档案部门为企业赢利做出直接的贡献。档案资源开发能力取决于档案的质量和数量，其前提是档案的收集和管理。为此，现代企业档案工作的重心必然向两个方向偏移。其一，为了保证档案资源开发的基础，将更加自觉地控制企业文件的形成与积累，向科技或文件管理延伸；其二，将档案信息咨询、档案信息编研、档案定题服务和档案信息传播作为利用工作的"重点"，向档案信息的智能控制延伸。

（二）管理信息化发展趋势

现代企业是高度机敏的世界性经济组织，为了在现代竞争中争取主动，现代企业必须掌握"瞬息万变"的全球市场的变化和社会政治动向，及时调整企业科研、生产与销售决策。现代企业信息需求的时间概念和范围，已经从过去抽象的"及时"，发展为以"分"、"秒"计算的24小时"全天候"服务；从企业某些方面的信息需求，发展为企业管理的各方面、全方位的信息需求。为此，现代企业必须实现信息化，通过企业信息网直至国际互联网迅速传递、获取信息，以便拥有更大的市场。

企业信息化使其内部信息交流实现了"端对端"的传递，改变了企业文

件层层传递的交流方式；企业决策和管理部门需要的各种数据，也不必由基层管理人员每天紧张地统计、汇总，而是通过电脑随时了解最新的、更加准确的信息；企业与其研究、销售人员的异地联系，无论多远在互联网上即刻就能实现。信息化改变了现代企业文件形成的基础，缩短了档案形成的过程，也促进了档案管理的信息化，这些都意味着传统的档案管理内容和方式必须按照信息化的要求进行调整与重组。

（三）社会化发展趋势

知识经济是全球经济，现代企业必须着眼于世界市场，全面掌握与企业发展相关的信息，才能在现代竞争中处于不败之地。现代企业的全球性特点，拓宽了其档案形成与利用的范围，档案工作必然从企业内部拓展到现代企业遍及各地的子公司、分支机构与合作伙伴；管理对象从中文档案信息发展到各种文字的多媒体信息；管理方法涉及各相关国家文件形成、管理的标准。现代企业的全球性决定了企业档案工作发展必须解除自我封闭走向社会、面向世界，与国家和世界的信息网络接轨，使企业档案信息真正成为人类共享的信息资源。

特别值得注意的是，在我国信息化的过程中，各专业主管部门和各地区已经建立起各种信息平台，它们像"信息高速路"上奔驰的"汽车"，为各种信息交流创造了良好的条件。根据我国政府引导、企业运作、联合共建的信息政策，现代企业档案工作必然负有"装货"责任，即通过信息平台发布档案信息。显然，现代企业档案工作要发展，就必须学会在信息资源共享的环境中恪守档案工作宗旨，而研究、处理好这一矛盾，必将大大促进现代企业档案工作社会化的进程。

（四）集成化发展趋势

现代企业营造了完全不同于传统企业的生产组织形式和管理体制。信息管理系统和计算机辅助制造系统实现了管理机构、管理设备、管理方法一体化，改变了企业立足于人和机构的管理模式，更加推崇适宜信息流动的组织形式和信息管理方式，使企业内部机构趋于简单而"扁平化"，实现了各种企业管理功能的集成化。

在企业信息管理方面，从各种文件的制作、审签、运转，各类文件的筛选、归档，到档案的整理与加工，都可以在网络上完成，"虚拟"的信息管理系统已经显示出其综合、高效、快捷的优势和强大的信息管理能力。作为企业信息管理重要组成部分的档案工作，绝不可能游离于该系统之外，势必在档案管理信息化的同时，纳入现代企业信息管理系统，形成企业信息资源的集成优势。这些可以从国外现代企业信息管理的实践中得到验证。

20世纪70年代后期，发达国家的一些企业中出现了一个引人注目的新职位——首席信息官（chief information officer）简称 CIO，这是一个与公司其他最高层管理职位，如首席行政官（CEO）、首席财务官（CFO）相对应的职位。CIO 的职能是：应用其信息优势，参与企业的重大决策，帮助企业制定发展策略；统管企业的信息资源，有效地管理和开发利用信息资源为实现企业目标服务；规划企业信息基础设施建设，实现信息资本化；作为信息专家指导企业高、中级管理人员有效利用企业的信息资源，为企业各部门的信息管理人员提供咨询服务。① CIO 的职能与我们设想的现代企业档案工作的发展方向十分接近。

纵观 CIO 的演变，可以清楚地看到企业信息管理集成化的轨迹。最初这些企业的信息分别由秘书和档案人员管理；随着企业办公自动化和大量信息技术设备的使用，企业的数据和档案逐步实现了自动化处理和管理，这时的信息管理工作就被称为数据或电子数据处理；计算机辅助设计和制造等信息技术的应用，使企业的科研、产品、设计、生产、销售逐步实现一体化和计算机化，管理信息系统（MIS）或计算机集成制造系统（CIMS）在企业中占有日益重要的地位；特别是全球经济逐步向知识经济过渡，使企业的信息越来越密集，与世界的联系越来越紧密，企业必须对内强化创造力、灵活性和质量意识，对外紧跟国内外政治经济和国际市场的变化，企业才能继续发展。这就进一步促进了信息管理的集成化，使其成为现代企业独当一面的主要管理职能。

三、企业档案工作改革与发展的关键

知识经济时代的企业管理思想和方法规定了企业档案工作发展的方向，现代企业制度为其档案工作营造了适宜发展的客观环境，使具有创新精神、现代意识和现代管理技能的档案人员，成为现代企业档案工作发展的关键。

---

① 赖茂生：《企业需要高素质的 CIO》，《中国计算机报》1998 年第 A15 期。

任何一场变革都要以思想、观念的更新为基础，建立现代企业制度是我国前所未有的尝试，尤其需要档案人员更新观念。然而，目前许多档案工作者虽然意识到了这一点，但是缺乏对现代企业全面、深刻的认识，不能正确理解档案工作所处的客观环境，难以形成指导企业档案工作改革、发展的思想和方法。因此，档案人员更新观念，首先必须客观认识世纪之交的社会大环境，深刻认识现代企业制度及其影响，进而客观地定位企业档案工作，自觉地进行档案工作的改造和调整。其次，档案人员必须自觉掌握现代管理与信息技术。要使档案工作自觉适应信息化的要求，完善与开拓信息管理能力，胜任更加艰巨的管理职能，档案人员就必须首先使自己成为信息专家。上述 CIO 的演变说明，信息管理人员职能和地位的变化，伴随着他们的自身素质、能力和贡献的不断提高。现代企业档案工作是现代信息产业的重要组成部分，其工作内容和任务与传统档案工作有诸多不同，尤其突出的是人才的差异。实践证明，企业档案工作信息化以后，大量收集、立卷等手工档案劳动被计算机所取代，但是档案人员并不会由此轻松，反而面临着日益复杂和繁重的信息研究、开发与交流的任务。没有现代化的档案人才，现代企业档案工作不仅难以发展，而且将面临被淘汰的危险。因为，档案工作虽然是现代企业的一种客观需要，而且这种需要将随着现代企业的发展而不断强化，但是，企业档案人员如果不能及时更新观念、发展技能，胜任信息管理的新要求，就拿不到进入 21 世纪的"通行证"，企业档案工作就将被其他信息工作所取代。无论企业档案人员是否愿意认识这一点，客观事实是不容改变的。

综上所述，现代企业档案工作具有大好的发展前景，但是以知识创新为主导的新的竞争规则提醒档案工作者，只有主动完善自己，不断改革和调整企业档案工作，积极适应现代企业和社会的信息需要，企业档案工作才能在信息市场的竞争中得到持续的发展。

（原载于《档案与建设》1999 年第 2 期）

CIO（信息主管）职位
对中国企业档案工作者的启示

知识经济使信息成为财富的重要来源，在现代企业中发挥着越来越重要的作用，因而从20世纪70年代开始，在发达国家的企业中出现了一个令人瞩目的新职位"CIO"。

"CIO"的英文全称是 Chief Information Officer，中文意思是"首席信息官"或"信息主管"。这是一个类似于首席财务执行官（CFO）的高层次管理职位，其职能是："直接对最高决策者首席行政官（CEO）负责，负责企业的高层决策和长远发展规划，实现企业全面信息管理，包括负责开发信息技术、健全企业信息系统、管理信息人员、实现企业内部的信息共享等。"[①] CIO 的产生与发展，给改革中的中国企业档案工作者以极大的启示，值得我们思考和研究。

一、CIO 的产生给中国企业档案工作者的启示

CIO 的产生不是一种偶然的现象，而是现代企业在向知识经济转轨过程中的必然产物。工业化时代之初，企业的信息工作主要由秘书和档案人员承担；伴随着企业管理信息化，企业信息开始从传统的人工记录与纸质载体形式变为电子数据等多种形式，信息管理的技术含量随之提高，信息管理的任务转为由企业电子计算机部门承担。电子数据量增加如此迅猛，数据管理的任务日趋繁重，企业必须将信息管理作为一项重要的管理内容，于是形成了专门处理各种企业信息的管理信息系统（MIS）。知识经济时代信息成为现代企业的重要资源，直接影响着企业的生存和发展，企业必然将信息管理摆在其各项管理的首位，以前所未有的极大注意力管理和发展企业的信息工作，

---

① 卢泰宏：《国家信息政策》，上海：科技文献出版社，1993年，第23页。

CIO 就是在这种情况下应运而生的。CIO 的出现给信息工作者以极大鼓舞，长期以来信息工作者一直是"幕后英雄"，处于从属的地位，而 CIO 的出现不仅使信息工作者成为企业舞台上的"主角"，而且成为其最高领导层的一员。更值得注意的是，这一现象不是某一个企业决策者对其个别信息管理人员特殊贡献的肯定，而是已经成为现代企业的一种普遍现象，这充分说明了信息管理在现代企业管理中的极端重要性。

CIO 的产生具有世界经济发展的客观背景。20 世纪后半叶世界经济发展出现了前所未有的矛盾现象。一方面，发达国家传统的物质生产技术已经发展到极致，其中主要行业开始走下坡路，迫使传统企业通过自我改造以求得继续生存与发展；另一方面，传统产业的发展进一步加剧了物质、能源危机，使环保问题日益突出，严重地影响着人类的生存环境，从根本上动摇了人们对传统经济增长模式的"信任"。恰恰在这种形势下，世界信息技术革命为人类社会的发展带来了新的生机，加速了知识经济的到来。

知识经济是建立在知识与信息的生产、分配和使用基础上的经济。它是在高科技与市场经济高度发展的基础上形成的新的经济形态与经济结构，即以知识作为经济发展主导因素的新的经济形态和以高新技术与知识密集型服务业为主体的新的经济结构。知识经济的崛起，使知识取代物质成为财富的直接载体，信息成为财富的主要来源，人才成为创造财富的关键要素，致使现代企业"主要关注的对象是信息、知识、人才，而不是原料、设备和劳动力"，必然"将物质生产过程视为一种信息的获取、存储处理、传输、控制的信息流动过程，从而在人机、机机以及机器与劳动对象之间，以数字化作为共通的桥梁，建立起自动化系统"，① 形成更适合于企业信息流动而不是物体置放的现代企业组织形式和管理方式。CIO 的出现就是现代企业信息管理理念重大变化的直接结果。

上述 CIO 的产生，昭示了企业信息的现代意义，给予正在探索企业改革的中国企业家和企业档案工作者以重要启示——必须重新认识企业档案。

（1）企业档案是现代企业生存发展的重要资源。过去那种把企业档案单纯地视为知识储备的认识，不仅已经不合时宜，而且制约了其作用的发挥。

---

① 张正德：《美国信息技术的发展及其经济影响》，武汉：武汉大学出版社，1995年，第106页。

近几年企业档案工作者虽然一直强调要对企业档案进行重新认识,但受我国经济发展水平的制约,一直没有得到应有的认同。知识经济是智力经济,其竞争优势已经从制造技术转向企业的创造力,现代企业的生存、发展越来越取决于企业信息质量与信息能力,而企业丰富的档案信息反映着企业各部门经营管理的历史与现状,积淀了企业的宝贵知识,是企业取之不尽、用之不竭的战略信息资源。国外的相关统计表明:全球企业的信息量平均每18个月翻一番,而目前仅仅利用了其中的7%。① 这充分说明企业开发现有信息资源的巨大潜力和价值。

(2)现代企业的档案信息是实时信息。知识经济是全球经济。现代企业已经处于世界范围的激烈竞争中,其兴衰成败往往取决于须臾的决策之中,出现了"快鱼吃慢鱼"的竞争趋势。现代企业科学、及时的决策越来越依赖于广泛、详细的信息支持,及时、准确的信息成为企业经营决策的基本条件。档案信息虽然准确可靠,但过去往往因"滞后性"被打入"另册",没能充分发挥其现实作用。信息化使现代企业档案的形成与文件形成几乎同步,档案信息正在成为及时反映企业科研、生产和经营活动的全方位、全过程的实时信息。国外企业已经意识到充分利用自身信息的重大意义,更加自觉地通过开发现有信息,从中汲取知识,制定营销策略,获取企业重组的客观依据。

二、CIO 关注焦点的变化对中国企业档案工作者的启示

在信息资源已经成为现代企业兴衰成败、克敌制胜"法宝"的今天,信息产业为现代企业提供的广泛服务及创造的前所未有的信息环境,对CIO的职责及其工作重心的变化产生了重要影响。据美国 Gartner Group 公司对 CIO 们的调查发现,从 1995 年到 1997 年其关注热点已由网络建设应用系统及开发技术转向分布式系统管理、数据仓库、网络管理,② 即由信息技术系统与设施建设转向信息系统的管理与开发技术,转向信息的有效利用。因为作为用户,任何企业信息系统的建设都是有限度的,特别是信息产业的发展,使 CIO 们认识到"购买"比"研制"信息技术系统更为适宜。这样 CIO 们在信

---

① 汪洪华:《商业智能:您了解吗?》,《中国计算机报》,1998 年。
② 吴鹤龄译:《OIO 关注的热点技术是什么?》,《中国计算机报》,1998 年。

息系统开发和技术应用方面的任务逐渐弱化，而企业信息资源开发的任务不仅不能被替代，而且将是一项不断发展的、长期的任务。CIO关注焦点的转移，揭示了以下现代企业信息工作发展的规律：

（1）CIO的基本职能是信息资源的管理与开发。观察CIO的职能变化，在其初期必然以建立信息技术系统与设施为主，这是企业信息化的第一步，也是现代企业信息管理的基础，但是这一步毕竟有限。企业信息化的发展，导致现代企业信息形成、更新速度加快，数量空前膨胀，"信息爆炸"又不可避免地为企业带来大量"信息垃圾"，客观上将企业信息的鉴别、处理与加工工作推向现代企业信息管理的主要地位。

（2）CIO必然努力开发企业现有信息资源。知识经济促进了信息服务业的迅速发展，使一般信息的获得变得非常容易；而市场竞争的压力，又使关键性信息的获取变得日益艰难，迫使企业必须重视企业内部现有信息的收集、开发，必须努力挖掘企业现有信息资源。

我国现代企业建设虽然刚刚起步，信息化程度与国外企业还存在一定差距，但是已经可以看到这一规律的端倪。首先，信息化为企业档案工作提供了技术手段，手工操作的档案实体管理的任务，已经部分地被计算机所代替，档案管理现代化逐渐简化着传统的档案管理方法和内容，实体管理的矛盾趋向缓和。其次，现代企业对企业档案工作的要求发生了重要变化，企业档案工作者熟悉的提供原件和一般资料性编研成品的基本服务方式，即将变为提供全方位的、及时的档案信息，特别是支持企业管理决策的信息。这就意味着，企业档案信息开发的任务日益艰巨，要求企业档案工作者从企业档案保管和加工者，变为企业信息的管理者、研究者和利用者。通过捕获、分析和沟通企业档案信息，不仅要浓缩知识，及时为企业技术创新提供能量，而且还要从过去缺乏认识或尚未认识的档案信息中进一步发现新的数据关系和规律，帮助企业做出更加科学的决策。

三、CIO的发展趋势对中国企业档案工作者的启示

尽管CIO已经成为国外企业普遍的管理职务，但是其任务和职能仍在发展。企业信息化的逐步实施，使CIO们越来越侧重信息系统的管理与信息的开发研究。如何影响企业目标的制定、如何利用信息为企业竞争服务等，是

他们经常思考的问题，使 CIO 成为名符其实的高层决策者。

CIO 的这种发展趋势，无论对中国的企业或是其档案工作都具有重要的现实指导意义。面对知识经济和国外企业发展的经验，国内有识之士大声疾呼中国自己的 CIO。对此情报界响应积极，他们循着国外 CIO 发展的轨迹，"义不容辞"地挑起了这副重担。但是，这符合中国的国情吗？到底由谁问鼎 CIO？这难道真的与中国企业档案工作者无关吗？！如果不是这样，中国企业档案工作者应该为中国 CIO 的诞生做些什么？这是 CIO 现象对企业档案工作者最根本性的启示。

CIO 之所以能够参与企业决策，是因为他们不仅掌握着企业的全部信息资源，而且善于处理与分析各种信息，能够有效地组织管理信息工作者。CIO 的各种能力首先来自于他们的个人素质。CIO 们不仅精通现代信息技术，能够主持信息系统的设计与建设，而且还精通企业信息管理与开发技术，都是高级复合型人才。他们具有高度的信息意识和广博的学识，能够敏锐地掌握世界政治、经济和信息领域的新动向，及时为 CEO 提供准确的决策信息和客观的咨询意见。CIO 的责任如此重大，必然要形成一个以 CIO 为核心的专家群体。CIO 的构成告诫中国企业档案工作者：

（1）中国的 CIO 离不开企业档案工作者。我国企业信息管理的国情是，信息管理的任务长期实行分而治之，形成了各种信息管理部门。就全国而言，档案工作与情报工作分别属于不同的专业主管部门，并形成了各自的信息交流网络；就企业各信息管理部门的任务而言，档案部门侧重于内部信息的管理开发与交流，情报部门侧重于外部信息的搜集、翻译与交流；企业的计算机部门专司信息技术的应用与信息设施建设。显然，我国企业目前还没有形成一个独立承担全面企业信息管理与开发职能的部门。目前这些部门的实际状况是：档案部门组织机构和管理制度相对规范些，其管理职能也更加明确，特别是我国企业档案范围较大，决定了其任务范围早已包括了国外企业某些情报管理的职能。在建设现代企业制度的过程中，一些企业档案部门的负责人已经成为企业信息一体化管理机构的负责人。事实进一步说明，深入开发企业信息资源，提高企业的创新能力，离开企业档案资源将难以实现。同样，CIO 群体没有企业档案工作者"加盟"也难以形成。

（2）企业档案工作者成为 CIO 的关键是必须大力提高自身的素质。我国企业档案工作的特殊性，决定了企业档案管理与企业经营决策的必然联系，造就了企业档案工作者成为 CIO 的客观条件。然而这并不能说明，档案工作者将自然而然、顺利地加入 CIO 群体甚至成为 CIO。企业档案工作者能否胜任 CIO 的职能则是其中的关键。多年对企业档案工作的忽视，造成了企业档案工作者素质偏低的事实。从根本上提高现代企业档案工作者的素质，要求档案工作者树立现代档案意识，掌握各种信息处理与研究的技术，自如地运用现代信息技术，深入了解现代企业管理理论与要求，科学管理和开发企业档案信息资源，才能积极参与企业经营管理决策。美国花旗银行现任总裁约翰里德、IBM 公司执行总裁郭士纳等一批叱咤风云的 CEO 们，从 CIO 走上 CEO 职位的事实，具体说明了 CIO 的素质的重要意义。企业档案工作者如果不能从根本上提高自己的现代素质与技能，企业必将通过竞争机制引进高素质人才，重建企业档案信息管理的专家队伍，以适应建设 CIO 队伍的需要。

（3）企业档案工作必须融入世界信息网络。由于档案的原始性和客观性，及其在利用方面的可靠性与可观的经济效益，企业档案工作比较强调自身的独立性，似乎只有封闭才能保持档案的特点和企业的经济利益。知识经济是网络经济，它创造了前所未有的竞争环境和极为便利的信息网络，在这种情况下依然固守档案的小"阵地"，片面地保持独立，企业档案工作势必成为信息"孤岛"，最终将被现代信息系统所遗弃，这是一个不容回避的问题。企业档案工作者只有树立现代信息意识，辩证地认识这一现实，妥善地处理与其他信息管理部门的关系，通过企业信息综合管理，如凤凰涅槃在现代企业信息管理系统里求得企业档案工作的"新生"，继续为现代企业做出档案工作的更大贡献，这也是现代企业档案工作者自觉地实现向 CIO 过渡的先决条件。

综上所述，CIO 现象代表了知识经济和现代企业发展的必然要求，代表了现代企业信息工作发展的趋势。它给我们以重要的启示：中国企业档案工作者应该放眼世界，立足国情，科学地预测 21 世纪企业发展与信息管理的关系，从信息管理是知识经济的重要生产方式的高度，深刻理解现代企业档案资源管理的要求，自觉树立企业大信息观念，以融合求得自身的发展，以便继续为我国经济的腾飞做出应有的贡献。CIO 对未来企业档案工作的影响是个亟待探讨的问题。笔者抛砖引玉，希望与档案界同人共同探索。

（原载于《档案学通讯》1999 年第 3 期）

论现代企业档案资源建设的依据与策略

"档案,是指过去和现在的国家机构、社会组织以及个人从事政治、军事、经济、科学、技术、文化、宗教等活动直接形成的对国家和社会有保存价值的各种文字、图表、声像等不同形式的历史记录。"①《中华人民共和国档案法》从档案的形成特点和价值特点两方面定义了国家档案的本质属性,为认识国家档案及各领域的档案提供了基本依据。档案的形成特点——直接形成的原始记录,揭示了档案的自然属性,对此人们的认识比较统一。而档案的价值特点——对国家和社会有保存价值——由于反映了档案的客观属性,人们的认识见仁见智。

在国有制情况下,国有企业没有自身利益可言,国家需要的档案就是企业应该保存的,国家认定的档案价值就是企业档案的价值依据。今天在我国企业中非国有企业已经占有相当比重,现代企业的利益诉求日益明确,对企业档案的价值取向必然发生变化。档案价值是企业档案资源建设的原动力,决定着企业档案资源建设的策略,是档案界必须认真研究的问题。

一、前提:现代企业的档案价值观

档案是企业信息资源的基本形式,工业时代保存企业档案能够垄断档案中沉淀的知识和经验,增强企业的竞争力。信息技术的发展使知识老化加剧、信息传播便捷,现在拥有企业档案已经难以垄断其中的知识,而且一味地垄断档案,将阻断档案信息的交流,使企业失去知识的自我更新能力,影响企业的竞争力。

档案的价值是其内在价值因素与外在客观需求相互作用的结果,虽然企

---

① 全国人民代表大会常务委员会:《中华人民共和国档案法》,1987年。

业档案的价值毋庸置疑，但是其价值因素及价值量，必然根据企业档案需求的变化而调整。企业是以提供商品获取利润的社会组织，获得最大利润是企业的核心价值观。初创期的企业，其体现为尽快生产产品，完成资本积累；稳定期的企业则进入了市场竞争者的行列，产品品牌与社会认知度的提升，需要通过规范化管理，降低成本提高利润；成熟期的企业处于市场领导者的地位，产品生产达到一定规模，需通过精细化管理与科技创新，进一步发掘利润空间。不同发展阶段的企业获取最大利润的方式不同，档案需求不同，对档案价值的认识也不同。

处于稳定期或成熟期的现代企业，对档案资源的客观需求已经不仅限于指导产品生产，更加注重它在企业科学管理与企业文化建设中的作用，进一步提升了现代企业档案的价值。而且，现代企业的信息化程度较高，企业对资金流、物流的管理都要依靠信息流的带动，强化了企业管理对档案信息的依赖性。而知识经济的生产方式，将档案提升为现代企业重要的资源与财富。

实行现代企业制度的前提是"产权明晰"，明确档案价值标准、界定企业档案的范围，是"产权明晰"的重要内容，涉及现代企业的根本利益。现代企业必然要根据自身需要，立足于保护企业自身利益、满足企业的成长与发展，自主确定企业档案的价值标准。

二、保障：现代企业档案资源的构成

档案资源是现代企业竞争力的信息保障，是现代企业规避信息风险、获取更大利润的战略资源。档案构成完整是档案价值的前提，探究档案资源构成，全面掌握档案资源，是实现企业档案价值的保障。

我国企业档案工作实践为研究现代企业档案资源构成提供了有效的方法，通过企业职能分析，揭示相关档案文件的价值与联系，能够具体确定企业档案的范围，以便在它们形成之时，按照档案管理的要求实现全程监控，有效地保证档案的质量。我国企业档案管理的这些成功经验，正是目前国际档案界推崇的档案管理方法。美国国家档案与文件局（ARMA）在有关档案资源的政策中，提倡采用"文件系统分析方法"，即"了解联邦机构实际是怎样形成、利用、保管和处置现代办公室的信息和文件的。仔细考察其具体的工作过程和产生的文件，利用可查到的资料（如机构出版物、网站）编制一系列演示被访机构工作过程的流程图",围绕"相关机构进行'文件系统分析'确定实际管理的文件"①。

根据职能活动及工作流程分析,现代企业档案资源构成分为宏观和微观两个层次。宏观构成指一个单位档案资源的种类构成;微观构成则指一套档案必备的档案文件构成。只有两种构成都齐备,企业档案资源的价值才可能实现。

(一)宏观档案资源建设应重在完善基本职能活动的档案类别

现代企业档案资源的宏观构成必须覆盖企业全部职能活动,才能提供现代企业需要的各种信息。依据现代企业的基本职能,其档案宏观构成应包括以下类别:

①企业资产档案,包括有形资产如基本建设、设备仪器和无形资产如专利文件、生产特许文件的档案;②资本运作档案,包括董事会、监事会、股东大会决议,公司"上市"以及企业战略等重大决策档案;③经营管理档案,包括招投标文件、各类合同、原材料等档案;④企业文化建设档案,包括社团活动、企业仪式、社会公益慈善活动、其他社会职责等档案;⑤创新研发档案,包括新产品开发、工艺改革、环境保护与治理、科技奖励等档案;⑥产品生产档案,包括产品设计、试制与鉴定、验收、制造等档案;⑦市场与客户档案,包括市场分析、销售与售后服务、客户与合作伙伴、竞争对象等档案;⑧行政管理档案,包括党委、综合或企划部、人力资源、财务、审计、质量、安全、统计等档案;⑨其他管理档案,如典型团队或人物、涉外活动、重要纪念活动、突发事件及处理、工业遗产等档案。

企业职能分为基本职能与辅助职能,就档案资源建设而言,目前企业档案宏观构成中反映辅助职能活动的档案类别比较齐全,而反映企业基本职能的档案类别比较薄弱,特别是反映现代企业新职能与经营特色的档案类别少、档案内容过于概括。例如,许多单位的企业上市及资本运作档案、董事会与股东大会文件没有作为档案管理;各职能活动档案留存的多为原则性依据文件,缺少细节和操作性内容。而这些正是具有现代企业特色的档案内容,是企业活动最典型的反映,也是社会共享性最强的企业档案资源。

---

① 李音译:《知道公司的核心文件保存在哪里吗》,《外国档案资源工作动态》2003年第18期。

（二）微观档案资源建设应着力充实反映关键过程的文件

根据现代企业经营活动的特点，微观档案分为横向运作与纵向运作两种形成方式。横向方式主要体现在管理决策活动档案的形成。例如，一项投资决策首先要由研发部门提出建议与研究报告，然后经过财务部门、技术部门、营销部门进一步分析论证，最终由决策人员"拍板定案"。这类档案一般由各职能部门的文件组合而成。例如，生产管理档案一般由生产计划、财务、研发、材料供应等部门的文件组成；经营管理档案一般由生产调度、计量与检验、营销、财务统计等工作形成的各种报告、计划、合同、协议及内部核算等文件构成。

纵向形成方式主要体现于产品研发、生产等活动档案的形成，这类活动呈现出相对独立、循序渐进的运作态势。以新产品开发项目为例，其档案微观构成应包括项目运作全过程的主要文件。如项目建议书、意向书，可行性研究报告、项目合同或协议，以及项目研究、设计、制造、验收、使用等专业活动形成的主要文件。这些文件虽然来自不同领域和单位，但是它们之间的有机联系显而易见，一般以前一阶段的档案文件为基础，形成后续的档案文件，只有囊括了项目运作全过程的主要文件，档案才能客观地记录与再现相关活动，成为技术推广应用的依据。

目前企业微观档案资源建设的现状是，某些类别档案基础较好，但整体质量不理想；重要依据和结果档案较全，中间性、操作性的档案文件很少。例如，制造企业产品设计档案较全，工艺档案和检验档案不完整；化工企业设备档案中随机文件较全，日常使用维修记录和生产原始记录不完整；企业基建项目的竣工图齐全，维修、改扩建文件支离破碎；一些企业的行业监管业务档案较规范，而其他档案质量较差……。微观档案建设的这种"短板"，已经为日后档案的利用留下隐患，"亡羊补牢"已刻不容缓。

三、关键：掌握现代企业的核心档案资源

企业档案是一种海量的信息资源，一概实行档案专业化管理，不仅产生高额的管理成本，且管理效益也值得研究。因此，现代企业档案资源建设必须突出重点，着力管好核心档案资源。现代企业核心档案资源是企业资产的

重要组成部分，是企业创新的软实力，必须要在企业决策者的参与下，明晰其对象，界定其内容。

企业核心档案资源指现代企业运营必备的档案文件，即那些一旦失去企业将无法恢复重建、正常运转或蒙受重大损失的档案资源。有一种说法是，如果企业遭遇毁灭性破坏，只要档案在就能恢复重建。这里说的"档案"当然是核心档案资源。信息化环境下的档案资源尤其脆弱，一旦信息系统或信息设施出问题，电子档案将瞬间消失，势必危及企业的生存。"911"事件使企业决策者开始关注档案实体与信息的安全管理，催生了一系列对核心信息资源实施重点保护的核心文件保护计划。

如何界定核心档案资源？ARMA认为应该从"一对本企业继续运转最为关键的那些职责；二各职责对文件保管的要求；三对每项职能至关重要的具体文件"① 的角度加以识别。香港特别行政区政府则明确提出"极重要档案"的概念，即"所记录的是各政府职能部门在紧急情况或灾难时及其后，赖以持续和有效地运作所必须的资料"②。这两种定义，都以保证职能活动的延续为依据。

结合我国现代企业的实际，以下档案在维系现代企业职能方面具有重要依据作用，是现代企业核心档案资源的重要组成部分。包括：其一，企业资产、资金及技术资源凭证，如企业营业执照、董事会记录、党委会决议、资产凭证、债权债务凭证、专利文件、特许证书以及其他维护自身利益与生产经营权的依据文件等。其二，企业生产经营活动必须的依据性文件，如主要产品的设计文件、技术操作规程或工艺文件、企业标准、重要检验数据指标、主要产品的销售市场、关键设备及设施的档案等。其三，本企业运营管理的规范性文件，如企业制度与重要规定、关键岗位技术骨干的资料等。为保证核心档案价值的实现，它们"必须具备内容、结构和脉络资料，包括副本、大纲、摘要，任何种类资讯的存贮载体及其检索工具"，并且作为"档案资源保管系统的一部分"③ 实行档案专业化管理。

---

① 贺真：《深圳香港两地档案意识管窥》，《北京档案》2003年第6期。
② 《香港特别行政区档案管理守则》7。
③ 同上。

四、重点：企业档案资源建设不容忽视的内容

我国现代企业档案资源是在传统企业档案资源的基础上建设起来的，受计划经济的局限，反映市场经济活动与现代化管理的档案信息缺失。现代企业档案资源建设应该关注市场经济，特别是国际贸易需要的档案文件。

（1）企业活动的原始记录。例如，设备运行记录、各批次原材料与产品的测试、化验、检验记录等。原始记录的现实作用虽然得到公认，由于其数量巨大、更新快、时效性强，许多企业并没有把它们作为档案。原始记录不仅能够实时地提供丰富、客观的细节信息，还是准确印证相关活动、反映其规律的可靠凭证，而且也是国际贸易经常要求追溯的凭证性文件。浙江新昌皮尔轴承有限公司为应诉美国商务部的反倾销调查，短期内提供了包含130万个数据的应诉材料。内容涉及公司的组织结构、财务制度、出口和国内销售的详细交易记录、468个产品型号的钢材消耗、工时消耗、电力消耗、包装、废品回收五个生产要素的生产成本记录。① 如果没有平时原始记录的积累，及时提供如此详细、准确的反倾销证据是绝对不可能的。为了保障现代企业在国际市场或国际竞争中的利益，企业必须重视原始记录的科学管理。

（2）市场分析研究文件。为在激烈的市场竞争中稳操胜券，现代企业必须知己知彼，此信息需求使"竞争情报"变得炙手可热。有种观点认为，竞争情报必须来自企业外部，果真如此吗？情报界权威 Kahaner 认为："信息是事实性的，……竞争情报则是经过过滤、蒸馏和分析的信息片段的集合。"② 强调竞争情报与一般信息的区别在于信息分析与加工的程度。

竞争情报依据的信息分析对象，自然是企业及其竞争对手在特定产品的开发、设计、制造、营销等方面的信息。这些信息在现代企业的职能活动、尤其是新产品开发和市场营销活动中已经大量形成。如市场需求、产品市场占有率等分析报告，不仅是企业营销活动的重要记录，也是竞争情报可靠的信息源。绝不能因为它们反映了大量的企业的外部信息，而忽视了它们企业档案的本质。

---

① 张伟东：《用档案应诉国外反倾销》，《中国档案》2003年第38期。
② 霍国庆：《企业战略信息管理》，上海：科学出版社，2001年，第14页。

（3）企业合同文件，即企业形成的对合同双方具有约束作用的法律文件。如购货合同、供货合同、销售合同、服务合同、用工合同，等等。合同是市场经济基本的法律凭证，由于它具有一次性，一旦履行对合同双方不再具有约束力，被认为失去了保存价值，因而许多企业没有将它纳入档案的范围。市场经济的发展激发了合同拥有的反映企业经营状况、鉴证企业信用等功能，成为市场经济活动中经常需要查阅的原始凭证，特别是在反倾销活动中拥有不可替代的作用，现代企业应该从长计议，把重要的合同文件纳入档案范围。

（4）客户信用管理文件。"信用是承诺在将来某一确定时间付款而获取资金、物资和服务的能力。"① 企业客户管理主要是客户销售（赊销）信用的管理，在外国称为风险管理。加强客户信用管理是发达商品经济的客观需要，也是现代企业与国际贸易接轨的重要形式。

客户信用管理即："企业通过制定信用政策，指导和协调与信用销售有关的部门，以完成对信用销售中客户信息收集和评估、信用额度的授予、债权保障到回收应收账款各交易环节的管理。"② 可见，客户信用管理的基础是信息，信用信息是否准确、全面、及时，直接影响企业对客户的判断和选择。这些信息既有企业内部生成的信息，也有从外部收集的信息。企业外部信息主要是银行或其他信用机构的信用评估，企业的内部信息指企业在与客户长期的交易中，形成的交易记录和还款情况记录等。

目前，现代企业已经开始形成客户档案，但其内容及管理方法存在较大偏差。在内容上，目前客户档案多为客户名单，缺乏对客户赊销状况的连续记录；而客户档案的管理就更加随意，无法形成相关信用信息的关联，更不能及时提供客户信用能力的可靠凭证，应该按照档案专业化管理的要求强化客户档案管理。

（5）企业社会职责文件，如企业在安全、劳动保护与卫生条件、环境保护与治理活动中形成的重要文件等。它们体现了企业对职工权益的关注、对社会及环境责任的履行，反映了企业的文化与道德建设状况。当前，社会对企业社会职责的要求不断提高，70年代国际上兴起在确定企业利润水平时，

---

① 谭永智、李淑玲：《企业信用管理实务》，北京：中国方正出版社，2004年，第2页。
② 同上，第9页。

把员工、企业、社会的利益统筹起来考量的企业社会互利价值观。例如，在纽约证交所上市的企业都要定期接受供应商对其履行社会责任状况，如人权、劳工、环境等问题的评估。对企业社会责任的评估目前涉及无公害技术的使用、职工健康安全、预防人身伤亡事故和职业病防治等内容。有些企业社会职责已形成，如《职业安全卫生评价标准》（*Occupational Health and Safety Assessment Series* 18001）等国际指标。现代企业要走向世界，必须研究这些国际标准，防患于未然，及时对相关文件实行档案管理。

五、多元化：现代企业档案资源建设策略

随着企业与环境的发展，海量档案资源的管理手段与方式日益专业化，管理成本随之提高。精细化、多元化是现代企业档案资源建设的重要策略。

（一）多元化的企业档案鉴定标准与方法

档案质量直接影响档案资源建设的效益，海量档案管理凸显了鉴定在档案管理中的地位。传统企业档案鉴定比较保守、粗放，"重要"或"一般"是鉴定档案价值普遍运用的尺度，其结果是档案范围宽泛，保管期限偏长。例如，占企业档案数量相当比重的"科技档案"，以往鉴定结果基本是永久或长期保存，在档案数量有限的情况下，如果企业还可能接受的话，海量档案长期管理必将受到现代企业价值观的质疑。

档案价值是其内在价值与外在客观需求相互作用的结果，判断企业档案价值涉及各种复杂的因素，而且这些因素又各自存在着变数，档案价值判断变得更加复杂。面对飞速增长的电子档案，企业档案鉴定的压力剧增，重建其价值指标体系，是细化与简化企业档案资源鉴定的出路。

根据现代企业经营发展的需要，细化企业档案的价值指标，既要考虑档案作用的性质，又要考虑其作用程度，既要顾及档案使用频率，又要考察其使用周期，形成多元的档案价值指标体系，就能帮助我们比较明确、精细地辨别档案的价值量。

在鉴定方式上，在严格控制永久档案数量的前提下，适应企业档案价值变化快的特点，应加强档案价值的周期性鉴定。根据档案反映的相关技术与活动的更新状况，及时对档案实施鉴定，根据鉴定结论及时采取适当方式处置相关档案，严格控制企业档案资源的存量。

（二）多样化的档案实体

档案是信息及其载体的结合形式，传统档案实体已经十分丰富，信息化又创造出更多的档案实体形式，使企业档案实体形式更加丰富多彩。在重保管的档案管理阶段，人们曾一次次地试图统一档案的实体形式与保管方法，虽然消耗了大量的档案劳动，但管理效益却鲜有提高，统一电子档案实体更加困难重重。因此，应该摈弃"一刀切"的实体形式，针对不同档案实体，确定各自的保管方法。例如，重要档案凭证应采用两种实体形式保管以强化其安全性；数量巨大、使用频繁的技术档案，从方便利用出发，逐步将纸质实体转化为磁性或胶片形式以缩小保管空间；海量的原始记录允许采用数据库形式留存；……。档案实体的多样化与适时调整档案实体形式，是优化档案管理、压缩档案保管空间、提高企业档案管理效率的有效措施。

（三）多元化的档案管理体制

管理体制是档案工作的组织保证，一般指对档案实体及档案机构采用的集中、分散等组织管理形式。企业档案管理体制必须与现代企业管理体制相适应。当前现代企业管理体制发生了很大变化，一方面，企业成为无主管组织，企业之间靠股权、产权关系维系，企业档案机构失去了行业归属。另一方面，企业内部采取职能分工与项目管理相结合的组织形式。单一的档案管理体制无法适应现代企业的多元化特点，而且目前很难认定一种最适宜的档案管理体制，必须综合考虑现代企业的生产流程、档案价值、使用状况、实体形式等因素，分别确定各种档案最适宜的管理体制。例如，核心档案资源设专人集中管理较为稳妥；对利用者相对稳定的档案采用单独管理较为经济；……。现代企业多元化的档案管理体制，需要依托信息技术将多元管理整合成相对统一的档案资源网络，发挥多元化的优势，实现档案资源共享。

现代企业档案资源建设关乎企业的根本利益，必须围绕自身需要，建立现代企业档案的价值体系，指导企业档案资源建设，提高档案资源对现代企业的贡献率，进而履行现代企业丰富国家档案资源的社会责任。

（原载于《档案学研究》2009年第1期）

企业档案战略初探

所谓战略是相对于战术而言的，如果战术是指解决具体问题的谋划，那么战略则是对整体发展方向及其实施方法与途径的抉择。企业战略管理一般可分为确定企业整体目标与资源配置的总体战略、选择企业在行业中的地位的竞争战略、统筹安排企业内部各项关键职能活动的职能战略三个层次。企业信息战略是企业职能战略的有机组成部分，是企业信息功能实现的任务目标及其方法、策略、措施的总称。① 任何准确的战略抉择都要充分掌握相关信息，因此信息战略既是企业一项单独的战略，又是必须与其他职能战略相匹配的战略。据美国MIT的一项研究表明："不管是哪个领域，80%的必要信息都存在于企业内部。"② 因此，作为企业内部信息重中之重的档案信息管理，必然成为企业信息战略研究的重要内容。

一、企业档案战略的必要性

社会与科学技术的发展，将现代企业置于日新月异的发展变化与跨地域、跨功能的复杂环境。现代企业的生存发展，不仅要解决好近期的各种问题，还要研究潜在的即将发生的问题，提前确定相应的对策，实施战略管理，是企业立于不败之地，保持自身持续发展的重要保障。

企业档案战略包括确定当前企业档案工作的总体目标、工作范围，选择适当的工作方式与途径，计划相关资源配置等一系列基本性问题。企业档案战略管理是档案工作适应企业管理发展的必然措施。众所周知，目前我国企业档案工作正处于一个新的转折点或重要的发展时期，在国家政治经济体制改革的进程中，企业性质发生了深刻的变化。多种所有制形式与不同的生产

---

① 霍国庆：《企业战略信息管理》，上海：科学出版社，2001年，第9页。
② 项保华：《战略管理——艺术与实务》，北京：华夏出版社，2001年，第48页。

方式，导致企业的管理理念、管理要求异彩纷呈。而现代企业竞争，进一步强化了企业规避风险的自觉性，促使企业决策者认识到战略管理的重要性。其次，战略管理意味着对多种战略的选择。亦即通过对多种战略的研究与评估，确定其中比较适宜的战略。长期以来，在公有制与计划经济体制的下，国家对档案工作的指导推崇"统一"的管理战略，对我国档案事业的建设起到了积极的促进作用。

市场经济体制的建立，企业内外部环境日益多样化，现代企业已经变成独立自主的法人和市场竞争的主体。在自主经营的过程中，企业必然根据自身的目标与需要，"独立自主"地确定企业的档案战略。由于我国实行现代企业制度的时间不长，新型企业的发展还不成熟，企业决策者们对自身管理资源的认识还有个过程，因此，在失去传统"政策指导"的情况下，企业面临对档案战略管理的重新抉择，为了规避抉择失误造成的不必要损失，档案专业人士有必要对此提出咨询意见。

二、多样化的企业档案管理模式

档案管理模式是在一定的档案意识（价值及目标）的指导下，档案管理方式与机构的总合。一般而言，档案管理模式分为微观和宏观两个层次。宏观管理模式即以档案法规、方针所制约的国家档案事业模式；微观管理模式为企业和其他社会机构的档案管理模式。对我国企业而言，目前主要有以下档案管理模式可供选择。

（一）职能管理模式

职能管理，即重视档案在各项业务管理中的作用，将它们分别保存在其形成者或者有关职能部门。这种模式，初步建立了档案管理的概念，能够将重要的文件集中保管，以满足职能活动查考的需要。但这种档案管理意识多出于朴素、基本的利用需要，对文件与档案管理的专业规律缺乏认识与统筹安排。一般是对当前利用频繁的档案，如合同档案、生产经营档案管理比较到位，而档案整体管理水平参差不齐。这种管理模式有可能产生档案管理的"木桶效应"，将制约该企业信息资源的管理与开发利用，难以实现档案资源的共享，管理效益比较低。

（二）规模管理模式

规模管理比较注意档案的综合效用，强调对企业形成的各种档案实行集中管理，即在企业内部设置档案管理机构或档案管理职能（岗位），遵循档案的专业管理要求实现有序管理。特别是在一些研究、设计性企业，其职能活动的结果大量以档案的形式出现，档案管理的自觉性较高，一般都自觉地设置了档案管理部门，对档案特别是产品档案实行专业化管理。无论领导需要的人力资源信息、市场分析等决策信息，还是技术人员需要的数据、图件等设计基础资料，档案部门统统保管得井井有条。除日常的管理与提供服务外，还能开展档案信息开发、提供信息咨询服务。这种管理模式集中了一定规模的档案信息，能够充分满足利用者的档案需求，为提高管理效率与企业档案资源共享奠定了基础，同时也为档案工作的发展创造了条件。

（三）技术管理模式

技术管理指依托现代信息技术实现档案管理职能的管理模式。现代信息技术的普及，深刻地改变着企业管理理念与方式，档案信息已经成为现代管理的载体与对象。在管理信息化条件下，企业各职能活动形成的信息根据预定的程序，及时转化成公司的档案资源，并及时地转化成科研、生产与管理活动需要的动态信息。传统档案管理的任务大部分由计算机模拟完成，档案管理成为企业科学管理的基础。

档案技术管理模式适应了现代管理的要求，极大地改变了档案管理的滞后与封闭状况，沟通了档案管理与科研、生产及其管理工作的联系。这种主要通过技术手段实现传统档案管理的功能，虽然解决了档案管理的技术手段问题，促进了其管理技术的提高，对档案管理的内容及其实现方式产生了积极的影响，但是，由于档案管理理念没有发生相应的变化，档案管理职能与其他管理职能缺乏有机联系，企业的信息管理职能依然各自为政，没有进行必要的整合，以现代信息技术武装的档案工作仍然囿于传统档案管理的范畴，其管理功能有待改进与提高。

（四）资产管理模式

市场经济体制的建立强化了社会的市场意识与经济效益观念，左右着现代企业决策者对档案价值与功能的认识。一方面，他们将档案视为企业生存发展的"资本"或"资产"，提升了企业档案工作的地位；另一方面，他们又以经济效益衡量档案工作，甚至向档案部门提出具体的经济指标，并且以营利多少衡量档案部门的业绩。这种模式促使企业档案管理工作仓促建立起经济效益观念，特别是投入产出观念，对于提高档案工作的成本效益，深化档案工作改革，促使企业档案工作更加适应市场经济的需要。由于档案工作效益的表现比较复杂，过分强调以经济尺度衡量档案管理功能，容易助长急功近利思想，不利于档案功能的全面发挥。

（五）文物保管模式

档案信息及其载体具有的唯一性和原始性，使它既是其形成者职能活动的依据，也是一种内涵丰富的历史文献。其保持的时间越长，历史价值和文物价值就越突出。无论对其形成者还是对社会，这些都是构成档案价值的基本要素。随着企业的成长与发展，人们将更加珍视自己的档案，它们是一个百年企业阐述自己的经历、经验与成就最有力的凭证。

长期以来各种内容与形式的档案，都是国内外博物馆和图书馆庋藏的对象。尤其是那些具有悠久历史、业绩卓著或具有特殊意义的企业档案，以其丰富的经济历史信息和时代特征受到文物部门和收藏家的青睐。例如，陈景润先生的数学研究手稿已经成为博物馆的"镇馆之宝"，不少企业的大事记或档案文献汇编成为图书馆的"特藏"，类似情况在国内图书馆的地方文献部和国外图书馆的手稿部里比比皆是。文物保管机构和图书馆的介入，强化了档案的收藏。但是受其社会职能的制约，它们对档案的价值及其完整性的认识与档案专业水准存在着显著的差距。图书馆认为具有收藏价值的档案文献主要是"法律文件（如合同书、许可证、契约等）；出版的年鉴；董事会记录和相关文件；主要账簿和决算书（资产负债表、损益表）"[①]。而其他诸如股权、人事和技术档案，图书馆却认为收藏价值不大。图书馆、博物馆介入档案收藏，提升了企业对自身档案的重视，但就专业管理的角度而言，尚存在档案完整及利用方面的缺憾。

（六）档案资源管理模式

档案资源管理是以现代信息技术为依托，将包括档案在内的所有企业信息作为企业的战略资源，以资源共享为目的，充分开发利用各种信息资源，通过综合化和集约化管理，实现企业信息管理的最佳效益。

信息资源管理模式发源于国外文书管理和行政管理领域。美国联邦政府为了解决日益膨胀的记录信息，以政策手段来控制信息量，达到减轻文书工

[①] 肖云、王红敏：《英国接收企业档案的原则和实践》，《中国档案》2000年第10期，第51页。

作负担的目的。于1985年颁布的"联邦政府信息资源管理"的政府公告,首次提出了信息资源管理的模式。这一管理模式很快被企业接受并发扬光大,并已经成为我国现代企业探索与实践的信息管理模式。

信息资源管理是人类的客观要求,我国信息界在20世纪80年代曾经掀起一场图书、情报、档案一体化管理的波澜,不少单位进行了图情一体化、情档一体化或情图档一体化等不同程度的尝试。信息资源管理的基本特征是企业各类信息的整合,及信息管理的服务职能提升为辅助决策的职能。当今国家的信息化建设为信息资源管理提供了必要的技术手段与客观环境,信息资源管理即将成为我国信息管理的重要模式。

(七) 外包管理模式

档案社会化管理是档案管理专业化与社会管理职能进一步分工的必然结果。随着档案数量的迅猛发展,适应社会的客观需求,一种专门从事档案管理职能的企业——文件中心应运而生。目前我国的文件中心已经逐渐分化成为政府管理服务和为社会其他机构服务两类,前者属于社会公益机构,后者就是专门提供档案专业管理与服务的经营机构。档案专业服务机构的产生,为企业将档案管理职能外包给专营档案管理的企业提供了可能,于是形成了这种将企业的档案管理职能委托给专业公司的档案管理模式。

三、档案管理模式的抉择

选择档案管理模式的实质,是在企业内实现什么样的档案功能,以及如何使用这些功能。正确选择企业档案战略"实际上是对企业内外部环境中可做(机会)、该做(约束)、能做(实力)、想做(偏好)、敢做(魄力)的一种综合权衡选择的结果"[①]。我国市场经济体制初具规模与发育不成熟的现代企业制度,赋予了当前企业的两个重要特征:其一,企业职能及其与政府机构的关系,还不能完全体现现代市场经济体制的常规状态;其二,现代企业的发展,已经由过去的物质资源为主导,转变为信息资源支撑为主导。档案管理与企业经营管理交织在一起,成为现代管理的重要手段与形式。建立、发展档案工作,不只是现代企业应尽的保护国家和民族信息资源的社会和历

---

① 项保华:《战略管理——艺术与实务》,北京:华夏出版社,2001年,第47页。

史责任，更是自身合理配置资源、提高管理效率的必然要求。

美国社会学家熊彼特曾预见："未来的挑战，首要的是新型企业管理方式引发的竞争。"① 社会的进步、经济的全球化与企业的信息化，对现代企业管理产生了重大影响：一方面企业内部机构的联系更加便捷，各项管理职能通过网络信息的交流与控制得以实现；另一方面，以电子商务为代表的企业外部联系，集中表现为企业间的信息交流。现代企业比以往任何时候都更加依赖信息及其管理工作，档案作为具有凭证价值的信息资源是企业管理与决策的重要依据，特别是电子商务活动的重要保障。这两种趋势同时提升了档案管理的意义。调查表明，无论处于哪个成长阶段的现代企业，现在都面临着选择档案管理模式的问题。根据战略管理的理论，以下因素或条件是选择适宜的档案管理模式的基本依据。

（一）针对自身状况，选择与建设现代企业档案管理模式

档案管理是现代企业在市场经济条件下生产发展的必要条件。现代企业管理越科学，变革现有档案管理局面的要求就越迫切。鉴于我国企业或多或少存在档案工作的现状，必须综合下列企业因素确定档案管理模式。

1. 企业的生产方式与社会联系

现代企业赖以生存发展的根本依据是其产品的竞争力。产品决定了企业的生产方式与业务流程，同时也规定了企业档案文件的内容、形成特点与价值，这些都直接影响着档案管理模式。香港企业根据自身利益的需求，将约占5%的文件直接定义为档案，在这些文件形成之时就开始按照档案管理的要求实施管理。

企业的社会联系指它们与外界联系的规模与密切程度。现代企业虽然都重视与外部的沟通、协调，但存在很大的差异。生产终端产品的企业重视市场的信息反馈，处于价值链中间的企业还要强化与上下游企业的信息交流，跨国企业希望信息交流的范围更加广泛。现代企业的社会联系对其选择档案管理模式有重要影响，一些比较成熟的跨国集团千方百计地获取相关企业的信息，为了保持与外界的密切联系，专门建立了企业档案馆，形成档案集成管理的模式。

2. 企业的组织结构

企业的组织结构即企业内部机构及其相互联系。我国现阶段的企业组织

---

① 郑戈高：《管理现代化是商企入世的明智选择》，《中国商报》2001年第5期。

结构形式既保留着传统的直线制、职能制，又尝试着现代企业的事业部制、矩阵制和模拟分散制等。各种结构形式的特定联系方式，通过其信息交流与管理体现出来。为适应不同组织结构的要求，档案文件流向及其交流方式自然形成了：垂直式——直线式结构隶属关系紧密，形成了上下级机构间信息交流为主的档案管理模式；扩散式——职能制结构主要通过各专业部门行使管理职能，于是形成了以相关业务部门间信息交流为主的垂直式的档案管理模式；网络式——矩阵制企业结构集职能制与分散管理制于一身，要求信息交流必须呈现多向、灵活的趋势。不同类型的企业结构对档案信息交流的不同要求，于是形成不同的档案管理模式。

这种趋势，通过目前国内的一些外资机构或中外合资机构的档案管理状况可见一斑。一些实行职能制结构的企业，如日本松下显像管公司、德国西门子公司，管理信息来自各职能部门，其档案管理采取核心内容集中控制、其他部分分散管理的模式。另一些采取矩阵制企业结构的企业，如芬兰诺基亚公司的中国子公司，既要从互联网上接收总公司的各类管理信息，又要接收北京公司各职能部门的管理信息，于是采取了各类档案由各机构分散管理的模式。

3. 企业文化

现代企业是一个相对独立的系统，特定的生存环境和企业的成长历程造就了特定的企业文化。企业文化是其成员的思想观念、行为方式、企业规范等形成的企业氛围，其中最主要的是企业目标和企业的价值观。

企业目标，即企业希望在一定时期内努力达到的某种状态和结果。它是维系企业成员的纽带。目标差别决定了企业成员对信息的内容与流量等要求各不相同，导致对档案内容及其管理的要求也不同。企业的价值观，决定企业判断事物的标准、规范企业的行为、影响企业的信息需求。

目标和价值观体现着现代企业的精神，必然影响着企业档案管理模式的选择。满足有限的生产目标的企业，视档案为企业的副产品或备用资料，这样的档案价值观只要求尽量保存好档案，其档案管理只能是保管型或收藏型管理模式。适应市场经济力争在竞争中取胜的现代企业，将档案作为合法竞争、科学发展的法律武器，则要求保持档案的历史真实性与能够随时提供利用的管理模式。把档案作为现代企业战略资源的档案价值观，必然要求充分开发档案价值，实现档案资源共享的开发型档案管理模式。可见，企业的目标与价值观影响着企业成员对档案价值及其作用的认识，左右着档案管理模式的选择，塑造着档案工作的未来。

4. 企业的信息化程度

一个企业的信息化，就是指以业务流程优化或重组为基础，在一定深度与广度上应用现代信息技术，控制和集成管理企业的所有信息资源，实现信息资源共享与有效利用，通过强化企业的信息能力，提升其核心竞争力，进而强化企业对社会的贡献。

企业信息化的重点是建设信息资源库，保存和管理企业所有信息，它一方面要保证企业内部使用，特别是为领导决策提供有效的信息支持；另一方面，还要向社会提供本企业的信息、企业与企业间的信息。

企业的信息化是一个过程，并非一朝一夕一蹴而就，它需要大量的资金、系统的信息技术、丰富的信息资源和高素质的信息管理人才。因此，现代企业信息化必然呈阶段性演进。不同阶段运用不同的信息技术，反映了不同的信息环境，对信息具有不同的要求，同时也提出了不同的信息管理任务与目标。其实质是企业信息能力的扩展——企业收集、处理、开发、利用信息的手段与技术的提高，信息功能扩大。

企业的信息能力制约着档案管理模式。一个完全处于传统信息管理的企业，其信息管理功能的实现，主要依靠纸质文件及其文件传递系统，档案管理停留在手工处理和分散运转的传统管理模式。企业管理一经运用计算机，便出现了传统文件与电子文件并存的情况。计算机单机作业的优势，推进了管理的现代化，档案管理随即形成了计算机辅助立卷、计算机自动检索等新气象。企业的局域网建成以后，企业的各种信息驰骋于网络之上，企业信息资源的整合才成为可能。可见，只有信息化企业，才有条件实现信息资源的集成管理。显然，现代企业的信息化程度决定其档案管理模式，信息化的档案管理模式必须与企业的信息化状况相适应。

(二) 社会环境的影响

现代企业是社会的重要组成部分，无论其规模、状况如何都不能脱离社会独立存在。随着国家经济体制改革的深入，"小政府大社会"的格局日益清晰，现代企业将成为"大社会"的重要组成部分。这种情势下，企业与社会的联系越来越密切。为了适应市场的变化，以便趋利避弊保持企业的健康发展，现代企业的管理与决策越来越受特定时期、特定社会环境的左右，现代企业与社会信息的交流日益重要与频繁。全球信息化发展的趋势，强化了信息管理与利用的作用，社会环境对现代企业的影响越来越大，对信息管理模式的影响更加直接，因此，选择自身档案管理模式，必须考虑客观的社会环境因素。

1. 民族文化传统

信息时代全球化趋势拉近了各国的文化联系，产生了一种文化趋同性的倾向，同时，又进一步激发人们珍视自己的民族文化传统。民族文化传统是一个民族在其长期文明发展的过程中积淀的精神财富，如民族文化理论、价值取向、心理倾向、文化伦理，等等。中华民族自古以来就有保存、传承优秀文化的传统，为我们保留了大量珍贵的文化遗存。档案就是一种重要的文化遗产。"任何国家的档案都与这个国家的文化相对应。""可以断言，一个国家的灵魂和宗旨就埋藏在她的档案中。"

在我国，无论是国家机关还是工商企业，无论是文化性机构还是技术、经济性企业，无论它们的历史是长是短，都认同并自觉地继承了尊重历史、保管利用档案的文化传统。这些流传千古的优秀文化传统，为我国档案工作的发展创造了良好的文化氛围。另一方面，档案是现代企业的历史沉淀，尤其是那些比较成熟的现代企业，经过初期的发展以后，越来越重视"以史为鉴"继往开来。在这一过程中，现代企业的决策者发现创业初期的许多档案已经找不到了，不少重要的史实已经无法查证。这进一步强化了决策者对档案管理的重视，促使他们重新审视企业档案管理，提高了现代企业选择档案管理模式的自觉性。

2. 社会信息能力

社会信息能力是一定社会的知识水平、科技水平、认知能力及社会经济实力的综合反映，包括获取、传递、选择、加工、吸取信息能力的总和。社会信息能力制约着国家信息管理与开发利用的总体水平，档案管理模式只能与一定时期国家的信息能力相适应才具有可行性。

社会信息能力的提升促成了信息管理专业化的趋势，使企业档案管理有可能在资源与条件有限的情况下，集中自身的资源优势、重点管好反映企业核心职能的档案，而将反映企业的非核心职能的档案资源"外包"给相关专业机构。

市场经济和"第三产业"的发展，促进了档案社会服务机构的诞生。目前，档案服务业已经成为各国信息服务业的重要组成部分，美国出现了"档案工厂"和经营性的文件中心，作者在莫斯科见到了若干家专门从事档案整理与加工的公司。目前北京、上海、深圳、浙江等地，也涌现出一批社会档案服务机构。它们有的是通过"政事分家"剥离而成的，有的是专门为满足档案服务的社会需求而创建的。据说一些国外的文件、档案公司已经在关注中国的社会档案管理市场了。社会档案服务机构不仅提供传统档案保管服务，而且能够承担档案信息的管理与信息开发，而且还能承担档案信息系统建设等新兴的档案专业服务。由于这些机构具有高素质的档案专业人才和比较先进的档案设备与设施，不仅能够提供高质量的专业服务，而且其服务费用可能比现代企业自行管理的成本还低。

3. 国家的信息政策

国家的信息政策是指一定时期我国政府针对信息管理提出的原则措施与行为准则。依其作用范围可进一步分为国家档案政策、国家情报政策等。国家政策通常以一系列法规和条例的形式出现，是协调国家信息机构之间、信息工作与其他工作关系的准则，是解决一定时期信息管理的矛盾与冲突的重要措施。

信息时代为信息管理提供了空前优越的技术，但是信息技术不能解决所有信息事业发展的问题，例如，档案信息开发利用中的利益分配问题，信息安全和知识产权等问题。这些问题的解决必须凭借人文手段，这就是信息政策环境的必要性与重要性。

信息政策是一个国际性的问题，各国因文化背景的差异，对此采取了不同的处理方式。中国、俄国、日本、加拿大等国采取分别制定相关法律，通过档案法律法规，明确国家的档案及信息政策。英国、美国虽然没有制定独立的档案法，但通过颁布各项具体的信息政策介入了对档案管理的规范。如美国通过《联邦信息资源的管理》在政府部门推行公务文件的资源管理。而法国、德国则既制定国家信息政策，又制定档案法、国家图书馆法，甚至针对政府和私营部门分别制定了信息管理政策。

我国的档案政策建设已经初具规模，国家及地方档案行政管理部门制定了一系列档案法律法规及条例、标准，内容涵盖了档案基础设施建设、档案管理体制和方法、档案信息资源的开发利用等各个方面，创造了良好的档案工作秩序，也向各档案形成单位提出了具体的要求。现代企业必须在国家信息政策的范围内，结合企业目标，确定适当的档案战略，使企业档案真正成为企业的战略资源。

（本文为 2010 年应北京市档案局培训中心邀请对本市档案工作者进行"企业档案管理"专题讲座的部分内容）

参考文献

[1]〔法〕伊维斯·科里尔. 世界信息概览［M］. 北京：中国对外翻译出版公司，1999.

[2] 卢泰宏. 国家信息政策［M］. 北京：科学技术文献出版社，1993.

[3] 彼得·瓦尔纳. 现代档案与文件管理必读［M］. 北京：档案出版社，1992.

[4] 黄恒学. 中国事业管理体制改革研究［M］. 北京：清华大学出版社，1998.

[5] 姜之茂. 档案馆理论与实践初探［M］. 北京：档案出版社，2001.

[6] 张根保，杨孝荣，陈友玲. 企业信息化［M］. 北京：机械工业出版社，1999.

[7] 胡爱本，包季鸣，季路德. 新编企业行为学［M］. 上海：复旦大学出版社，1993.

企业档案属性与管理模式的创新

21世纪是中国腾飞的世纪。中国企业作为独立的社会法人和市场经济的主体,将连续跨越高度工业化、市场化步入知识经济时代。处在这种革命性变革之中的企业档案工作将担当什么样的社会职责?将如何生存与发展?这不仅是广大企业档案工作者十分关注的问题,而且已经成为现代企业协调发展的重要问题。

企业档案工作是现代社会和现代企业的一项必要分工,随着知识经济的迫近,其社会意义将不断提升。为此,我国现代企业的档案工作正在探求改革创新之路,其实质是将传统的企业档案管理模式,改造为适合现代企业信息需要的现代管理模式,以迎接知识经济的挑战。

一、决定企业档案管理模式的企业档案属性

中国企业档案工作是在国家统一部署与管理下建立、发展起来的。企业档案集中统一的管理体制及其工作流程式的管理模式的建立,一方面,由我国社会制度与社会文明状况决定;另一方面,受人们对企业档案属性认识的制约。企业档案是从企业"资料"和"文件"中脱颖而出的,自其"诞生"以来,一直被视为一种备用的、有价值的历史记录,处于企业生产经营活动的辅助地位,因而形成了目前的传统管理模式。

(一)"档案资产"观点的负面影响

社会主义市场经济的发展,督促人们重新认识企业档案的属性及其对现代企业的影响。近年来,档案界产生了将其属性界定为企业"无形资产"的观点。笔者也曾参与此次研究讨论[①],随着研究的不断深入,越来越感到将档案界定为"无形资产"不符合企业档案的实际,无益于企业档案工作的发展。

---

① 贺真:《企业档案资产化管理初探》,《档案学研究》1996年增刊。

根据我国财政部1992年发布的《企业财务通则》："无形资产是指企业长期使用，但是没有实物形态的资产，包括：专利权、商标权、著作权、土地使用权、非专利技术、商誉等。"该规定阐明了无形资产的如下特征：第一，无形资产没有物质实体；第二，无形资产依托于物质实体发挥作用；第三，无形资产对企业盈利发挥较长期的作用；第四，无形资产具有知识的特点，所能提供的经济利益具有不确定性。有关企业档案（企业科技档案）是无形资产的论断，大都是以此为据，对照企业档案的特点而得出的。

简单地将企业档案与无形资产进行对比，二者确实有相似之处。例如，无形资产没有人们五官能够感触到的诸如机器、厂房一类的实物形态，通常由某种文件的形式表现出来；企业档案虽然具有长期的利用价值，但具体价值的实现则需要一定的条件，这些都与无形资产价值实现的特点相似。但是，深入比较就会发现，二者的作用形式及其程度存在着显著的区别。首先，无形资产的价值依托于有形资产来实现。例如，专有技术的价值要通过生产活动与一定的厂房和设备条件来体现；土地使用权必须与相应的土地结合才有意义，商标必须与特定的商品相结合才有收益；……。企业档案价值实现虽然具有间接性，但是它不是通过其所属的物质，而要依赖其利用者的实践活动来实现，其价值量受利用者自身能力的制约，因此，企业档案的价值不如无形资产的价值那样确定。其次，无形资产能够为其所有者或经营者带来持续的经济利益。由于无形资产能够为企业赢得超额利润，按照市场规律这种利润一般能够保持一段时间。企业档案虽然能够产生效益或者持续发挥作用，但是其效益具有多样性，经济效益在其中的比重有限，这与无形资产的经济功能并不一致。

研究无形资产的目的是为了强化无形资产的管理，为其拥有者及社会创造更多的财富。其实质，就是要实现无形资产的保值增值。把企业档案界定为无形资产，其结果能否像人们希望的那样，通过强调企业档案的资产属性，达到促使人们重视并支持档案事业发展的初衷呢？如此界定企业档案的属性至少将导致如下负面影响：其一，作为无形资产，企业档案将从企业经营管理的重要依据和保障变为企业的直接经济要素，其管理的目的与要求必将随之发生根本的变化，经济效益将成为衡量企业档案工作优劣的主要标准，这种要求企业档案工作显然难以达到，其结果是企业档案工作受轻视，越来越难以得到企业资源的合理配置。其二，在这种情况下，企业档案工作必须以赢利为中心，迫使企业档案工作走上急功近利、"一切向钱看"的歧途，显然与保管和利用企业档案的经济、历史和社会功能相悖，长此以往将动摇企业自身的利益。其三，改革开放以来，我国的无形资产管理取得了长足的发展，进一步明确了管理的内容与方法，确定了相应的管理职能和监管机构。如果将企业档案界定为企业的无形资产，必将调整企业档案工作的行政归属。这意味着档案专业主管部门将失去对企业档案工作宏观管理的职能，而资产管理部门的经济监控手段，不符合企业档案工作的规律，势必形成企业档案事业管理的"真空"，最终导致国家对企业档案工作宏观管理失控。因此，把企业档案界定为无形资产，将给企业档案工作带来消极影响。对此我们应该保持理论上的警醒。

（二）"档案资源"观念的科学意义

所谓资源，是指通过人类的参与获得的，能够被人类控制和利用的某种物质或条件。资源虽然有有形、无形之分，但是都具有有用性、经济可行性和间接性（人类的参与）等特征，它虽然也能用于企业经营并且使企业获利，但与资产相比，资源具有明显的条件性和间接性，因此，信息资源的特征更加科学地反映了企业档案的属性。

企业档案之所以是一种信息资源，首先是它具备了资源的一般特征。第一，企业档案是技术、经济信息的重要组成部分。面对当今的信息"爆炸"，人们更加理解了美国著名学者奈斯比特的精辟论断：没有控制和没有处理的信息，不是人类的朋友而是人类的敌人。对于现代企业而言，目前信息的获得虽然比较容易，但由于存在大量的"信息污染"，其可靠性令人担忧。企业档案记载着企业活动的原始信息、沉淀了企业的经验和知识，对企业的经营发展发挥着广泛作用，其客观、可靠的利用价值已经得到企业界人士的认同，被认为是企业的一种战略资源。第二，企业档案虽然极具利用价值，但是它却不能自发地实现其价值，直接成为人类的财富或资产，必须经过人们对它的加工、处理，即企业档案信息只有经过系统化和有序化，才能被人们方便、容易地利用，通过档案利用者实现其种种价值。这不仅明确了企业档案只有通过管理才能真正成为信息资源，同时也强调了企业档案工作是开发档案信息资源不可或缺的要素。第三，企业档案信息资源是一种具有较高经济效益的信息资源。经过长期的努力，我国企业已经积累了丰富、系统的档案信息，为进一步开发其价值奠定了雄厚的基础，因此，并不需要很大的投入，企业档案就能发挥更加显著和广泛的作用。

企业档案成为信息资源的另一个重要原因是当今的时代特征。众所周知，信息虽然古已有之，但只是在知识经济时代才成为资源。知识经济是一种与物质经济相对的新的经济形态，它使信息成为当今社会财富的重要组成部分和当代国际竞争的新焦点，信息观念的更新与信息意识的强化，激发了人们的信息需求。信息技术革命创造了空前优越的技术和设备条件，为信息工作的发展创造了机遇。大量科学预测认为，信息服务业将是21世纪极具发展潜力的朝阳产业，时代要求开发与共享信息资源、整合信息管理职能。传统档案管理的理论与技术主要适用于档案资料的管理要求，社会实践呼唤企业档案资源管理理论与技术的创新。随着知识经济的发展，国际上涌现出一种新的管理模式——信息资源管理，它正在叩响我国信息管理的大门。

二、信息资源管理（IRM）及基本特征

1979年美国学者迪博德尔发表了题为信息资源管理（简称IRM）的论文，在国际上首次提出了IRM的理念，1985年美国联邦政府管理与预算局（Office Management and Budget，OMB）从政府信息管理角度进一步明确了IRM的内涵："IRM是指涉及政府信息的有关规划、预算、组织、指导、培训和控制等。IRM既包括信息本身，也包含与信息相关的各种资源，如人员、设备、经费和技术等。"[①] 推动其在行政管理部门的发展。

（一）信息资源管理的特点

IRM是在传统信息管理的基础上发展起来的一种信息管理的新模式和新的发展阶段。它以信息资源作为理论起点，响应知识经济时代提出的充分利用组织的全部信息资源，进行综合化和集约化信息管理，实现其更高的效益。

IRM是知识经济对现代信息管理的必然要求，它是一种新的管理思想，也是一种新的管理模式。必须强调的是，信息资源管理不是以往某一种信息管理职能的演化，也不是哪一种传统信息职能所能取代的，必须由各种信息管理职能整合而成。这是实施信息资源管理必须遵循的要求，也是企业档案工作改革创新的指导思想。IRM具有以下基本特征：

---

① J. Diebold. I R M—The New Challenge. 1979, 26 (6).

1. 管理对象的特殊性

信息技术的发展，提高了社会的信息能力，使信息成为优化生产力结构、合理配置资源的依据，开发利用信息成为推动经济和社会进步的动力。将信息作为重要的战略资源和组织资源进行管理是 IRM 的理论与传统信息管理理论的重要分野。

2. 管理方法的综合性

信息资源的概念是信息、信息技术、信息人员、信息机构等相关要素的总和，其价值的大小取决于诸要素的配置方式和配置效率。因此，信息资源管理特别强调综合性管理，不仅要求对各种信息的综合开发，还包括对人文、技术、经济等各种影响信息管理要素的综合管理。

3. 管理效果的经济性

知识经济使信息成为重要的生产力和不可忽视的经济要素，这意味着 IRM 不仅具有公益性而且还具有经济性，其管理势必采用某些经济手段和经济方法，这是信息资源管理与传统信息管理的根本区别。

4. 管理手段的技术性

信息技术为 IRM 提供了强有力的工具和手段，也带来了如信息真实性、信息安全等一系列新的矛盾和问题。这些问题的解决更是依赖现代信息技术。因此，信息资源管理又是信息管理工作发展的一个新的技术阶段。

(二) 值得深思的形成背景

审视 IRM 形成与发展的历程，我们发现了一些值得重视的现象。第一，IRM 的要求首先产生于文书管理和行政管理实践，真正将信息资源管理付诸实践的是政府部门。1980 年和 1985 年，美国联邦政府相继通过了《联邦政府信息资源管理》（Federal Government Information Resources Management）和《文书削减法案》（Paperwork Reduction Act），其中都明确提出了 IRM 的理念。这两个法案试图通过信息资源共享，解决政府部门日益膨胀的文件和与日俱增的信息"爆炸"，达到办公网络化对数据处理、通信、文书管理、办公管理提出的跨领域利用与管理的要求，因而推动了 IRM 在政府文书管理领域的实施与发展。IRM 的形成过程表明，它与文件档案或公务信息管理有着深刻的渊源。第二，对 IRM 反应最为强烈的是现代企业。60 年代计算机技术的应用，为现代企业管理信息系统（MIS）的建立提供了条件。然而实践证明，MIS 过分强调技术性，各部门的信息虽然实现了计算机管理，但是依然各自为政，无法实现信息共享，没达到帮助现代企业适应社会经济与经济全球化发展态势的预期效果。IRM则被认为是一个由多种人类信息活动整合而成的新的信息管理模式，它一面世立即受到了企业经营者的重视，加之现代企业拥有较完善的信息网络与信息技术，IRM在企业的发展规模与水平很快就超过了政府部门。IRM发展的实践进一步证明，它是适合现代企业需要的信息管理模式。

企业档案的功能是企业自身发展的客观要求，这种必要性已经从工业化企业的发展中得到印证。对于现代企业而言，信息管理与使用的意义就更加重要。

1. 现代企业更加依赖档案信息资源

企业是指依法运用资本而设立，在承担经营风险条件下为社会提供产品和服务，以求得自身经济效益的经济实体。"现代企业"是一个动态性的概念，目前指产权清晰、权责明确、政企分开、管理科学，具有中国特色、实行现代企业制度的新型企业。由于公司制具有在法律允许的范围内为追求利润最大化进行自我改造、自我发展的动力机制，自主决定实现自身利益的经营决策机制，按市场需求进行生产经营决策与资源配置的竞争机制，来自出资者、生产经营者双方的利益约束机制和财产约束机制等适合市场经济发展规律的运行机制，故已经成为现代企业的典型形式。

现代企业的市场运行机制与计划经济运行机制的最大不同在于市场的不确定性。现代企业面对瞬息万变的市场，要想避免失误降低风险，必须占有各种信息；而公司运行机制的形成及作用的实现，离开企业档案信息更是难以奏效。市场经济激发了现代企业强烈的信息需求，企业档案作为企业最鲜活、最可靠的信息资源，必将受到现代企业决策者的重视，管理和开发企业档案资源，已经成为现代企业的一种经济、有效的经营管理方法。

2. 知识经济使现代企业更加依赖档案资源

当前发达国家传统的物质生产技术已经发展到极致，一方面，这种依赖物质、能源的经济增长方式，日益面临物质资源匮乏的严重威胁。以美国为例，其传统产业中的主要行业，从"二次大战"后开始走下坡路，到70年代，这一趋势明显加剧。这就迫使传统企业通过信息化，提高劳动生产率，以便在新一轮企业竞争中争得主动。另一方面，传统产业的自我改造与发展进一步加剧了物质、能源危机，使环保问题日益突出，严重地影响着人类的生存环境，进而从根本上动摇了依赖物质资源的经济增长模式。20世纪末世界信息技术革命孕育的知识经济，给传统企业的发展带来了生机。

知识经济的崛起，使现代企业发展从资本运营逐渐让位于知识运营模式。以著名的美国微软公司为例，在公司刚刚起步时并没有雄厚的资本，依靠比尔·盖茨他们在信息技术方面的创新，在短期内就创造了巨额的财富，甚至超过了传统的"石油大王"、"汽车大王"，一跃成为美国的经济巨人。知识经济改变了现代竞争的规则，使现代竞争的优势从制造技术转向企业的创新能力，提升了无形资产在企业资产总值中的比重。现代企业"主要关注的对象是信息、知识、人才，而不是原料、设备和劳动力"，并且"将物质生产过程视为一种信息的获取、存储、处理、传输、控制的信息流动过程，从而在人机、机机以及机器与劳动对象之间，以数字化作为共通的桥梁，建立起自动化系统"①，使信息成为现代企业管理的主要对象。企业的信息利用能力被提升为决定其生死存亡、成败兴衰的关键因素，根据信息流和数据分析技术进行企业的整合，成为企业决策的基本手段。知识经济强化了社会的信息需求，也向人类昭示信息加工产生知识的重大意义，这不仅对企业档案、情报等传统信息工作的发展产生了重大影响，而且刺激了新兴信息产业的诞生。为了满足信息管理和对数据处理的需要，以信息产品为基础的新兴信息服务业迅速发展。在美国已经出现了专门为企业保管和开发档案，并使其增值的企业"历史工厂"②，至于以信息为依托形成的各种数据库业、咨询业，更是层出不穷，令人耳目一新。

传统企业的档案信息需求一直疲软，企业档案工作虽然具备了信息服务的条件，却只能处于被动、"蛰伏"状态，难有较大的发展。在国内外竞争的巨大压力下，企业越来越重视对现有信息资源的收集和利用，通过挖掘自己的档案信息资源，对其进行分析、沟通，发现许多过去认识不够或未被认识的数据关系和现象，帮助企业管理者做出更加科学的决策，进而大大提高了现代企业的信息利用能力。知识经济的增长方式使现代企业重新认识了信息资源，对企业档案工作的信息处理能力提出更高的要求，企业档案资源共享的要求更加迫切。现代企业信息需求的变化，为企业档案工作的发展注入了生机和活力。然而，传统档案管理要满足日益变化的现代信息需求，必须

---

① 张正德：《美国信息技术的发展及其经济影响》，重庆：武汉大学出版社，1995年，第106页。

② 沈丽华：《美国企业档案巡礼》，《档案学通讯》1994年第2期。

引入新的理念,进行档案管理的创新。对此,信息资源管理给予企业档案工作者以极大的启迪。

三、企业档案工作实行信息资源管理的步骤与方法

面对信息资源管理的日益迫近,企业的档案工作必须立足当前、考虑长远,勇于改革创新。企业档案工作改革创新应该树立两步走的发展战略:第一步,按照信息资源管理的要求,完善与强化企业档案职能,发展企业档案工作;第二步,与其他信息管理工作一道,共同构建企业信息资源管理系统,在新的管理系统中保持与发展企业档案的功能。为此,改革创新需要从以下方面入手。

(一) 更新观念,奠定改革的思想基础

知识经济是人类社会经济结构的又一次重大变革,它决定着现代企业信息管理的思想和方法,也规定了企业档案工作的发展方向。作为发展中国家,我国虽然尚不能立即进入知识经济时代,但是其影响已经波及国家的各项事业,信息资源管理是现代企业应对知识经济挑战的具体措施。认识这种趋势的客观必然性与紧迫性,主动进行必要的调整,尤其是思想观念的更新,已经迫在眉睫。

任何一场变革都要以思想、观念的更新为先导,建立现代企业制度、实现国民经济信息化是我国前所未有的伟大尝试,没有创新观念不可能有创新行动,没有观念创新企业档案工作就难以迈出改革创新的步伐。只要看一看,在一些信息化建设初具规模的企业,档案工作者仍然用现代化手段模拟传统档案业务,甚至某些研制管理软件的企业也没有考虑企业档案管理现代化的要求等现象,就足以说明观念创新的关键作用。目前,企业决策者及其档案工作者急需更新两个观念。

1. 树立信息资源观念,深刻认识企业档案

随着知识经济在中国的"升温",世人的信息意识空前提高,将档案称为"资源"绝非一种盲目的时髦说法,而是具有深刻的内涵,它强调档案不再是一种可有可无的备查"资料",而是社会发展不可或缺的战略"资源"。这种对档案属性认识的根本性变化是企业档案工作改革创新的思想基础。

现代企业发展要依靠机制创新、制度创新、技术创新等一系列创新过程。企业创新的全过程和信息资源管理与开发紧密相关。企业的创新思想产生于

广泛地占有各种信息，结合自身的特点与资源优势，分析研究掌握的信息才能做出创新的决策，规划创新目标、开发创新产品，在新产品商品化的过程中，通过反馈信息进一步改进创新技术与创新产品，形成企业的良性创新链。总之，企业创新的不同阶段就是对不同信息的综合吸纳、应用的过程，企业信息能力必将成为企业创新能力的重要组成部分。

随着现代企业的信息化，信息的处理、传输已经不再是制约其发展的主要障碍，档案管理的创新——企业信息能力的发掘，才是制约其发展的"瓶颈"。只有树立档案信息资源的意识，我们才能更自觉地开发档案信息，才能从战略的高度改革档案工作，处理好与其他信息工作的关系，真正实现企业信息资源共享，企业档案工作也才能有所创新。因此，观念更新绝不是一句"套话"，应该说，当前无论怎样认识档案观念更新的意义都不过分。

2. 建立信息化概念，全面认识企业档案工作

信息化，即全面发展和应用现代信息技术创造智能工具，改造、更新和装备国民经济的各部门和社会生活的各个领域，从而大大地增强人们的工作效率、学习效率和创新能力，使社会的物质文明和精神文明空前高涨的过程。它是我国实现伟大复兴的重要决策，也是我国企业应对知识经济的战略措施。

信息化的基本特征是使用智能工具，信息时代的典型工具是计算机和远程通讯技术。但是，它们已经不像过去的工具那样只是人类体力的延伸，而是人们脑力的拓展，因而创造了以往任何时代无法比拟的巨大的社会生产力。数字化是实现信息化的技术手段，计算机"二进制"形式对各种信息进行存贮和交流，为多媒体信息迅速地渗透到国民经济和人们的生活之中创造了条件，极大地改变了社会工作结构和人们的生活方式。

企业是现代信息技术的发祥地，也是最早、最广泛使用信息技术的领域。信息技术在促进企业进步的同时，深刻地改变了企业活动的面貌，"管理信息系统"、"计算机集成制造系统"、"柔性组织"等等，已经成为现今企业经营活动的基本手段。信息化对企业管理的直接影响是信息的数字化和信息管理手段的智能化。它们扩大了企业的信息能力，缩小了人们在时间、空间上的距离。无论信息形成于何时何处，也不管利用者身处何方，凭借信息技术能够轻而易举地对信息进行加工、处理与利用。

信息化改变了信息管理的目的、内容与方法，缩小了各类信息管理方法的差别，各项信息管理工作的专业性淡化、兼容性加强，为企业信息资源共

享铺平了道路。从信息化的视角认识档案工作，透过具体的管理方式与方法，审视现代企业档案工作的实质，即档案管理根本或不可替代的功能，除了一般信息管理具有的存贮和交流的作用外，档案工作还独自担负着保持企业历史、文化面貌和法律凭证的功能。无论企业信息管理方式如何变化，对具有原始凭证作用的档案信息的保管与利用，是企业自身的一种不变的功能需求。而且，企业越是信息化，保持企业凭证信息的功能就越重要，鉴证与保持企业档案功能的技术性就越强。只有树立了信息化的概念，档案工作者才能在信息化环境中完善和优化档案功能，动态地保持和实现自己的功能。在此基础上，积极与其他信息管理功能协调配合，为建立企业信息资源管理机制做出档案工作应有的贡献。

（二）强化档案职能，奠定信息资源管理的基础

1. 延伸传统的档案职能

企业档案工作的职能或任务决定于企业的生产经营方式。工业经济时代，企业内部职能是按专业分工设置的，各项业务活动都有规范的工作程序和相对稳定的职责与权利，在此基础上形成了企业档案管理的专业分工以及保存与备查的基本职能。现代企业讲求管理科学化、效益最佳化，必然要求优化企业各种信息管理的职能。

企业档案是各种记录（信息）沉淀的精华，其管理程序及方式必须与企业环境相适应。在网络环境中，如果依然坚持恪守文件管理、档案管理"分离"的传统分工，不仅与企业集成发展的趋势相左，而且也不能为企业信息管理职能整合的趋势所允许。因此，必须首先整合档案的管理职能。文件的形成、归档决定着档案的质量与功能，信息研究与加工是档案信息价值的"催化剂"。传统的企业分工恰恰割裂了档案工作与这两方面的有效联系，因此，完善现代企业档案管理职能，一方面，为保护档案资源，同时也是为了保护企业的知识产权，必须有效地控制企业文件（信息）的质量，企业档案管理必须自觉地向科技文件管理延伸。另一方面，为了保证企业及时、有效的信息需求，将档案信息研究作为利用工作的"起点"，努力发展档案咨询、档案编研、档案定题服务、档案信息传播等信息增值服务，强化档案智能控制的职能。通过延伸、拓展职能，合理优化档案功能，强化档案工作，为档案工作的第二步发展奠定基础。

2. 适应信息化的管理方式

现代企业面临的是竞争更加广泛、激烈的世界市场。为了在竞争中争取主动，现代企业必须随时掌握全球市场和各国"瞬息万变"的信息，及时调整企业科研、生产与销售的决策，成为高度机敏的世界性经济组织，发展成为跨国公司。现代企业经营管理的时间和空间范围空前扩展，企业的信息需求随即从过去8小时以内、抽象的"及时"，变为以"分"、"秒"计算的24小时"全天候"需求；从某几方面信息的需求，变为对企业各方面、全方位的信息需求。现代企业必须通过企业信息网直至国际互联网，才能及时、迅速地获取信息，沉淀并加工其中具有价值的信息，实现信息的增值，满足现代企业的信息需要。传统的手工信息管理与服务方式必然为现代信息化智能化的方式取而代之。

企业信息化使其信息交流实现了"端对端"的传递，改变了企业文件（信息）层层传递的交流方式；企业决策和管理部门需要的各种数据，也不必由基层管理人员每天紧张地统计、汇总，可以通过计算机网络随时更新；企业与其各地研究人员、销售人员的联系即刻就能实现，甚至他们无论在哪里，都能通过"电脑"了解最新的、更加准确的信息。信息化使现代企业的信息形式从纸质文件逐渐变为电子文件，推动了文件档案管理的信息化，缩短了档案形成与利用的周期，必将充分实现企业档案的功能。这就要求档案工作者熟悉企业信息化运营方式，在企业信息化建设的过程中，自觉调整档案工作的方法与要求，针对网络环境及时提出档案工作的需求，实现档案工作与其他信息工作、档案工作与其他管理工作的"无缝连接"，通过信息化将企业的各个信息系统真正建成企业的信息增值网。

3. 管理范围向社会化拓展

知识经济是全球经济，现代企业必须始终掌握与企业发展相关的先进技术，才能在现代竞争中处于不败之地。为了拥有或控制关键技术和具有支持性的知识，现代企业创造了"知识联盟"的新型组织形式，企业档案形成与利用范围的社会化，成为现代企业信息管理的又一个新特点。企业档案工作将从企业内部拓展到现代企业遍及各地的子公司、分支机构或合作伙伴；管理对象从中文档案信息发展到各种文字的、多媒体的信息；管理方法受到各所在国家人文环境、管理习惯、有关标准和法规等影响而呈现多样化。现代企业的全球性打破了企业档案工作的自我壁垒，自然而然地走向社会、加入国家信息系统，甚至走向世界，进行全球性信息交流，企业档案信息真正成为人类共享的战略资源。

在我国信息化建设的过程中，各专业主管部门和各地区已经建立起各种信息平台，犹如"信息高速路"，为各种信息交流创造了良好的条件，形成

"企业上网年"。根据我国的信息政策,只有将企业独有和特有的信息上网,通过"信息高速路"发布企业信息,交流与收集与企业相关的信息,信息网、数据库、知识库才能常看常新,独具价值,国家信息基础设施建设才有实际意义。而企业独有和特有的信息不是别的,必须是企业档案信息。因此,现代企业档案管理必然在更大范围的信息资源共享中,肩负起保护企业信息安全、维护网络信息交流秩序与信息利用合法化的职能。在履行和发展这一职能的过程中,企业档案工作已经迈出了信息服务方式社会化的步伐,成为信息服务业中的一员,更加接近企业信息资源管理的要求。

4. 管理功能的集成化

企业信息化强化了其信息管理机构、管理设备、管理方法一体化趋势,改变了企业由立足于人和机构管理的专业分工模式,推崇更加适宜信息流动的简单而"扁平化"的组织形式和信息管理方式,形成了现代企业各项管理职能高度集成的客观环境。在企业信息管理领域,从各种文件的形成(制作、审签、运转)、收集、整理、保存、归档,到档案的整编与加工、保管、浏览,都可以在网络上直接完成。

信息化使企业信息资源管理系统显示出快捷、高效、管理能力强大的优势。这种优势必须以企业的信息、信息工作者、信息设备、信息经费、信息技术、信息机构、信息环境的综合管理为前提。这种优势必将促成企业信息管理职能集成化。这些从国外企业信息管理的实践中已经得到了验证。首席信息官(CIO)的设置是这种集成化趋势的必然反映。

20 世纪 70 年代后期,发达国家的一些企业中出现了 CIO 这一新职位。这是一个与公司其他最高层管理职位,如首席行政官、首席财务官相对应的职位。其职能是:应用其信息优势,参与企业的重大决策,帮助企业制定发展策略;统管企业的信息资源,有效地管理和开发利用信息资源为实现企业目标服务;规划企业信息基础设施建设,实现信息资本化;作为信息专家指导企业高、中级管理人员有效利用企业的信息资源,为企业各部门的信息管理人员提供咨询服务。[①] 纵观 CIO 的演变,可以清楚地看到企业信息管理集成化的轨迹。最初这些企业的信息分别由秘书、技术人员和档案人员管理;随着企业办公自动化和大量信息技术设备的使用,企业的数据和档案管理逐

---

① 卢泰宏:《信息资源管理:新领域新方向》,《情报资料工作》1994 年第 1 期,第 10 页。

步实现了自动化管理，这时计算机技术人员便承担起企业信息管理工作；计算机辅助设计和制造等信息技术的应用，使企业的科研、产品、设计、生产、销售逐步实现一体化和计算机化。随着企业的信息越来越密集，企业信息与世界信息的交流越来越频繁，信息管理在现代企业越来越占有更加重要的地位。企业必须不断整合信息管理职能，提高信息资源管理能力，因而设置了CIO专署信息集成管理的职能。

CIO的演变说明了信息管理职能和地位的变化，意味着对信息管理者自身素质、能力要求和贡献的不断提高。现代企业信息资源管理工作的内容和任务与传统档案工作有诸多不同，尤其突出的是人才的差异。企业档案管理信息化后，大量收集、立卷等手工档案劳动被计算机所取代，档案人员将担负起日益复杂和繁重的信息研究、开发与交流的任务。企业档案工作者必须自觉掌握现代管理与信息技术，完善与开拓信息管理能力，使自己成为信息管理的专家，自觉实现从传统信息管理者向信息资源管理者的过渡。否则，现代企业将通过人力资源配置迫使信息管理人员做出选择。

综上所述，档案功能是现代企业的客观需要，知识经济的竞争规则和现代企业体制创新的实践，要求实行信息资源管理，教育档案工作者必须"与时俱进"，不断改革创新，主动适应现代企业和社会的信息需要，毫不松懈地进行档案管理体制与方法的改革创新，在企业信息资源管理系统中，使现代企业的档案功能得以升华。

（原载于《丰盛文集——人文与管理科学学术论文集》，北京燕山出版社，2001年）

参考文献

[1] 孟广均等. 信息资源管理导论 [M]. 北京：科学出版社，1998.

[2] 齐建珍. 知识经济与老工业基地 [M]. 北京：社会科学文献出版社，2001.

[3] 顾永才. 企业信息化运营 [M]. 北京：同心出版社，2000.

[4] 〔美〕保罗·S. 麦耶斯主编，蒋惠工等译. 知识管理与组织设计 [M]. 珠海：珠海出版社，1998.

中外现代企业集团档案工作述评

一、现代企业档案工作的特点

当今，世界科技、经济形势发生了巨大变化，主要表现在三个方面：一是以"数字革命"和基因革命为代表的新的科技革命突飞猛进，高新技术特别是信息技术的广泛应用，推动着人类经济形态由工业经济向知识经济转变；二是经济全球化潮流势不可当，货物和生产要素在全球范围内的自由流动程度大大提高，各国经济的相互依存加深，任何国家都不可能置身事外而独善其身；三是全球的市场化进程加快，大部分国家都加紧了市场化改革的步伐，既使得国际市场上的供给大大增加，竞争日趋激烈，又使得国际需求速度相对放缓。这些变化都是英、美、德、日等国家在实现工业化过程中未曾遇到过的。

（一）认识我国现代企业的生存环境

1. 新型工业化道路的特点。工业化与信息化并行是我国社会主义市场经济体制的特点。党的"十六大"报告中明确指出："坚持以信息化带动工业化，以工业化促进信息化，走出一条科技含量高、经济效益好、资源消耗低、环境污染少、人力资源优势得到充分发挥的新型工业化路子。"这是党中央在我国进入全面建设小康社会、加快推进社会主义现代化的新的阶段做出的具有世界影响的重大战略决策。我们称之为"新型工业化道路"。

新型工业化道路具有五大特点：一是科技含量高，指加快科技进步以及先进科技成果的推广应用，从而使国民经济活动的各个环节，特别是工业经济活动，从投入到产出，从生产到流通，从微观经济管理到宏观经济管理，尽可能应用先进的技术和装备，以提高科学技术在经济增长中的贡献率，把经济发展建立在主要依靠科技进步的基础上；二是经济效益好，指生产和流通中的各个经济主体，所生产的产品和提供的服务符合市场需求，同时所消耗的投入又比较低,以提高经济活动过程中的投入产出比,并通过技术创新、管理创新、组织创新等不断提高这一比值;三是资源消耗低,指各个经济主体通过技术创新、管理创新等,提高能源和原材料的利用效率;四是环境污染少,就是要广泛推行清洁生产方式、文明生产方式,发展绿色产业和环保产业,减少经济增长对环境的破坏,做到经济发展而又山川秀美;五是人力资源优势得到充分发挥,就是要提高广大劳动者的科学文化素质,培养大量人才,留住人才、用好人才,同时又充分利用我国劳动力丰富、价格低廉的优势,发展劳动密集型产业,做到发挥比较优势与增加就业,一举两得。

这就是目前我国现代企业所处的大环境。环境的变化导致现代企业的经营方式与发展战略的变化,必然引起企业档案工作的变革。随着我国社会主义市场经济体制的不断完善,企业已经成为市场经济的主体。为了适应新的经济体制,建立现代企业制度成为企业改革的必由之路。

由于公司制在法律允许的范围内,具有为追求利润最大化进行自我改造、自我发展的动力机制,自主地决定实现自身利益的决策机制,按市场需求进行生产经营决策与资源配置的竞争机制,来自出资者、生产经营者的利益约束机制和财产约束机制,比较适合市场经济的发展,已成为现代企业的典型形式。这就是大家常说的——现代企业是产权清晰、权责明确、政企分开、管理科学,具有中国特色的新型企业。但是,上述这些机制的形成及其作用的实现,没有企业档案信息的支撑是难以奏效的,这就加速了现代企业档案工作的改革。

2. 现代企业档案工作的定位与发展

关键:对企业档案价值或功能的认识——决定了企业档案工作的定位。

※ 企业档案是现代企业生存发展的战略资源,是自有的信息资源,唯一、可靠的信息资源。

※ 企业档案是企业经营管理须臾不可脱离的基础。现代企业管理越来越科学,管理手段越来越自动化,经营决策的风险就越来越大;现代企业管理体制越来越民主、管理方式越来越精细——依赖的基础就是企业档案提供的真实、准确的原始技术经济信息。

※ 企业档案是专业或行业监督的对象。随着政治经济体制改革,国家监管企业方式发生了很大变化:国家行政干预弱化,社会监督逐渐成为主导。企业档案工作要求的变化具有双面效应。正面效应:重视企业档案工作,加

强科学管理，但具体方式、程度各种各样；负面效应：忽视企业档案管理，错误地认为电子文件可以取代档案，弱化企业档案工作。导致企业档案工作发展出现了全面提升、部分发展、停滞甚至倒退三种趋势。

《企业档案工作规范》的结论是："企业档案是企业知识资产和信息资源的重要组成部分，企业档案工作是企业研发、生产、经营和管理活动的基础性管理。"

（二）近年来国外企业档案工作的发展

1. 逐渐认识企业档案工作的意义，企业档案工作得以发展

重视企业档案首先源于历史研究的迫切需要。20世纪60年代初期，各国历史学家开始关注企业档案，人们开始对各国的工业历史进行系统重建——建立了企业档案馆。例如：东欧国家把大部分企业档案划分为国家管理的资料。在西方，这些资料的法律地位则大相径庭。以意大利为例，企业依据其性质，将企业档案分为完全私有化、完全国有化、部分国有化三部分。

国外，重视保护利用企业档案，可以将1989年看作一个分水岭，这一年"二战"结束以来形成的冷战政治格局开始转变。20世纪60年代西方公司发起的大量贸易协定、合资企业和投资活动，目的就是占领广大的东方市场。而形成上述政治局势的大部分历史事件，都记录在企业档案馆的馆藏文件中。对此，各国开始采取不同的档案保护政策或方法：一方面，近年来为了保护在本国领土上经营企业的档案，各国政府制定相关措施的数量较先前有了成倍的增长。另一方面，更多的企业家们认识到了保护企业文件的重要性。企业主动采取各种保护政策，例如：荷兰对企业档案进行审查（根据对公司、企业和档案部门进行的问卷调查，制定了一份十六册的目录），意大利针对某些领域的企业档案制定了部分操作指南，法国、英国和德国则采取了一些整体保护政策。

各国采取的保护方法：法国以鲁贝为基地建立了 Centre des archives du monde du travail 中心。这是一个国家机构，由法国文化部的档案部设立。中心收集了各部门的资料，包括公司、贸易团体、专业联合会档案馆及相关个人。英国的沃里克大学图书馆现代文件中心（主要保存各团体和公司的档案，提供本领域的统计数字并对某些研究提供资助）是由一些相关学术人员发起建立的，目的是确保其研究资源的国际水平。这种情况下，依照固有的英国学术传统，资金主要来自私人捐赠（特别是来自 Leverhulme Trust 的捐赠，这

是一个支持与档案有关的研究和计划的组织)。德国 1986 年发布了有关商会档案的法规。同时，德国还采取一些行动，鼓励建立档案基金会或把 20 世纪早期德国商会设立的各种档案馆改造成基金会。这些基金会的地点设立在德国主要工业中心，并在很大地域范围内具有档案管辖权，包括企业界的当地机构和团体。意大利采取的做法与德国类似，也设立了基金会，目前这种方法的使用只限于工业高度集中的伦巴第地区商会。另外，当地政府成立了欧洲贸易联盟档案监督处（这是一个保护非国有档案的地方档案管理机构）和企业与革新历史中心（entro sulla toria dell´impres a dell´innovazione，这是一个以研究和收集文献资料为中心任务的私人机构）联合参与指导。该基金会的责任特别包括对经济档案（即公司、企业家、专业人员、个人、企业家联合会、贸易团体、商会等等的档案）的统计、对濒临销毁的文献的修复、研究计划和资源的开发，以及其他促进此类文件保护的做法。（《欧洲的企业档案系统》，〔意大利〕米卡爱拉. 普拉卡奇娅）

市场经济的发展，使企业档案的法律凭证作用日益受到普遍重视，许多企业纷纷建立自己的档案馆，据 21 世纪初美国的统计，有一半以上的企业拥有档案馆。它们主要保管已经成为历史的档案，像我国所说的处于生命周期中的文件，一般不属于档案馆管理，而由图书馆等其他机构管理。

2. 外国涉及企业档案管理的法规约束

进入知识经济时代，企业更加主动地关注自己的档案资源或资产，各国政府纷纷出台了一些涉及企业档案的法规与制度。主要有：萨班尼斯法、企业的社会责任、菲迪克条款等。

※ 美国 2002 年颁布的《萨班尼斯—奥克斯利法案》（Sarbanes-Oxley Act，SOX，以下简称萨班尼斯法），要求交易所人员、经纪人和证券商保存记录的美国联邦法律。2001 年 11 月安然公司财务丑闻曝光，6 个月后世界通讯公司再度爆发丑闻，由此引发的多米诺骨牌效应，造成了这一期间美国有 338 家上市公司总计 4093 亿美元的资产申请破产保护。令人感到震惊的是，安然公司在 SEC 对其展开调查后销毁大批文件，包括许多有"机密"字样的审计文件。而且作为全球五大会计师事务所之一的安达信公司竟然也在同时销毁了数千份与安然有关的文件。2002 年 7 月 30 日，美国紧急出台了《公司改革法案》，由于该法案是由民主党议员萨班尼斯和共和党议员奥克斯利共同起草并提交国会表决的，故又称《萨班尼斯—奥克斯利法案》。该法案是 1930 年以

来美国证券立法中最具影响力的法案,其主要内容涉及四个方面:加强上市公司董事及高层管理人员的责任、完善上市公司审计制度、强化上市公司信息披露义务、加大对违法行为处罚的力度。

萨班尼斯法对世界产生了广泛影响。首先,有效地规范了美国公司的运作,促进了证券市场的发展。其次,对企业档案管理产生重大影响,该法案要求成立公司会计监察委员会(以下简称PCAOB)负责监管执行公司审计的会计师事务所及注册会计师的档案职责,同时制订了严厉的处罚和制裁形式。包括临时或永久吊销注册、临时或永久禁止个人在会计师事务所执业、临时或永久限制事务所或个人的执业活动、职能等;对于故意、明知故犯、不计后果的行为或者屡犯的过失行为,可对自然人处以75万美元以下的罚款,对单位处以1500万美元以下的罚款;对于过失行为,自然人罚款不超过10万美元,单位不超过200万美元;以及强制要求相关人员参加附加的专业培训和教育等处罚形式。

※证券交易委员会法规17 A-4(SEC Rule 17 A-4)。提供有关电子信函和记录的保留规则的美国证券交易法规。

※ 全国证券交易商协会3010 & 3110(NASD 3010 & 3110)。NASD要求成员证券公司建立并维护一种可以"监督"每个注册代理人活动(其中包括与公众的交易和信函)的系统。此外,NASD 3110还要求证券公司对所有涉及注册代理人的信函实施保留计划。这些法规主要影响证券经纪商、注册代理人,以及从事证券交易的个体或者需要遵守这些法规的交易经纪人。

※《格雷姆—里奇—比利雷法案》亦称金融现代化法案,是1999年颁布的一项美国联邦法案。制定该法案的初衷是取消对银行组建证券公司的限制,但内容要求金融机构对客户数据采取严格的隐私措施。

※ 2001年及2003年金融机构隐私权保护法案,对《格雷姆-里奇—比利雷法案》进行了修正,进一步保护非公众性个人信息。

※ 2001年提供打击与防止恐怖主义所需的适当工具以团结并强化美国法案(简称爱国者法案)。旨在加大美国法律执行机构执法力度的美国联邦法,目的为打击美国境内外的恐怖分子活动。

※ 欧盟数据保护法(EUDPD)。此法令通过提供所有成员国必须通过国家或地区立法达到的一些基本要求,使欧盟公民数据隐私的保护实现标准化。EUDPD会影响其他国家或地区的隐私保护,因为它对向欧盟之外发送个人信

息进行了限制。通常，EUDPD 只允许向被认为在各个方面（包括数据安全性）制定了足够标准的国家或地区发送个人信息。

※日本的个人信息保护法案。日本政府颁布用于控制对个人信息的收集、使用和传输的一部法律。该法案适用于收集、处理或使用超过 5000 个或更多的个人信息的政府或私人机构。

※ 社会责任国际标准体系（Social Accountability 8000 International standard，简称 SA8000）。是一种基于国际劳工组织宪章（ILO 宪章）、联合国儿童权利公约、世界人权宣言而制定的，以保护劳动环境和条件、劳工权利等为主要内容的管理标准体系。作为全球首个道德规范国际标准，其宗旨是确保供应商所供应的产品皆符合社会责任标准的要求，包括公司应该建立、记录、保留相关记录等。

3. 国际档案工作标准——ISO15489

档案管理通则与指南 ISO15489 是第一个关于文件管理的国际标准，由国际标准化组织的信息与文献技术委员会（ISO/TC46）下设的档案/文件管理分委员会（SCII）起草。该标准草案的初稿于 1997 年发布，2000 年 5 月发布定稿，经过三年国际范围内广泛地征求意见和专家论证，团体成员投票表决，该标准于 2001 年 9 月 15 日由国际标准化组织（ISO）正式发布。

该标准由两部分组成：ISO15489-1 为通则：对文件最优化管理的原则和要求的描述，可以为所有国家所接受或遵从；ISO/ TR15489-2 则是文件管理原则的应用指南，它列出了符合该标准的可供选择的最优化文件管理程序和管理方法，各个国家和机构可以根据实际情况有针对性地选用。

※ 通用原则 ISO15489-1 的内容：

① 范围。该标准适用于任何公共机构或私人机构或个人在进行活动过程中形成或收到的所有格式和载体的文件的管理。标准为相关机构确定文件的管理职责、管理方针、管理程序、管理系统和管理流程提供指导；支持质量管理框架，提供符合 ISO9000 和 ISO14000 的文件管理指导；为文件系统的设计和实施提供指导。

② 引用标准。ISO15489 同已有的标准保持了高度一致性，如 ISO9000 系列质量管理标准以及 ISO14000 系列环境管理标准。同时 ISO15489 还引用了下列标准中的一些条款：ISO5127 信息与文献——词汇；ISO 9001 质量管理体系——要求；ISO14001 环境管理体系——使用说明。

③ 术语及定义。对常用21条术语进行了定义，因为不同国家对同一术语的定义及解释存在较大差异，而且很难达成一致，为了能为世界上的100多个国家所接受，该标准收录了那些被大多数国家认可的术语。

④ 文件管理的意义。着重介绍了机构内文件管理的内容及其对机构的重要意义。强调了文件对机构的重要证据价值和信息价值。文件对机构的意义可以从行政管理、财务活动、业务活动、法律活动和社会活动等对文件的需求体现出来。根据ISO15489的要求制定的文件管理规划可以在提供服务、制定政策、管理决策、诉讼支持和风险管理以及维护机构的记忆等方面显示出优势。

⑤ 规章制度环境体系。不仅包括与机构及其业务有关的国家法律条例和规章、国际条例和规则、行业准则、国家或地方标准及机构内部规定，而且还包括与文件、档案、利用、隐私、证据、电子商务、数据保护和信息相关的法律和法规。文件管理应有足够的证据证明，机构的活动遵守了有关规章制度的要求并实现了其承诺。

⑥ 方针和职责。方针制定的目标是形成并保存真实、可靠和可用的文件，以便在整个文件保管期限内能对业务职能和活动提供支持。方针的贯彻实施涉及机构上下各层次各类人员的文件管理职责分工及承诺。文件管理职责应该由机构内所有员工分担，而不仅仅由文件管理人员负责，各类人员均有各自的文件管理职责和任务。

⑦ 文件管理要求。这部分是该标准中很重要的一部分，主要规定了文件管理规划的内容以及文件管理对文件特点的要求。解释了文件的真实性、可靠性、完整性和可利用性含义并阐明了它们对文件管理的要求。

⑧ 文件系统的设计与实施。文件系统应该具备五个方面的特点：可靠性、完整性、一致性、全面性和系统性。文件系统的建立实施涉及对文件事务的记录、物理存储载体及其保护、分布式管理、转移和迁移、存取、检索和利用、保管和处置等文件管理业务。

文件系统设计与实施的方法，总共有8个步骤：初步调查，业务活动分析，确定文件要求，对现存系统进行评估，确定符合文件要求的战略，设计文件系统，实施文件系统，检查运行情况。技术报告中提供了进一步的详尽的实施步骤。

⑨ 文件管理的过程及其控制。包括：

确定文件捕获范围：判断哪些记录应该进入文件系统；

确定文件的保管期限；

文件捕获：将文件捕获到文件系统中的目的是为了确定形成文件的业务背景，并与其他文件建立联系。捕获文件的方法有：分类和标引、对文件进行实体或逻辑上的整理、登记、元数据控制；

登记：登记的主要目的是为了证明文件已经形成并进入文件系统中，登记的另一主要益处是便于检索；

分类：对业务活动中形成的文件进行分类，同时也包括分类体系的制定，进行词汇控制、标引、数字及代码的配置；

存储和保管：应该确保文件在保管期限内的可利用、可靠、真实，在文件的整个生命周期中都存在维护、保管和存储的问题；

利用：由于文件中可能含有个人、商业或业务方面的敏感信息，因此机构应该对利用权限和利用条件做出正式规定。在一些情况下，利用时不允许公开元数据或关于文件的信息。同时还规定要保证加密文件在需要或授权情况下是可以阅读的；

跟踪：跟踪既包括行动跟踪也包括存放跟踪。行动跟踪是对业务的执行时间加以限制并监控行动的过程。存放跟踪是为了确保在需要时能够查到所需文件；

处置：对文件的处置是指在日常业务活动中从操作系统中删除文件的工作，只有在机构不再需要文件或文件作为证据的功能已完成，法律诉讼已结束的条件下才能实施处置行为；

对文件管理过程的记录：文件管理的立法、标准、方针制定及决策过程都形成相应记录，作为文件管理的依据，便于实施、评估，审核和测试有关管理方法和要求；

⑩监控和审核。为了确保文件系统的程序和运行过程符合机构的方针和要求，达到预期效果，要定期监控文件系统。根据文件管理的不同环节的预期效果，定期对文件程序运行的有效性进行审核；

⑪培训。遵循本国际标准的机构应该建立培训规划，基础标准中没有详细涉及培训内容，技术报告对培训进行了详尽的阐述。

标准的技术报告部分为通用原则的实施提供了应用指导和具体方法，它的篇幅几乎相当于通用原则的两倍。在制定具体的文件管理规划时，要充分考虑国家标准、国家法律以及其他一些相关因素。技术报告主要是配合通用原则而制定的，因此在基本条款的编写上与通用原则相同，只是没有引用标准和术语及定义两部分。

※通用原则ISO15489-2的内容：

① 适用范围（略）。

② 方针和职责：包括简介、档案管理方针陈述和档案管理职责。档案管理责任如按需要和业务流程记录业务活动、形成档案、档案处理过程的透明性和保管系统的充分性、确保档案得到有效的维护存贮、档案只有经过批准才能被处置等都要求纳入标准或业务规则。

③ 战略、设计和实施：实施步骤如初步调查、分析业务活动、确定档案要求、评估现存系统、确定满足档案要求的战略、设计档案系统、档案系统的实施、实施情况复审。

④ 档案管理过程及其控制：包括两部分，其一是专业根据涉及业务活动分类、档案处置依据、保护和利用方案、属于表和其他词汇控制；应用性工具具体包括制度框架分析、业务风险分析、机构授权、利用许可登记；业务活动分类涉及组织著录如建立档案间的联系、建立跨学科的链接与共享、恰当地利用检索使用传播；还包括业务活动分类法的制定、编制词汇表、档案处置依据（规定范围、归档时间、保管期限）、安全保管和利用制度。其二是档案管理过程的规范，包括捕获—制作保留、登记—接收编号、分类—组卷著录链接信息、安全—确定档案等级与利用权限、确定处置状态、存储—方式数字化及设备、利用与跟踪、实施处置等。

⑤ 监控与审计。

⑥ 培训。

※ 国际档案工作标准的十大特点

① 该标准为文件的管理提供了系统的优化管理模式和行业规范。主要体现在：管理的结果是提供真实、可靠、完整和可用的文件；文件的管理过程是高效率和高效益的；管理的服务是保证文件系统的可靠性、完整性、一致性、全面性和系统性，使用户满意三个方面。

② 该标准主张"前端控制"，将文件管理的工作重心放在文件形成机构

而非档案馆或档案行政机关。

③ 该标准实际上主要针对的是电子文件。

④ 该标准中文件管理过程的控制应用了一系列最优化管理理念与方法，如文件连续体管理思想、以用户为核心的服务战略、全面质量管理、知识管理、文件管理规划、档案化管理、全程控制、前端控制、文件管理承诺、文件管理合同制、文件管理外包制等。

⑤ 该标准主张文件管理责任全员化，责任者不仅限于文件管理人员而且还包括机构的业务管理人员、信息管理人员、技术管理人员以及其他形成和保管文件及信息的一切人员。文件管理责任的分工与实施采用了供应链、工作流程与跨职能部门团队合作和伙伴参与等先进的管理方式。

⑥ 该标准强调文件管理的用户满意，在于文件服务对机构的职能、活动和事务的需求满足，为业务提供证据和信息，支持机构的法律、规章制度执行与承诺，满足业务要求和责任要求及减少机构风险。

⑦ 该标准对元数据的概念有了更为准确的解释。元数据是描述文件的背景、内容、结构及其整个管理过程的数据。新的元数据定义及管理要求有力地维护了文件真实性、可靠性、完整性和可用性。

⑧ 该标准支持 ISO9000 系列标准和法律规章制度环境，同信息与文献的国际标准兼容。其突出贡献是使文件的管理过程及控制方法系统化、制度化、规范化与常规化，有效地保证文件管理过程始终处于受控状态。

⑨ 该标准明确了文件管理的内容包括：机构管理、规划及业务活动的有机组成，文件管理对机构的可持续发展具有不可忽略的重要支持作用，因而文件管理应得到足够重视。

⑩ 该标准强调文件管理系统的建立与实施涉及机构上下和机构内外各层次和各方方面面的人员及其工作，但文件管理本身又是一项专职化的管理业务，应该有专门的业务管理要求及管理办法。机构所有人员都需要接受文件管理的培训，而文件管理工作则既可设立专职人员管理又可外包由社会化的文件管理专业咨询或服务机构承担。

这些规定我们是不是感到很熟悉？——与我国传统的管理方式和要求十分吻合，说明：第一，我们多年的档案工作实践已经认识了这些档案管理的基本规律；第二，我国企业档案管理水平与国外的差距并不大，大家的任务同样艰巨。

二、多样化的企业档案管理模式及特点

信息时代本身就是一个多样化的时代，一种方式"一统天下"的要求显然不合时宜了。当前，企业形式、管理方式、管理手段五花八门，企业档案管理模式必然要多样化。

（一）企业档案的协同化全程管理

协调管理的内涵：利用 Internet 技术，将企业内外部资源和业务流程整合，达到资源的充分利用的目的。现在企业竞争是"快鱼吃慢鱼"，强调反应速度要快。一个企业不论是内部协同还是外部供应链上的协同，如果协同不好，就会效率低、速度慢。传统的信息化建设虽在一定程度上提高了企业的管理水平和营运水平，但难免有信息与资源不能共享的缺憾。企业在信息化建设的过程中所先后实施的各种应用系统缺乏有效的关联，容易造成信息流程不畅、共享程度不高、资源效用不强。究其原因，缺乏有效的平台对企业各种已有的资源进行系统充分整合。

协同管理可以将企业视为一个电子化、跨区域、可集中或分散的信息组织平台。它联合了企业所在的供应链上的其他企业，形成了一个紧密协作的信息应用共同体。在这一共同体中，既包含了企业自身的内部信息流，同时又紧密关联了企业的供应商、分销商、合作伙伴以及客户等，以实现信息的共享和业务的链接。企业通过自身的信息流通与数据共享使部门与部门间的协作更加紧密，这种紧密整合使得运营模式灵活高效，并能随时响应客户的需求。无论是企业的内部员工，还是外部的访问者，都可通过协同平台获取利益，解决原有企业在信息化建设中常有的"孤岛效应"等问题。协同管理的理念与平台是企业信息化建设中的重要依据。

其优势在于：企业的高层管理者可通过协同管理平台获得宏观层次上的运营数据分析报告，有效组织企业资源，制定决策；企业的员工可共享平台信息、实时管理自己的任务、跟踪工作流程、参与项目管理；供应商与合作伙伴可同时参与企业的外部流程，协作完成产品研发、工作外包、市场推广、售后服务等业务；客户能及时获取企业相关的信息和高效的服务。协同管理工作平台被集成到企业原有的信息流程上，可以使企业提升核心竞争能力。

协同管理的重点：提供一个统一的管理平台和畅通无阻的"通道"（环

境、制度)。这个统一的管理平台有内外之分、大小之别：外部协同（大协同）——涉及沟通 CRM、SCM 等软件"通道"（Internet）。内部协同（小协同）——涉及连接 ERP、HR 和 OA 等软件"通道"（Intranet）。

世界管理咨询巨头凯捷针对中国的情况发布了《协同管理关系白皮书》，其中提道："协同管理其实就是一种系统化的思想和方法，即告诉希望与他们的客户、合作伙伴与员工之间建立一种高度协同的合作关系。"凯捷全球 CEO 保罗·赫密林指出："当今时代的企业处于有效控制成本与实现利润的双重压力之下，企业管理变得加倍复杂多变。很少有企业可以在这样不可预测的环境中仅靠自己的力量成功。未来的成功将取决于该企业有多强的协同精神和能力。"此为大协同或外部协同。而对内，将财务管理、进销存量、人力资源以及企业的各种信息系统整合成企业内部信息流通一体化、数据共享化，能及时有效地整合来自企业各部门、各类别的信息资源，使之协同流通而不冲突，此为小协同或内部协同。档案机构属于生产或技术管理系统工作，档案管理的全程控制从文件形成做起，档案工作全程融入企业管理活动，都是小协同的很好例子，比较适于生产方式连续性、信息化程度较高、实行计算机辅助管理的企业。

（二）企业档案的全程管理

实行档案全程管理，指根据企业科技生产活动的特点和档案成套性的特点，针对企业档案从科技文件产生到归档保存直至销毁的完整生命周期，建设完整、动态的管理制度体系，分阶段实施全过程管理。

企业档案是企业活动的伴生物，体现企业活动的具体内容，成为企业管理的对象和抓手。档案全程管理的特点：其一，全面的管理，企业档案涵盖企业的全部活动，不全面管理就无法保证档案的质量与价值；其二，系统的管理，强调各项管理内容和要求的无缝链接、系统整合和总体效应；其三，动态管理，通过控制全过程的每个环节或阶段控制结果，将管理要求融入每一个管理流程，益于优化科技、生产管理流程，同时提升企业档案的质量。例如，大亚湾核电站、宝钢、华北电力设计研究院等单位的档案管理。其重点在于：

前端控制以档案形成的完整的过程作为管理范围。在这个过程中，科技文件的形成是前端，处理、鉴定、整理、编目等具体管理活动是中端，永久保管或销毁是末端。前端控制是对整个管理过程的目标、要求和规则进行系统分析、科学整合，把需要和可能在科技文件形成阶段实现或部分实现的管理功能尽量在这一阶段实现。科技文件形成周期长、数量大、涉及部门多、专业复杂、载体类型多样，如果不加强前端控制，科技档案的完整性和准确性就很难保障。

前端控制的思想在我国科技档案管理理论中早已有之，在传统档案管理中已经落实，但是在电子科技文件管理中却出现了失控的情况，对瞬间即逝的电子文件而言，前端控制至关重要。其必要性主要体现在：第一，前端控制是确保电子科技文件真实可靠、完整安全、长期可读的有效策略。第二，前端控制是优化管理功能、提高管理效率的科学理念。

以大亚湾核电运营管理有限责任公司的科技档案管理为例：大亚湾核电站是我国大陆第一座百万千瓦级大型商用核电站，1982年12月国务院批准建设，1994年5月建成投入商业运行。大亚湾核电运营管理有限责任公司（简称大亚湾）是我国核电行业第一个专业化的运行管理公司，是在借鉴国外核电运行管理实践的基础上，建立起来的核电站群的管理单位。大亚湾核电站是我国改革开放的重要成果，企业不仅技术水平先进，也是我国推行现代企业制度的成功范例。这一点在文件与档案管理中也同样体现出来。其档案管理职能部门——文档资料处，隶属核电公司技术部，是该公司的核心技术部门。文档资料处的业务职能非常重要，如果要改变一些操作，工程师签署的文件都不算数，必须有文档处处长的签字才有效。其档案工作的特点概括为五方面：

第一，将文件的专业管理作为该企业的核心业务技能。大亚湾核电公司文档处共有36名各类专业人员，其中文档人员、核电技术人员、IT人员各占三分之一，同时，文档人员和IT人员在上岗之前，要进行6个月的相关培训；文档管理工作的专业技术层次比较高。

第二，文件管理的职能不断强化。近年来文件管理工作逐渐得到企业的重视，以至专门设置了文件控制部门或岗位，大亚湾文档资料处的文档控制科将其文件分为三类：基准文件、卫星文件、工作文件。业务技术人员进入现场工作前，都要领取相应的文件工作包并随身携带，按照大亚湾的规定："文控工作要保证每一个异常的处理方式，都可以在工作包中找到相应处理方法的文件。"而准备这个"工作包"就是文档处文控科的职责。

第三，将档案工作纳入合同管理。通过合同规范档案工作全过程，是文档管理成为核心业务环节的重要表现。大亚湾核电站建设中，业主通过各种各样的合同对参建各单位的工作和管理活动进行控制，并作为以经济手段解决争端的最终依据。其中，就包括档案管理的具体要求，并在合同中明确规定承包商在文档事务方面的责任。

大亚湾文档处通过直接参加合同谈判或审查合同有关章节，确保文档有关要求列入合同文本。在项目竣工验收时，文档处按合同要求，检查归档文件的完整性、准确性和系统性，符合要求的在验收会签单上签署同意支付建设款的意见后，计划和财务部门才能对承包商进行费用结算。在工程文件管理中，特别是紧紧抓住"设计与服务合同"和"建设与安装总包合同"的谈判与签订。在合同中双方约定了工程技术文件的内容、份数、传递方式以及具体要求。合同中还明确规定，承包商向业主提交的工程技术文件都必须是一式两份，即一份电子文件和一份纸质拷贝文件。

第四，文档管理实现了程序化。程序化或流程化管理是比较成熟先进的管理模式。在大亚湾核电站的管理工作中，凡是有分工、有技术要求、重复性强的工作或活动，预先都要制定出相应的程序，规定工作内容和范围，明确如何进行控制和形成记录的要求等，以完备的程序文件控制了各项活动过程及内容的规范化。目前，大亚湾已经形成了包括档案程序手册在内的6种与工程管理有密切关系的程序手册。其档案程序手册中共包含单项档案程序60个，涵盖了项目档案管理各方面。同时，其他部门的程序中凡涉及文档管理的，也必须由文档处会签，才能生效。

第五，以文档管理信息化为保障。核电企业的信息化水平本身较高，大亚湾核电公司的文档管理的信息化程度也水涨船高，它们的信息化建设既结合工程管理和文档管理实际需要，又充分考虑了文件、档案的生命周期理论。大亚湾核电公司文档管理系统，是公司信息化系统中的一个子系统，可以监控从文件形成到档案处置全过程的管理。如：对文件形成有效的过程控制、版本控制、权限控制、安全控制等。

档案全程管理的特点是：由于档案管理与企业各项管理工作融为一体，有效地避免了缺失档案或档案工作脱节的现象。大亚湾核电公司开发的文档信息管理系统在国际原子能机构组织的审查中得到了高度评价。

(三) 企业档案知识管理

知识管理作为一种全新的管理模式和方法，是市场经济和知识经济高度发展的产物。知识管理是指为了提高组织竞争力而对组织内外各种信息、知识进行有效的识别、全面的收集、科学的加工和充分的运用，并且通过促进知识共享，鼓励知识创新，实现知识增值。它利用集体智慧来提高组织的应变能力和创新能力，是为组织实现显性知识和隐性知识共享提供的新途径。档案知识管理就是一个组织运用自己拥有的所有知识，参与企业管理的过程。福特汽车公司在1996年到1997年间成功地采用一套知识管理技术——最优经验答复系统，创造出2.4亿美元的经济效益。

根据表达与传递方式，企业知识分为显性知识（explicit knowledge）和隐性知识（tacit knowledge）。显性知识指可以用正式语言清楚表达和传播的知识，主要存在于企业文献如图书、情报、档案之中。隐性知识是指不易用语言表达的、隐藏在组织层次或个人头脑中的知识，如企业的文化、价值观、员工的技能、解决问题的思路等。哈佛大学公司管理研究院教授 Morten T. Hansen、Nitin Nohria 和 Thomas Tierey 于1999年在《哈佛商业评论》杂志3/4月号上发表的《你采用哪一种知识管理战略?》一文中提出，知识管理存在编码化管理（codification mode）和人格化管理（personalization mode）两种模式。他们认为：编码化管理模式指通过对知识与知识形成者的剥离，达到知识独立于特定的个体或组织的目的，而后再对知识进行仔细地提取，进而汇编成法典或数据库，以供人们随时反复地调用；人格化管理，是指知识与其开发者紧密联贯在一起，通过面对面的接触来共享知识。

"知识管理"是以"人"为中心、以信息为基础、以知识创新为目标，将知识看作是一种可开发资源的管理思想。简单地说，"知识管理"就是在企业管理中对其集体的知识与技能（不管它是写在纸上还是存在人脑中）的捕获与运用的过程。企业知识指的是支持企业所有员工进行工作的知识和工作完成后形成的成果知识。因此，企业知识管理具体包括：其一，获取并消化知识；其二，促进知识的交流与共享；其三，积累知识，创造适合知识共享的环境和条件，成功开发和有效利用知识资源；其四，通过有效机制，研究、开发、生产、丰富企业的知识资源；其五，将知识的生产与积累融入产品的生产过程和管理过程。

可见，知识管理与档案管理具有天然的渊源。企业档案是企业管理的抓手，承载着企业文化建设，参与企业风险管理。企业档案是国家和组织重要的知识资源。美国 Delphi 咨询集团的一项调查表明：在企业获取的知识中，大约46%是以文本和电子文档的形式存在的。企业档案直接记述了人们的科技、生产活动过程、经验和成果，它所储备的是在科技、生产活动中直接产生和形成的原生信息，蕴涵着丰富的知识，是国家和组织珍贵的科学技术资源和显性知识。从这个意义上说，一个国家或组织是否有数量浩瀚、质量优良的科技档案储备，是衡量这个国家和组织科技水平高低的重要标志之一。

既然科技档案是重要的知识资源，那么，科技档案管理本身就是对知识的一种管理活动和过程。科技档案管理工作，包括对科技文件形成、积累、整理和归档的监督、协助和控制，以及对科技档案的收集、整理、编目、鉴定、保管、统计、检索和开发利用等工作。这一管理过程，实际上是对科技文件档案这种显性知识的获取、积累、储存、保护、控制和开发。

科技档案工作应遵循知识管理原则，通过对科技档案的科学管理和有效开发利用，不断强化科技档案知识服务意识，实现科技档案知识共享，为组织的科技、生产及其管理活动提供直接依据和参考。科技档案管理者必须停止单纯扮演实体保管员的角色，而成为概念、知识的提供者，成为知识的管理者。

（四）企业档案的精细化管理

所谓精细化管理，是对原有的科学管理方式的进一步优化。即按现代管理的理念与方法，强化或完善档案管理规范，针对企业的要求，调整与深化原有的档案工作。以完善制度建设为基础，进一步规范企业档案的现代化管理方法，实现企业档案工作的管理职能。实际上就是结合发展变化的环境，完善档案管理制度形成管理制度体系。例如广东粤电集团档案部门近年来多方聘请档案专家咨询，形成了一套新的档案管理制度，有效地指导企业提升档案管理水平，主动发挥监督管理作用，得到公司领导的认可。

三、发展现代企业档案工作的切入点

（一）积累企业档案是永恒的主题

档案资源是现代企业竞争力的信息保障，是现代企业规避信息风险、获取更大利润的战略资源。档案资源构成完整是档案价值的前提，探究档案资源构成，全面掌握档案资源，是企业档案价值实现的保证。

现代企业档案资源的构成应该根据企业的发展与需要而调整。我国企业档案工作实践，为研究现代企业档案资源构成提供了有效的方法。通过企业职能分析，揭示相关档案文件的价值与联系，能够具体确定企业档案的范围，以便在它们形成之时，按照档案管理的要求实行全程监控，有效地保证了档案的质量。根据职能活动及工作流程分析，现代企业档案资源构成分为宏观和微观两个层次。宏观构成指一个单位档案资源的种类构成；微观构成则指一套档案必备的档案文件构成。只有两种构成都齐备，企业档案资源的价值才可能实现。

现代企业档案资源的宏观构成必须覆盖企业全部职能活动，才能提供现代企业需要的各种信息。依据现代企业的基本职能，档案基本构成应包括以下类别：资产档案，包括有形资产如基本建设、设备仪器和无形资产的档案；资本运作档案，包括股东大会决议，公司"上市"以及企业战略等重大决策等档案；经营管理档案，包括董事会、监事会、招投标文件、各类合同、原材料等档案；企业文化建设档案，包括社团活动、企业仪式、社会公益慈善活动、其他社会职责等档案；创新研发档案，包括新产品开发、工艺改革、环境保护与治理、科技奖励等档案；产品生产档案，包括产品设计、试制与鉴定、验收、制造等档案；市场与客户档案，包括市场分析、销售与售后服务、客户与合作伙伴、竞争对象等档案；行政管理档案，包括党委、综合或企划部、人力资源、财务、审计、质量、安全、统计等档案；其他管理档案，如典型团队或人物、涉外活动、重要纪念活动、突发事件及处理、工业遗产等档案。

就档案资源建设而言，目前企业档案宏观构成中反映辅助职能活动的档案类别比较齐全，而反映企业基本职能的档案类别较薄弱，特别是反映现代企业新职能与经营特色的档案类别少、档案内容过于概括。例如，许多单位的企业上市及资本运作档案、董事会与股东大会文件没有作为档案管理；各职能活动档案多为原则性依据文件，缺少细节和操作性内容。而这些正是具有现代企业特色的档案内容，是企业活动最典型的反映，也是社会共享性最强的企业档案资源。

我国现代企业档案资源是在传统企业档案资源的基础上建设起来的，受计划经济的局限，反映市场经济活动与现代化管理的档案信息缺失。现代企业档案资源建设应该关注市场经济，特别是国际贸易需要的档案文件。目前企业档案资源建设必须重视或完善以下内容。

1. 企业活动的原始记录。例如，设备运行记录、各批次原材料与产品的测试、化验、检验记录等。原始记录的现实作用虽然得到公认，由于其数量巨大、更新快、时效性强，许多企业并没有将它们作为档案。原始记录不仅能够实时地提供丰富、客观的细节信息，还是准确印证相关活动、反映其规律的可靠凭证，而且也是国际贸易经常要求追溯的凭证性文件。浙江新昌皮尔轴承有限公司为应诉美国商务部的反倾销调查，短期内提供了包含130万个数据的应诉材料。内容涉及公司的组织结构、财务制度、出口和国内销售的详细交易记录，468个产品型号的钢材消耗、工时消耗、电力消耗、包装、废品回收五个生产要素的生产成本记录。如果没有平时原始记录的积累，及时提供如此详细、准确的反倾销证据是绝对不可能的。为了保障现代企业在国际市场或国际竞争中的利益，企业必须重视原始记录的科学管理。

2. 市场分析研究文件。为在激烈的市场竞争中稳操胜券，现代企业必须知己知彼，此信息需求使"竞争情报"变得炙手可热。有种观点认为，竞争情报必须来自企业外部，果真如此吗？情报界权威Kahaner认为："信息是事实性的，……竞争情报则是经过过滤、蒸馏和分析的信息片段的集合。"强调竞争情报与一般信息的区别在于信息分析与加工的程度。

竞争情报依据的信息分析对象，自然是企业及其对手竞争在特定产品的开发、设计、制造、营销等方面的信息。这些信息在现代企业的职能活动，尤其是新产品开发和市场营销活动中已经大量形成。如市场需求、产品市场占有率等分析报告，不仅是企业营销活动的重要记录，也是竞争情报可靠的信息源。绝不能因为它们反映了大量的企业的外部信息，而忽视了它们作为企业档案的本质。

3. 企业合同文件，即企业形成的对合同双方具有约束作用的法律文件。如购货合同、供货合同、销售合同、服务合同、用工合同，等等。合同是市场经济基本的法律凭证，由于它具有一次性，一旦履行对合同双方不再具有约束力，被认为失去了保存价值，因而许多企业没有将它纳入档案的范围。市场经济的发展激发了合同拥有的反映企业经营状况、鉴证企业信用等功能，成为市场经济活动中经常需要查阅的原始凭证，特别是在反倾销活动中具有不可替代的作用，现代企业应该从长计议，把重要的合同文件纳入档案范围。

4. 客户信用管理文件。"信用是承诺在将来某一确定时间付款而获取资金、物资和服务的能力。"企业客户管理主要是客户销售（赊销）信用的管理，在外国称为风险管理。加强客户信用管理是发达商品经济的客观需要，也是现代企业与国际贸易接轨的重要形式。

客户信用管理即："企业通过制定信用政策，指导和协调与信用销售有关的部门，以完成对信用销售中客户信息收集和评估、信用额度的授予、债权保障到回收应收账款各交易环节的管理。"可见，客户信用管理的基础是信息，信用信息是否准确、全面、及时，直接影响企业对客户的判断和选择。这些信息既有企业内部生成的信息，也有从外部收集的信息。企业外部信息主要是银行或其他信用机构的信用评估，企业的内部信息指企业在与客户长期的交易中，形成的交易记录和还款情况记录等。

目前，现代企业已经开始形成客户档案，但其内容及管理方法存在较大偏差。在内容上，目前客户档案多为客户名单，缺乏对客户赊销状况的连续记录；而客户档案的管理就更加随意，无法形成相关信用信息的关联，更不能及时提供客户信用能力的可靠凭证，应该按照档案专业化管理的要求强化客户档案管理。

5. 企业社会职责文件，如企业在安全、劳动保护与卫生条件、环境保护与治理活动中形成的重要文件等。它们体现了企业对职工权益的关注、对社会及环境责任的履行，反映了企业的文化与道德建设状况。当前，社会对企业社会职责的要求不断提高，70年代国际上兴起在确定企业利润水平时，把员工、企业、社会的利益统筹起来考量的企业社会互利价值观。例如，在纽约证交所上市的企业都要定期接受供应商对其履行社会责任状况，如人权、劳工、环境等问题的评估。对企业社会责任的评估目前涉及无公害技术的使用、职工健康安全、预防人身伤亡事故和职业病防治等内容。有些企业社会职责已形成如《职业安全卫生评价标准（Occupational Health and Safety Assessment Series 18001）》等国际指标，现代企业要走向世界，必须研究这些国际标准，防患于未然，及时对相关文件实行档案管理。

企业的社会责任（corporate social responsibility）简称为其缩写CSR。对广大企业档案工作者来说较为新鲜，世界银行定义CSR为：企业与关键利益相关者的关系、价值观、遵纪守法以及尊重人、社区和环境有关的政策和实践的集合。它是企业为改善利益相关者的生活质量而贡献于可持续发展的一种承诺。道·琼斯可持续发展指数、多米尼道德指数认为："从广义上来说，企业社会责任是指企业对社会符合道德的行为，特别是指企业在经营上须对所有利害关系人负责,而不是只对股东负责。"《中国企业管理年鉴》中将 CSR 含义表述为:"企业为所处社会的全面和长远利益而必须关心、全力履行的责任和义务,表现为企业对社会的适应和发展的参与。"

我国企业社会责任自 20 世纪 90 年代初期才受到关注。早期企业社会责任大多是跨国采购商要求中国企业满足其提出的工作条件和工人待遇要求等,为数不多且主要集中在东南沿海地区的出口加工区。20 世纪 90 年代中后期,企业社会责任对中国企业的影响迅速发酵。原因是这一时间,走向世界市场的中国企业越来越多地遇到社会责任问题的考量,跨国采购商对中国企业的劳动条件和安全卫生标准的要求日趋严格,作为必须满足的前提条件,使中国企业不得不开始重视企业社会责任的履行。

随之,我国中央和地方政府等有关部门也开始关注企业社会责任问题,商务部、劳动保障部以及全国总工会等多次到东南沿海各省进行企业调研,召开座谈会了解情况,初步掌握了企业社会责任在中国的现状,对问题有了比较清楚的认识。2003 年,中国开始推行 SA8000 认证标准,但仅限于行业和企业组织的范围内。20 世纪 80 年代以后,我国的相关立法中逐步体现了企业社会责任的思想。如 1993 年的《公司法》虽没有在条文中直接出现公司社会责任的概念,但在第 14 条第 1 款中体现了公司社会责任的思想。对公司社会责任的规范已隐约体现于破产法、产品质量法、环境与资源保护法等之中,反映了企业社会责任的内容。主要包括对消费者的责任、对劳动者的责任、对环境的责任以及对国家的责任,等等。2002 年 1 月 7 日证监会颁布的《上市公司治理准则》第 86 条规定,"上市公司在保持公司持续发展、实现股东利益最大化的同时,应当关注所在地社区的福利、环境保护、公益事业等问题,重视公司的社会责任",首次在法律条文中出现了公司社会责任这一概念。而修订的公司法第 5 条规定"公司从事经营活动,必须遵守法律、行政法规,遵守社会公德、商业道德,诚实守信,接受政府和社会公众的监督,承担社会责任",则明确规定了公司的社会责任。目前我国政府正准备制定适合中国国情的《企业社会责任标准》,商务部也把推进公司的社会责任作为转变外贸增长方式的一项重要工作。我国第一个相关标准,社会责任自律机制《CSC9000T 中国纺织企业社会责任管理体系》,已在 2006 年 3 月付诸实施。

企业究竟应该承担哪些社会责任?或者企业社会责任的内容有哪些呢?

国外主要观点：美国的塞西（Set Hi，1975）将企业对社会需要做出反应的行为分为三类：一是社会义务，企业对市场力量和法律约束做出反应的行为；二是社会责任，符合盛行的社会规范、价值和期望的企业行为；三是社会回应，企业对变迁的社会需要做长期性准备的行为。施泰纳（Steiner，1980）认为CSR可分为内在社会责任和外在社会责任。内在社会责任是指合法和公正地选拔、培训、晋升和解雇员工，以及提高员工的生产力，改善员工的工作环境；外在社会责任是指激发少数团体的创业精神，培养或雇佣残障人员。此外，还包括：经济责任即企业要致力于减少成本、创造利润、带动社会经济发展；法律责任即遵守法律规定，如环境保护、消费者保护、劳动法等相关法规，法律是社会对企业行为最低的要求；伦理责任即除了法律的规定之外，企业的行为必须合乎公平、正义、避免伤害等原则；慈善（自发）责任即贡献企业的资源以改善生活品质。

我国的主要观点："企业社会责任的内容极为丰富，既有强制的法律责任，也有自觉的道义责任。"有些学者认为："企业承担社会责任不应当是被动的过程，企业承担的社会责任必须纳入企业的战略规划中，企业必须根据内外部实际情况选择自己的社会责任战略。总体来看，企业经营理念中必须加入承担多元社会责任的内容，在战略管理过程中倡导企业的社会责任。""在公司所承担的社会责任中，很大一部分是公司承担的伦理、道德责任，包括了将公司经营活动所产生的收益回馈给社会而进行的各种慈善捐赠活动、公司所举办的各种社会公益活动，以及公司为社会利益而约束其追求利润目标等道德上的责任。但与此同时，公司还负有相应的法律上的责任。"

（二）现代企业档案管理的具体问题

1. 有关内部控制环境档案的管理

美国COSO委员会在其1992年发布的《内部控制——整体框架》的报告中指出，内部控制包括控制环境、风险评估、控制活动、信息与沟通、监控等五个要素。其中，控制环境是指董事会与管理层对内部控制的态度、认知度和行动，其内容包括七个方面：员工的诚实性与道德观、员工的胜任能力、董事会和审计委员会、管理哲学和经营方式、组织结构、授予权利和责任的方式、人力资源政策和实施。2004年9月，COSO委员会又在其发布的《企业风险控制——总体框架》中提出了内部控制的八要素理论，并把原来意义上的"控制环境"定义为"内部环境"。

我国财政部于 2007 年 3 月发布了《企业内部控制规范——基本规范》（征求意见稿）。在该规范中定义了内部控制的构成要素，包括内部环境、风险评估、控制措施、信息与沟通、监督检查。同时，解释内部环境为：是影响、制约企业内部控制建立与执行的各种内部因素的总称，是实施内部控制的基础，其主要包括：治理结构、组织机构设置与权责分配、企业文化、人力资源政策、内部审计机构设置、反舞弊机制等。可见，我国财政部对内部控制环境的描述与美国 COSO 基本一致，都强调公司环境控制中"内部环境的重要性"。

我国大多数上市公司目前虽然建立了内部控制系统，但内部控制环境仍然存在很多问题，极大地影响了内部控制作用的发挥。存在的主要问题如下：

第一，公司法人治理结构存在缺陷：公司治理结构是公司制的核心，我国上市公司在形式上建立起了由股东会、董事会、监事会、经理层所组成的法人治理结构，但我国绝大多数上市公司是由国有企业改制而来的，国家股和国有法人股占控股地位，社会公众股所占的比例小而分散，这种特殊的股权结构，使看似合理的治理结构在实际运行中却存在很多缺陷，如：股东大会流于形式，董事会形同虚设，监事会的独立性较差、监督职能较弱等。

第二，组织机构的设置不合理，权责不明确：计划经济条件下，我国大多数上市公司在组织机构的设置上，主要考虑行政管理方便上级要求，忽视了组织的合理性问题，从而导致企业分工过细、管理层次较多，工作效率较低。企业设置组织机构比较重视纵向间的权利与义务关系，对横向间的协调缺乏足够的重视，导致同级各个部门间沟通协调性差，遇事相互推诿。

第三，缺乏良好的人力资源政策：许多上市公司只重视物质资料（如厂房、设备）的投资和管理，而轻视人力资源的开发和利用，没有建立起良好的人力资源政策，主要表现：企业在员工的聘用上缺乏严格的考核，存在以貌取人、随意用人、任人唯亲的现象；没有明确的职工考核及激励机制，或者有制度但没有严格执行，极大地挫伤了员工的积极性和创造力，且在部分上市公司出现员工频繁流动的问题；没有形成一套完整的职工培训制度，造成部分员工的素质低下，知识老化，不能满足岗位的需要。

第四，内部审计机构监督不力：企业并没有真正认识到内部审计的作用，在政府的要求下被动建立了相关机构，致使内部审计机构并未真正发挥其作用。我国内部审计只注重事后监督，不注重事前、事中的控制；只重视对财务报表的审计,而忽略对公司的管理现状进行分析、评价,并提出建议;我国的内部审计机构独立性较差,内部审计人员大多是由财会部门转来或由财会部门人员兼任,缺乏审计知识,特别是随着企业规模的扩大,业务的复杂化,内部审计人员很难满足需要。

第五,企业文化缺失:我国的很多上市公司没有充分认识企业文化的作用及内涵,体现在一部分上市公司有各种规章制度,但没有明确的文化理念和企业价值,缺乏忧患意识,这样的公司通常活力不够,严重者可能离心现象严重。而另一部分公司则重视有形的企业文化,如员工的服装、厂容、厂貌等,忽视无形的企业文化,如企业精神、信念、道德等。

2. 强化企业档案管理,完善上市公司内部控制环境

(1) 完善公司治理结构。我国2006年1月1日开始实施的新《公司法》,强化和明细了股东大会、董事会和监事会各自的职能权限,如:增加股东的提案权和股东累积投票权、新增股东自行召集与主持临时股东会议权、新增董事表决制度和独立董事制度、增加监事的职权、明确规定了监事会中职工代表的比例等,这一系列措施将有助于解决我国上市公司"内部人控制"问题,保护中小股东权益,有助于公司治理结构的完善。当前,完善公司治理结构,应做好以下三方面工作:上市公司应按照新《公司法》的规定,修改公司章程,明确"三会"各自的权利、义务及人员的构成,并严格按照规定执行,形成有效的相互制衡机制。同时,中小股东也应改变"搭便车"的观念,充分行使《公司法》所赋予的权利,维护自己的利益;改革独立董事的产生办法,可由推荐制改为委派制,同时,建立健全相关的独立董事的职责、监督、报酬等管理制度,使独立董事名副其实;进一步改革国有资产管理体制,加强对国有资产的监督管理,解决国有股所有者缺位问题。

(2) 建立合理的组织机构。优良的组织机构应该是根据不相容职务相分离的原则,明确划分各岗位的职责权限,建立适当的沟通渠道,使组织结构有清晰的职业"层次顺序"、顺畅的"意见沟通"渠道,以达到相互制约、相互协调、防止和纠正查错的目的。

(3) 实施以人为本的人事政策。知识经济时代"人"成为企业最重要的资源,也是企业内部控制的核心。上市公司必须树立以人为本的思想,例如,建立员工的选拔聘用制度,把员工的专业胜任能力和道德素质作为选拔员工的标准;建立严格的奖惩制度、晋升制度,并按制度严格考核,提高员工的

积极性，发挥员工的创造力；建立一套培训制度，对员工进行专业技能和思想道德素质的培训，提高员工的胜任能力。

（4）培育健康的企业文化。企业文化是将员工的思想观念、思维方式、行为方式进行统一和融合，使企业员工自身价值的体现和企业发展目标的实现有机结合，是控制环境及整个内部控制系统的基础。在良好的企业文化的基础上建立的内部控制系统，才会得到较好的贯彻执行。上市公司要重视伦理道德与规范建设，只有企业的每个成员都信仰明确、积极向上，内部控制才会更有效；要培养职工的社会责任感和遵纪守法意识，倡导爱岗敬业、进取创新、团队协作精神；要强调员工自发地按规章制度办事。

（5）强化内部审计的作用。加强内部审计监督是营造守法、公平、正直的内部环境的重要保证。目前，要发挥内部审计的作用，应做好以下四点：第一，公司的领导人应充分认识内部审计在内部控制中的作用，提高内部审计机构的地位。第二，不断拓展内部审计的职能，不仅要进行事后的审计，还要进行事前、事中的控制；不仅要对财务报表进行审计，还要对管理活动进行分析、评价。第三，提高内部审计的独立性。内部审计部门必须独立于被审计部门，并向董事会或审计委员会报告。第四，加强审计队伍建设，提高内部审计人员的素质。内部审计人员不仅应具备财务知识，还应该具备审计知识及管理素质。

（6）建立健全反舞弊机制。有效的反舞弊机制是企业防范、发现和处理舞弊行为、优化内部环境的重要制度保证。企业在设置组织机构和进行权责分配时，应明确有关部门在反舞弊工作中的职责权限和协调机制，规范反舞弊调查处理程序。同时企业应当完善投诉、举报管理制度，必要时可考虑设置舞弊举报热线，明确投诉、举报处理程序、办理时限和办结要求，确保投诉、举报成为企业反舞弊和加强内部控制的重要途径。

上述各项内部控制措施，都有规范化和程序化问题。如果企业决策层能够意识到这些活动必将形成相关档案，进而规定上述活动必须形成归档的相关档案文件。通过对档案的控制，监督这些措施的实施情况，就可以有效强化内部控制，取得事半功倍的效果。

3. 企业产权档案资料的管理

企业档案的所有权问题是伴随我国企业产权多样化而出现的。企业所有权的划定，将影响档案行政管理部门对企业档案工作监管的广度和深度。企业档案所有权（包括占有权、使用权、收益权和处分权）的分歧主要集中在企业档案的处分权上。企业档案作为企业财产的组成部分之一，不管企业的所有制成分如何，其档案的占有权、使用权、收益权归企业所有，这一点已在档案界达成了共识。至于档案处分权指档案的公布、开放、销毁、出卖、转让等权利，依《档案法》第17条的规定，国有企业不能随意出卖国家所有的档案，也就是说没有独立的处分权；而非国有企业是否拥有独立的档案处分权尚有较大争议。其一任何企业都存在"对国家和社会有价值的档案"，对它们的处置仍受档案行政管理部门的监管；其二是依据档案作为企业财产的一部分，认为非国有企业的所有制性质决定其对档案有独立的处分权。

由于私有制的存在，欧美日等国家和地区的企业档案完全属于企业所有，企业的档案事务不受国家级档案机构的干涉，企业也有权完全按照自身的情况来安排其档案管理工作。因此，相比我国企业档案管理而言，国外的企业档案管理自主性强，随意性大，没有统一的管理体系和标准。各个企业根据实际情况自行设立、变更档案部门，配备管理人员，制定企业文件的收归范围、文件分类表及保管期限表等管理依据。例如，日本企业界对企业档案管理主要取决于企业自身对档案史料的认识，国家和政府基本上不进行干涉，目前采取档案分散管理对于企业的业务工作并没有造成不便，因此，将档案分散管理成为日本企业适应企业管理的主流选择。

美国企业档案管理主要集中在企业档案馆的设立和运行上。美国企业档案馆设立的初衷是为了研究企业发展史，宣传企业形象。所以，提倡美国企业保管档案的首先是历史学者。1937年，美国历史学者拉尔夫·豪威尔撰文《企业文件的保存》，建议企业应该建立自己的档案馆，以准确反映对所属各企业或公司及更广泛的美国社会的贡献，这是最早的有关企业文件管理方面的论述。1938年，奥利弗·霍姆斯在《美国档案工作者（The Americart Archivist）》上撰文《企业文件的评价与保存》，更进一步阐述了企业文件保存的重要性，并认为企业文件的保存和政府文件的保存具有同样的重要性。1943年，菲尔斯东轮胎橡胶公司档案馆成立，随后大量的企业档案馆相继诞生。著名历史学者乔治·史密斯和商业顾问劳伦斯·斯德曼在1981年撰写的《企业现实价值》一文中指出企业档案馆对于企业管理的必要性，并具体阐述了企业档案馆的规划、管理、宣传和法律保障。美国企业除了自己保存档案以外，还会选择交由公共性的档案机构代为保存。早在1916年，哈佛大学就开创了系统保存企业文件的先例,并得到华盛顿大学、加州大学、科内尔大学的竞相效仿。80年代后,有的企业为了节省开支而不得不停办档案馆,又不愿销毁档案,于是将档案转送给高等院校或历史协会。

我国现代企业探索自己的档案管理方式,也可以从集中单独保管、信息集中(专题目录)实体分散(档案归入相关项目或技术成果)等形式加以选择。

4. 工程档案资料管理

与建设单位关系密切,它们既是档案、也是产品,而且数量极大。因而使档案所有者望而却步,甚至放弃了管理的信心。管好工程档案应抓住:

依法管理,靠合同法保证档案质量,特别要注意前期提要求、奠定工程档案管理的法律基础。

强化专业标准或制度,在现在制度规范的基础上有针对性地补充、完善相关质量和数量规定,避免文件形成中的遗憾。

严把验收关,切实保证档案提前验收至少要与工程验收同步,及时发现问题,及时补救,保证档案完整、准确、真实可靠、规范。

关注后续发展,基建工程档案都有一个投入使用后的调整、维护问题,必然会形成一些新的档案,档案部门要积极了解掌握情况,不断补充完善,以保持工程档案持续的可用性。

(本文为2010年应北京市建工系统档案协作组之邀所做专题报告的摘编)

对声像档案编研工作的几点认识

随着信息技术的普及，用摄影、摄像技术手段记录人类活动，已成为一种重要的原始记录方式。档案部门因此也积累了一定数量的声像档案（照片、录音、录像带、电影拷贝等），客观上提出了开发这部分档案信息资源的任务。本文仅对录像档案的编研工作谈几点认识。

一、档案片的特点

为避免录像档案编研成果与一般影视片相混淆，本文称其为"档案片"。档案片的突出特点就是它的真实性，即档案片严格要求编辑素材的原始性及其视听效果的客观性。所谓素材的原始性，是指档案片反映的全部实质性镜头，必须出自录像档案；所谓视听效果的客观性，是指在档案片的创作过程中，应保证观众接收的信息与档案片反映的客观事物相一致，这是档案片与一般影视片的重要区别。一般影视片，虽然也要求素材的真实性，但是它的主题可以由编辑人员随意创作，也可以根据导演的意志重新摄制镜头。为了保证档案片的真实性，其编辑制作中不允许编造实质性镜头。另外，在录像档案的形成过程中，为了准确、清晰地记录下有关内容，有的采用了航空、显微、高速摄影（像）等特技镜头。在编辑制作档案片时，必须注意研究各类镜头画面的客观效果，避免因形象失真给观众造成错觉。这些有关真实性的要求，是档案编研工作基本原则的具体体现。

档案片的另一个特点是它的可视性与艺术性。档案片能够形象、直观、生动地再现记录对象，而且还具有一定的审美情趣和较强的艺术感染力。这是档案片与一般文字记录形式的编研成果的显著区别。

二、档案片的类型

目前，档案片日渐增多，有的还通过电视等传播媒介介绍给社会各界，产生了一定影响。根据它们的内容和作用，可以将档案片分为三种类型。

第一，资料性档案片。是详细、系统地介绍某一事物或活动的档案片，如一些单位概貌、自然资源介绍或某个研制活动的纪实等。这类档案片提供了较为丰富的原始信息。

第二，研究性档案片。是根据档案信息研究成果，按研究对象的内在规律编辑成的，论证某一专题或学术观点的档案片。这类档案片既是档案编研成品，又是科学研究的内容和手段。如某市城建档案馆编辑了一部反映该市一次因暴雨导致水灾的档案片。该片真实地再现了灾情，分析了灾害的成因，论证了治理环境的重要性，并为治理环境选择了突破口。既为城市管理提供了参考资料，又具有一定的学术研究价值。

第三，宣传性档案片。是指具有科学普及意义或教育意义的档案片。那些介绍技术操作方法或科研成果的档案片均属此类，如中央电视台"神州风采"节目中播放的《中国第一颗星》等。这类档案片或能详细地向观众介绍先进的科学技术、推荐具体的操作方法，普及科学知识，或能通过某些历史事件或重大活动颂扬我国社会主义制度的优越性，具有广泛的社会意义。

三、档案片编研工作的特殊性

首先，档案片编研工作的内容与一般编研工作有所不同，它包括文字加工与画面加工两部分内容。编研人员先要写出反映档案片主题以及发展脉络的文字稿本（也称为剧本），以便以它为根据进一步完善和深化创作思想。在文字稿本的基础上，编研人员进一步修改、创作，便产生了档案片制作的依据——编辑台本（也称分镜头台本）：编辑台本由描述画面内容和解说两部分文字构成，它是档案片的"设计施工图"。形成编辑台本后，还需要进行解说词的创作。

解说词是档案片音响部分的主体，在档案片中既担负介绍画面内容、揭示画面含义、渲染和串接画面的任务，又承担着提高画面政治含义及实现编研人员意图等任务，它与画面共同完成表现档案片主题的任务。解说词的编写有其特殊性，它内容上断断续续，段落之间没有连贯性，这是由解说词与画面相辅相成的性质决定的。但解说词并不是画面的简单重复，恰恰相反，只有概括、凝练、深刻、含蓄的解说词，才能得到与画面相得益彰的效果。另外，解说词的创作不仅受画面内容的制约，还要受播放时间与播音速度的限定。一部30分钟的档案片,解说词以占其播放时间的二分之一或三分之一为宜,播音速度以每分钟100个字左右为宜。这样,一部档案片的解说词充其量不过2000字,编写时必须仔细推敲。目前我们看到的一些档案片,有的解说词字字珠玑与画面珠联璧合,看后令人感到回味无穷;但也有的通片充斥重复描绘或套话、缺乏特色等现象,影响了档案片的收视效果。因此,应认真研究解说词的编写特点与规律,使之为档案片增辉添彩。

首先,档案片画面的编辑加工是录像档案编研工作的特定内容。由于电影片与电视片成像原理不同,其加工方法必然各异。电影片的画面编辑是通过调整胶片上画格的顺序实现的,因此,必须在另外洗印的工作样片上进行;而电视片画面的编辑只是对视频信号和音频信号的加工,即将选用的原始图像一个接一个地连续复制在另外一条空白磁带上,无论怎样挑剔组合画面,其录像档案始终是完好的,编辑起来十分快捷、方便。一般影视片的素材,一方面靠积累,另一方面还靠编导人员巧心创造。档案片的素材是在人们从事社会与科技生产活动过程中自然形成的,编辑人员不可能对其内容的形成施加任何影响,只能充分利用现有的录像档案,精心地选择画面,只能根据它们的内在规律,巧妙地组织画面。

其次,档案片编辑工作的要求有所不同。在选题方面,档案片的选题除要符合档案编研工作的基本要求外,还应从自身的特点出发,选择适合影视表现手段的题材,要考虑档案信息的传播范围。另外,档案片是一种声像信息,其影像瞬间即逝,不宜反映多主题的综合性内容,而应以单主题为主,以便观众准确、有效地接收有关档案信息,达到预定的编辑目的。在选材方面,一方面要从其内容出发,挑选那些具有实质意义的镜头,使画面能够鲜明地反映事物特征或具有特定的含义;另一方面还要考虑其客观效果,注意画面的艺术性,适当控制其数量。这是因为,档案片特别是电视片,是通过荧光屏显示传播档案信息的,根据人的生理特点,在屏幕前集中观看时间如超过30分钟,就会造成眼部疲劳,影响观看效果,因而档案片最好控制在30分钟以内,如果题材范围较宽,材料又比较丰富,可以分集编辑成系列档案片。

再次,档案片编研工作程序也有所不同。其程序一般为:

(1)选题。根据客观需要的迫切性,编辑工作的可能性,以及题材的可视性,确定适当的主题。

(2)编剧。熟悉有关录像档案的内容,拟编档案片的文学稿本。

（3）编辑设计。以文学稿本为根据，进一步了解编辑素材，进行编辑台本和解说词的创作。

（4）画面编辑。根据编辑台本组接画面。画面组接虽然是按编辑台本进行的，但又是一个再创造的过程。要对编辑台本中不适当的设计进行纠正，还要根据编辑素材的实际情况，对原设计进行某些调整，同时，还要处理好组接的影视技术问题。因此，一部档案片的质量高低，很大程度上取决于画面编辑的水平。

（5）配音。包括配录解说词、音乐和音响效果。

（6）审片。对编辑完成的档案片的政治性、思想性、科学性以及编辑技术进行审查，以确保档案片的质量。

（7）复制。用最终形成档案片的母片，通过时基校正器制作校正带，再用校正带复制放映用复本或发行带。

（8）编研总结。最后要编写《镜头记录本》。《镜头记录本》就像基本建设项目的竣工图，是与最终档案片镜头顺序和解说词内容完全一致的分镜头记录，是档案片最终的文字表现形式，也是放映和研究该档案片的依据。

从声像档案编研工作的特殊性中，我们可以看出，开展录像档案编研工作除要拥有一定数量的录像档案外，还应具备以下两个条件：其一是适当的人才结构。应由编剧、责任编辑、画面编辑、音乐编辑等人才构成，需要时，可聘请有关专家担任顾问。其二是一定的设备条件。电影片编辑需要接片器和混录机等设备；电视片的编辑则需要借助电子编辑机完成。由于电子编辑机投资较大，目前档案部门拥有此类设备的很少，可采用与有关单位协调、借用等手段进行编研工作。

总之，声像档案编研工作是开发档案信息资源中一项亟待开展的业务，也是完善档案编辑工作的具体内容，应该对此进行深入的研究，以便为它的发展提供必要的条件。

（原载于《北京档案》1992年第1期）

运用现代管理技术和方法
提高科技档案编研的科学性

一、运用分类控制法进行选题

分类控制法又称巴雷托法或 ABC 分析法，是意大利经济学家巴雷托（V. Parete）首创的。

ABC 分析法的原理是：根据分析对象诸因素的地位和数量，把它们区分为关键的少数（A 类）和次要的多数（B 类、C 类），以便有针对性地采取不同的管理措施，达到事半功倍的效果。

ABC 分析法也可运用于档案编研选题。选题是档案编研中一项具有战略意义的工作，正确的选题，不仅能保证编研成品的质量，也必将使编研工作得以顺利进行。过去档案工作者根据编研工作的实践，总结出不少定性分析方法进行选题的经验，比如根据档案材料的历史价值和意义，根据档案信息内容的技术水平等。然而，由于档案编研选题范围广，灵活性大，仅用定性分析方法是不够的，还必须用定量分析方法，完善编研选题工作，使之更具科学性。

在编研选题的过程中，我们凭借档案统计获得某单位在一定时期内有关利用的统计数据。如调卷数量、利用人次，以及未满足的利用需求等，然后运用 ABC 分析法，对它们进行分类排队，从中找出最大量、最主要的利用需求，作为选题的依据。具体做法是：

(1) 对利用数据进行分类。

(2) 整理各类数据，按其影响大小排队，并列出分类表。

(3) 画出坐标图（见图1），以横坐标表示类别，以纵坐标表示数量。

(4) 计算各类影响值的百分比，在坐标右端再画一表示百分比的纵轴，描出各类的积累点，连成巴雷托曲线，并确定 ABC 各类。一般而言，A 类占影响值的60%以上，B类约占25%，C类约占10%。

以某设计院科技档案室某年调阅1211卷的统计数据为例，根据利用意图可整理出下列分类表（见表1）：

表1 利用意图分类表

卷名	积累卷次	积累百分比	类别编号
1. 科研课题的可研性研究报告	85	7	5
2. 各种经济数据	92	7.5	4
3. 本专业新技术成果	454	37.5	1
4. 相关专业新技术成果	51	4.2	7
5. 新产品设计	105	8.7	3
6. 工艺设计	72	6	6
7. 企业设计标准	275	22.7	2
8. 设备仪器档案	29	2.4	8
9. 基建档案	17	1.4	7
10. 其他	31	2.6	10

依据巴雷托曲线可以得出（见图1）：该设计院对本专业新技术和本单位设计标准的利用需求，占总数的60.2%，是A类需求，应作为编研选题首先要满足的主题。相关技术、设备仪器档案、基础档案和其他等类的利用需求，只占总数的10.6%，是C类需求，一般不应作为编研选题的内容。其余几类则属B类需求，选题时可以结合其他因素酌情处理。

根据上述的定量分析，在编研选题中应突出重点，照顾一般，首先选择诸如某年专业动态、某年企

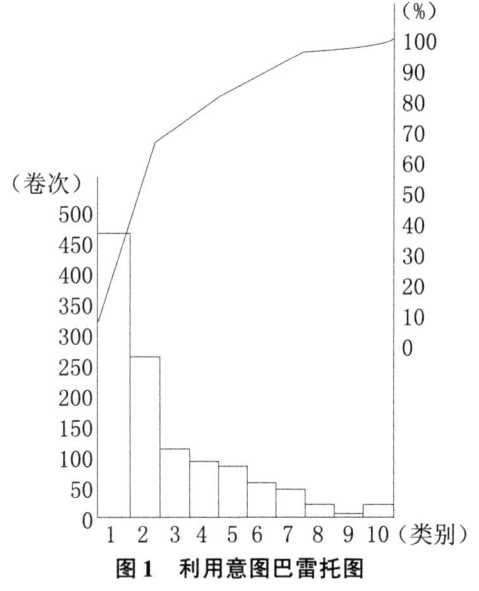

图1 利用意图巴雷托图

业标准汇编或新产品设计图集等主题开展编研工作，其编研成品将能满足相当一部分用户的利用需要，并具有较高的利用价值。不过，应用 ABC 分析法进行档案编研选题，关键是利用意图的分类必须得当，能适应选题工作的需要，这样才能真正提高编研选题的科学性，编出有较高质量和较高价值的编研成品。

二、运用计划评审技术组织编研工作

计划评审技术简称 PERT（program evaluation and review technique），又称网络计划技术，是一种通过网络图形式，以时间因素为中心，运用统筹法拟订、评价与调整计划进度，并选择最佳计划方案的科学管理方法。PERT 的关键是绘制网络图，它把某一工程或某项活动分解为一个个相对独立的作业过程，用箭线表示每个作业过程，用标明序号的圆圈（称结点）表示作业的开始点与终结点，直观地标示出预计活动的全过程。

运用 PERT 组织档案编研工作，改变了以往科技档案编研自发性有余、计划管理不足的现象，科学地规定各编研环节的进度和工作责任，这对提高工作效率、保证高质量地完成编研任务有着重要的意义。具体做法如下：

（1）将某项编研任务分解为若干独立的作业过程。这种分解要根据整个编研进程与难度进行，一般先粗分为选题、拟订大纲、选材、加工、材料编排、审核、复制等作业进程；还可根据具体情况细分，如将选材细分为去档案室复制、去协作单位调查和在本单位查找等过程。

（2）确定各作业过程的名称、代号与顺序号。根据网络图的控制要求，各作业过程都要用箭线表示出来，并备有名称和代号，同时，还要确定每个作业过程完成的先后顺序，为绘制网络图提供依据。

（3）估算各作业过程的时间值。作业时间是网络图的基本参数，要尽量准确，否则将直接影响实施效果。估算时间值一般采用以下两种方法：其一，用一时估算法，即按照正常情况，凭经验估计一个时间值。其二，用三时估算法，即在估算时考虑多种因素，分别估算出最快可能完成的时间值（a）、最慢可能完成的时间值（b）以及最大可能完成的时间值（m），再计算出一个比较客观的平均值。

（4）绘制网络图。网络图的绘制规则是：第一，它是有方向的，应自左向右展开，不能有向前倒推的回路；第二，所有作业过程都要表现出来，其中需要时间的用实箭线表示，无需时间的用虚箭线表示；第三，先行过程未全部完成，不允许着手后续过程。

(5) 明确关键路线和预测网络时间。所谓关键路线是指网络图上表示作业时间最长的主线，这是计划评审的重点。根据《新产品图册》编研工作网络图可知，该项编研任务的关键路线为①→②→③→⑥→⑦→⑨→⑩（见图2），对该项编研活动的评审主要是对这条关键路线上的每个具体作业过程及其时间，逐个地进行评定，以分析每一作业时间计划得是否合理，各作业时间分配得是否得当。对规定得不当的计划时间及时进行调整，尽可能地使各个作业过程的配合更加紧凑、均匀。将关键路线上经过评审的各作业时间相加，便准确地预算出上述编研工作只需24个有效工作日便可完成。可见，通过对关键路线的评审，就能达到协调作业过程、缩短工作时间、提高工作效率的目的，大大提高编研工作计划的准确性。

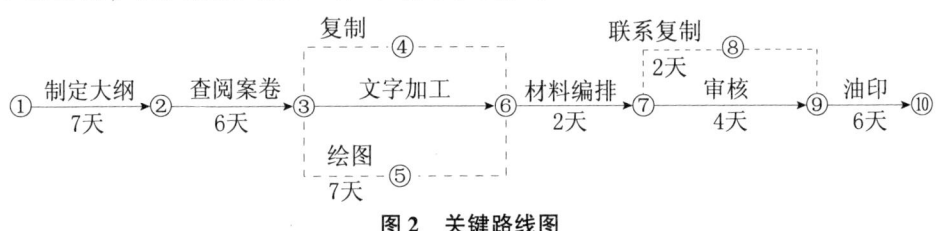

图2　关键路线图

运用 PERT 组织编研工作具有以下优点：第一，以简单的图形直观地表现出复杂的活动过程；第二，各项作业过程的责任分明，便于检查与协调；第三，掌握整个计划中的重点或关键内容，便于有的放矢地采取措施；第四，可以十分准确地计算出该项任务的作业时间，便于组织与管理。总之，PERT 的优势不仅体现在制订工作计划的阶段，而且在计划的实施过程中也便于随时检查各作业过程的进度与整个计划的执行情况，以保证编研任务的圆满完成。

三、运用目标管理法，实行编研全过程的控制

目标管理简称 MBO（managing by objectives），即将某一工作的总目标分解为每个人可能实现的若干具体目标，并以此实现总目标的科学管理方法。

MBO 是一种以成果管理为中心的管理方法。它一改传统管理中重视分

工、疏于目标的倾向，围绕目标的制定和实现，使管理更具科学性。同时，MBO 创造了人人实行自我控制的条件，将管理工作由少数人的集权管理变为人人参与的民主管理，调动了参与者的积极性，逐渐发展成为一种国内外公认的现代管理方法。

档案编研工作一般采取分工协作的作业方式。一旦明确了编研任务，其中如选材、材料审定、材料加工等，往往由编研人员"分兵把口"各自完成，编研质量虽然由编研大纲来制约，实际主要还依靠编研人员各自的水平和工作态度来决定，缺乏一种从整体上控制的有效方法。运用 MBO 法改善编研工作的运行机制，提供了一种通过调动编研人员的自觉性层层把关，实现宏观控制的好方法。

在档案编研工作中实行 MBO，要经以下三个阶段。

(1) 科学地制定目标。制定目标是 MBO 的关键，这里所说的目标是指一定时期内每个编研人员预期的成果。制定编研工作的目标主要表现在拟定编研大纲与各作业环节的具体业务中。根据编研工作的特点，编研的目标应具备以下条件。首先，目标应明确具体。例如"提供高质量高密度的档案信息"是档案编研的基本任务，但是如把它作为总目标显然太笼统，不便分解为若干具体目标。因此，应在编研大纲中提出较为具体的总目标，如"为反映某项技术的最新研究成果"、"为了保存史料"、"为促进科技成果交流"，等等。不仅如此，还要明确其执行的尺度或努力方向。如"选材率达到 85%"、"文字加工时间缩短 5 天"。这就比"提高选材率"和"缩短加工时间"等笼统提法更明确、更便于实施。其次，目标应优化、可行。优化，是指目标要有较高的水准，需要经过一番努力才能达到，这样能激发起编研人员的责任心和工作热情。可行，是指目标要实事求是，保证最终能够实现。例如，某项编研选题中，为达到避免今后重复技术引进的目的，提出选材要囊括本专业重大引进项目档案材料的目标，但是由于多种原因，早期一些引进项目的档案较难寻找，这样上述目标虽好却不易实现，于是在目标中增加了时间范围的规定，将选题范围限制在 1976 年以后，既不影响表现原主题、又保证了总目标的实现。再次，目标应该是系统的。即各具体目标不仅应与总目标紧密相联，而且相互之间的工作量与难易程度也应该相对平衡。例如设立"选材查全率提高 10%"的目标，则大大增加选材的工作量，为不影响编研的总目标，必须再设立一个与之对应的"保证 85% 的选准率"目标，以控制选材质量，提高查全率的目标才具有实际意义。最后，目标应是可以衡量的。在确定目标时就应考虑目标成果的评价方法，有些目标如"准确率"、"加工水平"等很难用数字衡量出来，但可以通过"差错率"来反映，这样便于对目标的执行情况进行评价管理。

MBO 法的关键是目标的制定。为此，应使参加编研的所有人员积极参与制定目标，通过讨论编研大纲，认真考虑"自己应怎样做"、"做到什么程度"，进一步明确自己的预期成果，并加强编研人员之间的相互了解，把握住总目标。在此基础上，编研任务的负责人应及时将各项具体目标集中，描绘成目标系统展开图并予以公布，提高每个参与者的协作意识和全局观念，便于对编研目标的实施进行控制。

（2）努力实现既定目标。在确定目标的基础上，编研任务将由每个编研人员以总目标为中心完成各项具体目标。例如，某项编研任务一旦确定摘要加工的内容范围和方法，编研人员在各自的任务内应经常地将摘要加工的内容、文字等与具体的目标相对照，检查是否达到目标规定的要求、有没有遗漏、还能不能在额定的字数内更加精练和更为充实、在比较中不断调整和改进工作方法，挖掘潜力，充分发挥积极性和创造性，努力达到甚至超过既定的目标。这样编研活动必将呈现出热烈、严谨、积极向上的良好气氛。在个人自我控制过程的同时，编研任务的负责人不应放弃自己的责任，应定期或按工作阶段组织情况和经验交流，相互介绍各自的达标情况，起到相互检查与相互督促的作用，并明确下一步的目标，为实现总目标做出不懈的努力。

（3）认真进行目标成果的评价。根据目标规定的期限，在编研任务完成或告一段落时，应对每个人的达标情况进行评价，以总结经验，准备向更高的目标进军。具体做法分为两个层次：首先，由个人对自己达标的成果，按目标实现程度、个人努力程度和目标困难程度，评定自己的达标等级，总结经验教训。然后，由该项编研任务的负责人分别对每个人的达标情况进行检查认定，并将结论公布，一方面以此作为考核和奖励的依据，另一方面作为经验积累下来，为完成下一次编研任务创造条件。

（原载于《档案学通讯》1994 年第 2 期）

科技档案编研的合法性原则

科技档案编研工作（以下简称"编研"）是开发科技档案信息资源的重要方式。为了保证这项工作顺利、有效地开展，必须认真研究其规律，根据科技档案编研工作的任务和性质，探讨和总结科技档案编研工作应遵循的原则。本人认为存真原则、适用原则、优化原则和合法性原则，在科技档案编研工作中具有重要的意义，其中合法性原则占有特别重要的地位。

合法性原则要求编研工作必须遵守与开发和公布科技档案信息行为有关的法律、法规，特别是知识产权法。

编研是一项科技信息的开发活动，从选题、选材到编研成品的传播，必然涉及各种技术、经济和社会关系，法律就是调整各种社会关系的行为规范。社会主义市场经济条件下，依靠法律调节和保护各种技术、经济行为尤为必要。我国法律体系的不断完善，给编研提供了法律保障。编研人员必须自觉树立法制观念，用有关法律武装和保护自己，使编研工作健康、顺利地发展。

一、科技档案编研必须符合《档案法》

编研是公布科技档案信息的工作，必须遵守《档案法》关于利用、公布档案的有关规定，包括公布档案的权限、内容和时间等要求。

首先，根据《档案法》规定，首次公布档案权应属于档案的所有者。因此，编研的内容必须征得档案所有者的同意。对保存在科技专业档案馆的科技档案的编研，还应得到档案形成者的认可；任何利用科技档案的单位和个人，未经允许，无权以编研的形式公布科技档案。即使是科技档案的所有者，在以编研形式公布科技档案时，也不能损害国家、集体或者其他公民的利益。对于寄存的科技档案更不能未经其所有者许可而擅自开展编研。

其次，要根据《档案法》的有关规定，掌握好开发科技档案的时机。《档案法》的规定，我国各档案馆所藏历史档案应该向社会开放，其他自形成之日起年满30年的现行档案也将分期分批地向社会开放；为保证现行的经济、科学、技术、文化档案的时效性，更好地发挥它们的作用，还可以随时开放。同时，《档案法》还规定，上述档案中涉及国家安全和利益的要延长到形成之日50年，甚至更长的时间开放。编研公布科技档案必须恪守这些时间规定。

为了保证《档案法》的贯彻实施，科技档案编研应解决好选题内容和选材范围问题。《档案法实施办法条文释义》进一步从内容与公布的影响两方面，对公布和开放档案提出的具体限制，将成为编研工作的重要依据。因而，科技档案编研对下列内容，一定要严格限制或注意采取特殊的传播方式：涉及国家领土、边境中敏感问题和战略部署、国防设施、军事要地、军品贸易、军工科研及生产，对社会开放不利于维护国家主权和领土完整、危害国家的战略防御能力的档案；涉及准确记载风俗民情，对社会开放的可资敌人了解军事、经济战略，或损害民族形象的档案；涉及我国科学技术的关键技术、技术诀窍、传统工艺、配方、重要资源的，对社会开放会削弱我国经济、科技实力或使国民经济遭受损失的档案；涉及与国外科技交流、经济合作、贸易往来、外事工作中内部掌握的政策、策略及具体事件的处理意见、方案的档案；对社会开放会使我国在对外活动中处于不利地位或在政治上造成被动、经济上造成损失的档案；涉及外国在华机构形成，对社会开放会引起档案所有权纠纷的档案；涉及著作权、发明权、专利权，对社会开放会造成侵权诉讼并有损国家利益的档案；尚有法律效力的中外产权、债权档案；以及其他对社会开放易引起外事纠纷等有损国家利益的档案等。

二、科技档案编研要遵守《保密法》和《科技保密规定》的有关要求

科技档案是一种原始科技信息，能够有效地反映或再现有关科技活动。编研时必须有所选择与控制，以便在保证国家技术机密安全的前提下，充分促进科技档案信息的交流，使其迅速转化为生产力。根据上述法律和法规，首先，编研不能涉及国家绝密级科技档案的内容。其次，对机密级以下的科技档案可以进行编研，但是必须经过有关科技管理部门的批准。再次，对涉及科技秘密的编研成品，应严格控制其使用单位与传播范围，不能在公开的

技术交流活动中使用，更不能通过传播媒介公开。这类编研成品交流和转让时，应同时明确受让方应承担的保密义务，以确保有关科技秘密的安全。

三、科技档案编研应自觉维护《专利法》

《专利法》保护发明创造成果的排他性工业产权，即专利权人有利用其发明、创造的独占权，不经专利权人同意，任何个人和单位都不得利用其专利发明。因此，编研对专利技术档案的开发，必须注意以下问题：首先，对具有创新意义的科技成果档案的开发要慎重。因为《专利法》规定，申请专利的技术必须具有新颖性，即一般是没有公开过的技术。一旦公开，它就成为一种现成技术，不能再申请专利。虽然我国《专利法》规定了在6个月内，在特殊情况下公布发明创造的内容，不影响其新颖性，但稳妥起见，对本单位这类科技成果档案一般暂时不要开发，以免因破坏新颖性而影响其专利的申请。其次，对已申报专利的科研成果档案进行编研，必须经过专利权人的允许。并且要按有关专利文献的规定，将反映其实质内容的编成独立成篇（册）的专利文摘。再次，为专利转让而形成的编研成品，使用时应同专利技术一样，享有相应的专利权。

四、科技档案编研必须遵循《著作权法》

《著作权法》保护人们对自己精神劳动成果享有的一系列专权，包括保护作者和其他著作权人的发表权、署名权、修改权、保护作品完整权和使用并获得报酬的权利等。《著作权法》对科技档案编研工作具有重要的保证和指导作用。

首先，为编研的创造性提供了法律依据。《著作权法实施条例》第51款规定："编辑指根据特定要求选择若干作品或作品的片段汇集编排成一部作品。"指明了编辑工作的特征，一是要取材于若干作品，二是将产生一个新的作品。编研恰恰集中了这两个特征，由于编研是对若干档案信息的复制加工，其创造性往往得不到应有的承认。《著作权法》明确规定了它的创新性，为编研成品受《著作权法》保护提供了法律依据，同时也鼓励和调动了科技档案编研人员的积极性。

其次,《著作权法》指明了编研人员的有限著作权。《著作权法》第14条规定:"编辑作品由编辑人员享有著作权,但行使著作权时不得侵犯原作品的著作权。"编研成品不是原作,因此必须尊重档案原作者的精神劳动。如,开展编研要经原作者同意,编研人员不能任意理解原意,更不能擅自对档案原文做实质性的修改;并且编研成品中应以一定形式反映档案原作者,如署名、致谢等。这些为编研人员处理好各种关系提出了具体要求。

再次,《著作权法》规定了科技档案编研成品的性质。根据《著作权法》的规定,科技档案编研成品应为"法人作品"或"职务作品"。《著作权法》第11条规定,法人作品是"由法人或非法人单位主持,代表法人或非法人单位意志创作,并由法人或非法人单位承担责任的作品"。第10条规定:"公民为完成法人或者非法人单位任务所创作的作品是职务作品。"并且分别规定了职务作品和法人作品的作者在著作权方面的权利和义务。

由于编研成品主要是利用本单位(系统)的科技档案和有关行政文件加工而成的,根据《著作权法》的有关规定,它们绝大多数应属于"法人作品",某些史料性的编研成品可以属于"职务作品"。据此,科技档案编研人员应享有的有限责任权是,可以按约定的比例获得报酬或由法人单位给予奖励,此外职务作品的编研人员还可以享有署名权。可见,科技档案编研成品的全部著作权或除署名权以外的其他著作权应归法人或非法人单位所有,编研人员必须自觉履行自己在这方面应尽的义务,维护法人或非法人单位的著作权。这是科技档案编研工作顺利、持久开展的重要保证。

(原载于《中国档案》1995年第7期)

科技档案编研举要

开发科技档案信息资源已经成为目前档案工作、特别是科技专业档案馆和企业、事业单位档案机构的首要任务，科技档案编研则是开发科技档案信息资源十分有效的手段。由于科技档案自身的特点，科技档案编研既是档案编研工作的重要内容，同时又是建设与完善国家科技、经济信息系统的重要手段。科技档案编研的这种双重作用，促使我们不仅要认清科技档案编研与档案编研的相关性和一致性，而且还要明确自身的独立性和特殊性，这是搞好科技档案编研的重要前提。

一、科技档案编研的特殊性

档案编研是指以馆（室）藏档案资料为主要对象，以主动提供或报导档案信息内容为主要目的，在深入研究的基础上，围绕着一定的题目范围，对档案文献进行收集、筛选和不同性质、不同层次的加工，使之转化成为不同形式的出版物，供社会或有关方面利用。科技档案作为国家档案的重要组成部分，具有档案的基本属性和特点。科技档案编研的基本要求、一般原则及其基本方法和步骤是与档案编研一脉相承的。对此本文不再赘述，而重点介绍科技档案编研的特殊性。

科技档案编研必须遵循科技交流的规则是其突出的特点，这源于科技档案与科技、经济信息的紧密联系。首先，科技档案是科技、经济信息的重要来源。档案是人类活动系统的原始记录，而科技档案本质上就是一种原生的科技、经济信息。现代人的科技、经济活动，必须依赖文字、数字或符号等形成各种各样的科技文件或记录，以准确表达自己的思想和要求，以便继续从事科技研究或经济活动。企业、事业单位是科技、经济活动的主体，科技档案是这些单位产生的最重要、最直接、最有价值的文件，是经过科学整理、妥善保管的结果。因此，它是人们进行科技、经济活动必需的第一手材料。

而作为科技、经济信息代表的科技著作与论文,大都是在科技档案的基础上再加工而成的,甚至大量的科技论文就是科技档案的部分内容。可见,科技档案就是人类重要的科技信息源。

其次,科技档案是社会科技、经济信息的重要组成部分。提起科技、经济信息人们往往忽略了科技档案,而想到书籍或杂志,但它们绝非社会科技、经济信息的全部。受科学技术及其信息交流效益与需求的制约,许多科技成果或经济活动出于政治、军事或技术、经济等原因而不能公布于世;某些精深的科学研究由于使用范围所限又不必广泛交流。这些科技或经济信息都不可能以书籍或杂志的形式出现,而只能以科技档案的形式存贮起来。这种情况大约要占社会科技、经济信息总量的50%。也就是说,近一半的社会科技、经济信息资源表现为科技档案信息的形式。显然,如果不重视科技档案信息的开发,完善国家科技、经济信息系统建设将成为一句空话。事实证明,目前国家进行的企业信息化工程(金企工程)和国家经济信息系统建设,都无法避开科技档案信息,并且已经把它们作为一种重要的信息资源包括在规划之中。这充分说明科技档案信息与国家科技、经济信息资源的互补关系。

随着国家信息系统的不断完善与信息产业化的发展,开发科技档案资源将作为一项迫切任务,提到国家信息工作的日程。科技档案编研必将成为科技档案工作与国家科技、经济信息系统接轨或联网的重要手段。对此,广大档案工作者应该做好充分的思想准备。

二、科技档案编研的特殊要求

科技档案编研的双重性,要求它不仅要遵循档案信息开发利用的基本原则,同时还要尊重科技信息开发与交流的基本原则。随着社会的发展,科技信息开发与交流对科技、经济发展的能动作用越来越重要,信息能力(信息开发和吸引能力)已经成为衡量综合国力的重要指标。信息地位与作用的空前提高,必将强化和规范科技档案编研工作,对科技档案信息开发和利用提出某些特殊的要求。自觉认识和遵循这些特殊要求,将成为科技档案编研工作健康发展的保障。

(一)科技档案编研的"存真"要求

"存真"是档案编研坚持辩证唯物主义和历史唯物主义的具体体现。科技档案编研的"存真"要求是，确保编研素材的可靠性和提供科技档案信息的客观性。即科技档案编研不仅要求提供的信息如实反映真实的历史面貌、信息加工不"失真"，而且还要求提供的科技档案信息能够满足现实科技活动的需要。科技档案编研的目的是有效地提供原始科技信息，这是科技档案编研的特点，也是科技档案编研成品权威性与价值所在。由于科技活动的继承性和延续性，完全原始的科技档案信息难以与发展中的现时科技活动相联系，不能发挥其应有的作用。为适应科技活动的特点，就要使提供的科技档案信息能够客观地反映其记录对象的发展变化。这就要求科技档案编研的"存真"，既要坚持档案编研"忠于原文、慎重修改"等一般存真要求，还要担负保持科技档案信息现实性的特殊任务，以保证科技档案编研成品具有较长的现实使用价值。科技档案编研在"存真"方面的特殊要求，决定了其在科技档案材料的选择与核实、信息的加工以及编研成品审定等方面，具有与一般的档案编研不同的要求、标准与加工方法。

(二) 科技档案编研的"利益"要求

科技档案编研以为科技、经济活动服务为直接目的，是当代科技发展的必然反映。现代科学技术的发展使技术转移或扩散成为科技创新的主要方式。科技档案编研成品提供了系统、优化的科技档案信息，为科技成果的转化与技术创新提供了有力的信息支持，使科技档案编研成品的使用者能够创造更大的技术、经济和社会效益。科技档案编研成品这种显著的技术、经济功能，要求必须处理好科技档案信息开发利用过程中的各种利益关系。

科技档案编研是一个完整的信息过程，不仅包括将科技档案信息挖掘出来、使它们系统化，而且还包括选择适当的途径将它们有效地传播给利用者。因此，科技档案编研涉及科技档案所有者、编研人员和利用者等多种利益关系。为此，科技档案编研必须遵循科学技术交流的市场经济规则，合理地开发科技档案信息，采取适当的传播方式，促进科技档案信息的正常交流。法律是处理社会关系的基本准则，科技档案编研首先必须合法，即坚决执行《中华人民共和国档案法》、《专利法》、《著作权法》和《科技保密规定》，以此保护科技档案信息所有者、科技档案编研人员的合法权益；协调编研全过程中涉及的各种利益关系。其次，档案工作者必须认真研究有关科技交流的规则，树立信息商品意识，遵守价值规律，采取有偿与无偿相结合的传播方式，保证科技档案编研的健康发展。

三、科技档案编研的方法

科技档案内容极为丰富，其利用的范围十分广泛，而且利用者的利用目的与需求又各具特色，使科技档案的编研方法和成品形式异彩纷呈。根据不同角度就形成了多种划分方法。例如，根据信息的编辑方式分为汇编、摘要、编译和著述方法；根据编研手段分为手工加工方法和电脑加工方法；根据编研的组织形式分为自编、合编和代编方法等。根据科技档案信息和载体形式多样的突出特点，按其信息形式归结为以下具体编辑方法。

（一）文字加工方法

主要是指对文字形式的档案信息采用的具体加工方法。包括：

第一，选录的方法，即主要是对有关科技档案内容进行鉴定和筛选，从中选出符合编研目的的全文或部分原文，进行必须的少量订正，将它们系统地组织成各种汇编的加工方法。这种加工方法基本上保持了科技档案信息的原貌，凭证作用十分突出。档案部门目前编制的大量文件汇编、技术标准选编就是用选录的方法编辑而成的。

第二，摘编或编译的方法，即按照一定的要求与格式将档案内容浓缩成较规范的信息单元，并对它们进行系统组织的加工方法。这种方法提供的科技档案信息简明扼要、内容规范、可读性强，更加适合档案信息的交流。科技成果简介等科技档案编研成品就是用这种方式加工而成的。如果加工对象是国外引进技术项目的档案，则需要先将它们翻译成中文，然后再进行摘编。如《俄罗斯发电机组调试要求与数据》就是采用编译方法形成的。

采用摘编或编译方法的关键是要预先设计好信息结构，针对不同的对象具体确定每个信息单元的内容要素及其顺序。例如，学术会议摘要的内容要素应包括时间、地点、主办单位、与会者身份、主要议题、主报告人及报告内容等。科技成果摘要的内容要素应反映研制单位、技术概况、基本原理、主要技术特点、技术经济效益、鉴定意见、获奖情况、推广应用情况等。

第三，撰述的方法，即在科技档案信息研究的基础上，重新撰写的独立成篇的编研成品。以这种方法形成的编研成品主要有科学技术或成果的综述或评述及其他著书立说等形式。此种类型的编研成品与科技档案原文具有一定的独立性，是原档案信息的升华，属于一种科学技术的研究成果。由于其系统性和可比性较强，它们对领导决策和科学研究决策具有重要的参考、借鉴价值。

（二）数据加工方法

即对科技档案中大量的数值形式的档案信息采用的加工方法。具体包括：第一，表格法，即通过设计一个表格集中反映相关数据，或者通过改造现成的表格突出或强调其中的某些数据的方法。此法适合反映大量数据并揭示它们之间的关系。第二，图示法，即运用直方图、构成比圆图、坐标图或数学公式法表现数值档案信息的加工方法。这种方法直观性强，适宜表现一组或数组数据。

（三）图样加工方法

即对科技档案信息的典型形式——各种专业图件，如机械图样、建筑施工图、记录图谱等图形信息的加工方法。具体包括：第一，类似文字选编的工程图样汇编法，即对机械图样或建筑图样进行选择、订正（改错、标准化）后，系统排列的方法。第二，简图或示意图法，即将工程图样或其他图形信息改画为简图或示意图的方法。这种方法适宜揭示和表现原图样的局部内容和某些不可视的科技现象，既明确又简便且具有直观性。第三，透视图（立体图）法，即把实物或照片改画为透视图的方法。这种方法淡化了技术图纸的专业性，更便于普及，还可以取代照片等印制复杂的图形信息，降低编制成本。

（四）声像加工方法

即对声像档案和照片档案的图像信息的加工方法。它需要运用专业的信息设备和信息处理技术，而且编研成品的形式也比较特殊。例如，利用胶片档案或录音、录像档案，编辑制作成专题档案片、音带或光盘，以及利用照片档案或电影反转片制作画册或举办档案展览。这种方式具有强烈的感染力，大众传播效果好。目前较为普及的是画册法，即按编研主题选择照片档案，通过照片的修复、剪裁进一步达到选材要求，按照一定的逻辑关系和构图方式组织剪裁好的照片，并为它们编写文字说明，使它们形成一个主题集中、风格一致的信息图像整体。许多单位的概貌、科技成果介绍或产品样本都是采用画册法制作而成的。

科技档案编研的具体加工方法虽然不同，但其工作步骤却基本一致，都是通过选题、选材、核实、加工、编排与完善、审定和传播，才最终完成并实现科技档案编研的目的。各编研步骤的要求与其他档案的编纂或编研大同小异，但在实施过程中有两个共性的问题值得注意。其一，组织科技档案信息单元应突出科技特点，如根据具体内容选择专业、技术水平、获奖等级、性能或结构等适宜表现科技信息的体例形式，以便充分揭示与实现科技档案信息的价值。其二，科技档案编研成品的结构应完整，结构即其必需的组成部分，对于实现科技档案编研成品的价值有重要意义。编研成品不能只有档案信息而没有前言或说明，更不能缺少注释等。它们在明确知识产权、信息价值、反映科技活动的现状及特殊问题、帮助读者理解信息内容以及协调科技档案所有者和编研人员关系等方面，具有不可替代的作用。

四、科技档案编研的组织管理

科技档案编研不仅是充分发挥科技档案作用的有效手段，而且对企业文化建设和科技成果的转化具有重要意义。特别在信息产业迅猛发展的今天，持续、有效地开展科技档案编研工作，已经成为社会和档案所有者对科技档案工作的迫切要求。这就要求科技档案编研不仅要研究编研技术和方法，而且还要研究对这项工作的组织管理，以提高科技档案编研工作的效益。

（一）对编研选题的管理

选题是科技档案编研的第一步，也是决定具体编研课题是否成功、编研成品效果是否理想的关键。科技档案编研的选题，包括确定某一编研项目的主题和确定一批课题作为选题计划。选题都必须充分考虑题目的客观需要、档案材料的质量和数量以及档案部门实际的编研能力。通过总结历史经验、探究潜在需求和深入调查研究，发现和确定价值高、具有典型意义或需求广泛的编研主题，并且要根据有关主题的时效性，有条不紊地安排各项编研任务。对基层科技档案机构选题而言，尤其要重视具有现实意义的主题。为了使编研选题更加科学、可行，应采用定性与定量相结合的方法恰当地确定主题。例如，通过对档案部门的借阅登记和利用统计数据进行分析，运用分类控制法（ABC分析法），按各种利用需求的数量依次排队，以利用需求的主体作为选题的重点，进而确定一段时期内的选题计划，以指导与协调各单位的科技档案编研工作，就不失为一种科学、可行的组织管理方法。

（二）对科技档案编研过程的管理

对编研过程的管理包括编研过程的计划管理和质量管理。过去档案部门搞编研具有一定的盲目性，往往是想到哪做到哪，对编研过程中的许多问题根本无法控制。这对一项需要长期坚持、大力发展的工作而言是十分有害的。为了加强档案编研组织管理的科学性，档案部门已经尝试着将计划评审技术、目标管理和全面质量管理等方法运用到编研组织管理工作。

首先，要认真分析特定编研课题，根据其内容把它分解成一个个具体作业过程，绘制成网络图，再按各作业过程的工作量和难易程度确定具体作业时间。这样，在一个编研课题的开始，我们就能明了它的关键过程，把握编研作业的重点、难点与确切的进度，以便更有效地组织与协调编研工作的进行。其次，在明确各作业过程的基础上，就能进一步制定这项编研任务的总目标和分目标，提出各作业过程的具体质量要求，由编研人员层层落实，不断进行自我检查与调整，以保证档案部门能够高质量、高效益、按时地提供科技档案信息产品。

（三）对编研成果的管理

科技档案编研成品是编研人员智慧和劳动的结晶，通过科技成果鉴定，对编研人员的创造性劳动予以肯定，是保护编研人员的积极性、提高他们的进取精神、推动科技档案编研工作持续发展的重要措施。

实施成果管理应把握编研课题立项和编研成品鉴定这两个环节。首先，应明确编研课题的立项要求与程序，通过立项进一步保证编研选题的意义及可行性，进而确保科技档案编研成品的价值。其次，要制定便于操作的成果评价标准，从选题意义、材料水平、加工质量、传播范围、近期与长远的效果以及技术或学术水平等方面全面、客观地评价编研成果。最后，应根据评价结果，按照各单位科技成果的具体奖励办法，给予编研人员以相应的奖励或表彰。

（原载于《北京档案史料》1997年第4期）

现代信息技术在科技档案编研工作中的应用

科技档案编研工作中应用的现代信息技术主要是指以电子编辑技术和网络传输技术为代表的信息处理和传输技术。电子编辑技术是计算机与印刷技术相结合形成的一项新兴的信息处理技术。它不仅给印刷业带来了革命性的变化，而且广泛应用于行政机关、企事业单位、教育部门和社会各方面的文书处理。运用电子编辑技术对科技档案信息进行数字化处理，将它们加工成符合预定要求的科技档案编研成品，并通过网络和传统方式进行传播，是信息时代对科技档案编研工作的客观要求。

现代信息技术的应用促进科技档案编研工作（以下简称"科技档案编研"）信息化，是我国国民经济信息化的必然反映。国民经济信息化是现阶段我国实现现代化的具体目标，即全面发展和应用现代信息技术，创造智能工具，改造和装备国民经济的各部门和社会生活的各个领域，从而广泛利用信息资源，加速实现国民经济现代化，使社会的物质文明和精神文明空前高涨的过程。

科学技术领域是现代信息技术的发祥地，也是信息化的首善之区。信息技术在为当代科学研究提供智能工具的同时，深刻地改变了科技活动的面貌，"管理信息系统（MIS）"、"计算机集成制造系统（SIMS）"、模拟技术已经成为当前科技活动不可或缺的组成部分。国民经济信息化使科技档案数量激增、载体形式极大丰富、科技档案信息日益数字化，使档案部门的管理对象由纸质文件逐渐发展为多媒体文件。单凭肉眼和手工操作已经不能识别、管理和开发日益丰富的多媒体档案；传统的科技档案编研方法与技术，既不能使传统的科技档案编研成品适应网络传播的要求，也难以胜任开发新兴科技档案信息的任务，实践将科技档案编研信息化问题提到科技档案编研工作的日程。

科技档案编研信息化并非"超前意识"，目前相当一部分科技档案机构已经具备了编研信息化的基本条件，即由计算机、打印机和扫描仪等硬件和操作系统（如 DOS、Windows）、文字处理系统、图形处理系统、图像处理系统和汉字系统（如各种汉字输入方法、字库）等软件组成的办公自动化系统，可以支持电子编辑技术与方法。只要准备好充足的科技档案编研成品，待到企事业单位建立内部信息网（Intranet）并连接国际互联网（Internet）之时，数字化的科技档案编研成品就能够跑遍"信息高速公路"。电子编辑技术是编研信息化的"重头戏"，也是目前可行的内容，具体包括文字录入法、数据加工法、图形加工法、图像加工法和电子编辑方法等一系列技术方法。

一、文字录入法

对纸质科技档案信息实行电子编辑，首先要通过录入的方法，将它们转化为计算机可以处理的数字信息。具体分为：键盘录入法、自动输入法和自动校对法。

第一，键盘录入法。具体操作可采取：只录入档案的文字内容，除换行、换段外，不加任何控制符号或排版命令的"纯文字法"；一边录入文字，一边进行版面编排，融打字排版为一体的"即打即排法"；既录入文字，同时也在正文之中插入一些排版的注解符号或命令的"混合输入法"。

第二，自动输入法。分为光电输入法和语音输入法。光电输入法，也叫光电识别法，即将科技档案信息通过扫描的方法输入计算机，由计算机把输入的每一个字变成标准代码，由计算机代替人工实现文字的录入。语音输入法，也叫语音识别法，即通过话筒把人朗读档案内容的声音信号输入计算机，经过一系列的识别处理，将连续语音中的每一个字分离出来，变为计算机的字符标准代码，从而完成文字的输入。

第三，自动校对法。在计算机录入技术发展的同时，用电子计算机进行校对的技术也达到了实用阶段，形成了智能自动校对、文件对比和自动语音读校等方法。智能自动校对法，即根据人工智能原理建立标准词库形成计算机智能专家系统，对录入内容的语法和语义进行检查，并将查出的错误部分显示出来供人们修改。该系统具有自动学习功能，能在很短的时间内掌握文本的语法、语义特征。编研人员只要根据本专业领域的特点建立专用标准词库，计算机就能自动对本专业文件进行扫描检查。但是目前此法的校对准确率还不够理想，只能作为人工校对前的预处理。文件比较法，是指对同一份原稿由不同操作人员各录入一遍，利用电子计算机的数据处理功能，对这两份内容相同的数据文件逐个字符地进行对比检查，一旦发现不一致的现象，计算机就停止校对，并提示操作者根据原稿直接在屏幕上进行修改。此法对于质量要求高、数量大、语种多、传统校对方法难以完成的录入内容的校对具有明显的优越性，是一种比较成熟的计算机自动校对方法，已经广泛应用于拼音文字的校对。自动语音读校法，是由计算机将输入的文字数据转变为语音信号，并模仿人阅读的声音，逐字将文件内容从其扬声器中读出，校对者可以根据计算机的阅读声校对原稿，也可以在录入文字的同时，听到录入文字的读音，使录入与校对同步进行。

二、数字信息的加工方法

科技档案编研的数字加工方法分为表格法和图表法。

表格法，是指设计一个有线表将编研加工的数据或档案信息分类集中。表格具有排列规律、结构重复的特点，特别适合计算机处理，其电子编辑的方法主要有：

第一，画线法，即用鼠标或键盘在计算机屏幕上直接画出行线和栏线组成表格，然后填充栏头文字和数据的方法。画线法是一种交互式的制表方法，具有直观、方便、容易掌握的特点，特别适合非专业人员使用。其缺点是随意性较大，难以保证版面的规范性和一致性。

第二，设定法，即编研人员根据计算机屏幕上显示的参数表，设定表格的行宽、总行数、栏宽、总栏数等参数，使计算机在屏幕上自动生成规范的表格。这种表格制作方法常与画线法结合使用，适合于制作结构比较规范、层次分明的简单表格。

第三，命令制表法，即用排版命令对表格的表头结构特点、线型、行和栏的宽度、内容参数等进行描述，形成小样文件，再经过排版处理生成需要的表格。这是一种采用批处理排版方式制作表格的方法。

某些专业档案，如水文档案、地质档案、气象档案的编研，常常需要处理大量数据。编研人员可以充分运用已有的数据文件，发挥电子制表的优势和特长。采用直接对数据文件编辑排版、编制专门的转换软件、购买通用仿真制表软件等方式，便可以在交互式系统中，直接从数据库中调出需要编辑的数据，利用软件自动对数据进行排序、条件过滤，并按照编研人员提出的格式要求，自动生成表格文件输出。

图表法，即将选择的相关数据以图表形式表示，以便使数据分析更直观、清晰、易于理解。对科技档案编研过程中常用的图表生成和编辑加工等方法，利用电子表格软件可以十分方便、快捷地完成。

在计算机屏幕上生成图表，通过：选定图表的数据区域，作为生成图表的依据；选择制图表命令，形成图表区；选择图表类型（电子表格软件提供了15种图表类型可供选择）；选择数据的系列、类和图例文字；定义X轴、Y轴及图表标题等步骤；便可顺利完成。如果还需要对图表进行移动、缩放、复制和增加其他成分等编辑加工，只需选中或激活需要加工的区域，就能利用计算机屏幕上的有关按钮自如地实现编研人员的加工意图。

三、图样信息的加工方法

计算机数字图像处理技术的发展，使计算机辅助设计成为形成科技文件的重要手段，促成了电子图样的编研加工方法。图样信息是指由线条、符号构成的图案，如机械图样、电气原理图等。其编研加工方法包括绘制法和扫描法。

绘制法，指借助鼠标、数字化图形板等工具，在计算机屏幕上直接绘制出需要编辑的图形，这是图样制作的基本方法。

比较简单的图样可以使用许多交互式排版软件提供的基本图元绘制工具制作。其绘制程序是：

（1）确定图形尺寸。绘图之前，要确定图形的整体尺寸和比例、安排图形的整体布局。比较复杂的图形应事先绘出结构草图。

（2）画基本图元。任何复杂图形都是由直线、曲线、圆、三角形、矩形、多边形等基本图元组成，绘图时可先将基本图元排放好。

（3）画连线。即用线段将图元相交、相切处准确连接，各种不规则曲线和弧线，可以用鼠标或键盘在屏幕上调用"随手画"功能实现。

（4）填文字、符号。

（5）进行结构的调整、修饰。

（6）存盘。制作完成的图样一定要按需要的文件格式存好盘，当图样较多时，要按顺序编号。

图样的绘制要注意：

（1）绘制出的图形不容易修改，应尽量减少绘制过程中的调整，力求一次完成。

（2）绘制过程中注意使用标尺、背景格等有效的辅助工具。标尺能为图形的整体布局、位置分配提供帮助，遍布画面的背景格为绘图时掌握比例、对齐提供了参照。

（3）灵活切换屏幕显示的比例及光标移动的步距，能够进一步保证图形细部连接的精确、美观。

（4）图中的零件较多时，应当用代号表示其名称，代号要用阿拉伯数字，一般从图的左下方开始，按顺时针方向顺序编号。

（5）排好图注即代号的说明。

对于专业性较强的建筑图、机械图、电路图等科技文件需要用专用软件进行编辑加工。目前国内企业、事业单位广泛应用的 AutoCAD 计算机辅助设计软件，绘图功能很强，具有丰富的图形库和符号库，能够绘制出三维的立体图，制作出来的向量图形文件可以方便地应用于电子编辑系统。但绘图软件功能复杂，专业性比较强，要求编研人员既要熟练使用软件，又要掌握一些绘制技巧，还要具备一定的绘图知识，了解各领域工程图的制作要求和规范。

扫描法，即使用光电扫描仪，将科技档案原件的图形或图像（二者合称图片）信息输入计算机，再进行编辑加工的方法。纸载体的图片信息必须首先经过如下过程转化为数字信息，才能进行电子编辑：

（1）准备原稿。一般图样文件采用平板式扫描仪输入，高质量的图像信息则要使用滚筒式扫描仪输入。

（2）设置扫描参数。目前使用的扫描仪一般由计算机进行驱动和控制，使用时必须首先启动图片处理软件，根据图片类型选择扫描功能，设定分辨率、亮度、对比度、锐度、扫描比例、扫描长度等参数。

（3）预扫描。即先对图片进行粗略扫描，将其轮廓大致地显示在屏幕上，以便准确选择实际扫描区域，节省扫描时间，避免对无关内容的扫描。

（4）定扫描框。即使用鼠标在屏幕上画出需要输入的区域，为正式扫描做准备。

（5）正式扫描输入。使扫描仪按指定参数对图片框内的区域进行精确扫描，将扫描数据传入计算机生成图片文件。

（6）屏幕编辑校正。就是在计算机屏幕上对输入图片的色彩、明暗对比度进行校正等各种修饰，并根据需要添加文字说明。

（7）图片缩放。输入的图片尺寸不符合实际需要时，还要对其画面剪裁取舍，或对其尺寸进行缩放调整，使之符合实际排版的要求。

（8）挂网及文件格式转换。具有灰度变化的图像输出需要挂网，经挂网处理的文件要根据不同系统的要求，转换成特定的文件格式。例如，将扫描输入的 *.TIF 文件格式转换成全点阵的 *.PIC 格式。有些系统还要求将某些不需要挂网的黑白图和线条图也转换成 *.PIC 格式输出。

（9）存盘。图片文件的格式是计算机文件存储的一种结构。文件格式取决于图片处理软件，文件格式必须与软件相适应，才能被计算机读取。因此，图片信息存盘要特别注意文件格式的准确。其主要体现于文件的后缀名，大量图像文件用点阵数据表示，"TIF"是其比较通用的格式，此外还有 BMP、PCX、PIC、EPS 等其他图像文件格式。科技档案中常见的图样是用 CorelDraw 和 AutoCAD 软件绘制的，它们以 *.CDR、*.GRH、*.DXF 为后缀名。

图片扫描应注意：

（1）原件在扫描仪稿台上的摆放，一定要靠近起始位置，不能放倒、放斜。

（2）扫描的分辨率、挂网参数并不是越高越好，应根据图片质量、实际输出设备的精度和图片制作要求等实际情况综合确定。对于 1∶1 比例的普通图片，通常取的网目数为 1.5—2 倍。例如，图片挂网为 120 目，输入扫描分辨率可以定在 180—240 目。分辨率选择过高不仅不能提高印刷后图片的清晰度，反而会造成扫描时间长、文件过于庞大、处理速度减慢等问题。

（3）挂网后的图片文件不能缩放或编辑，如确实需要对其进行修改、校正，只能对扫描输入的文件进行处理，然后重新挂网。

四、图像信息的加工方法

图像档案，指使用摄影与摄像技术形成的档案，既包括幻灯片和照片等静态的图像信息，也包括电视片和电影片等动态的图像信息。其加工方法除扫描法外还有：

（1）屏幕拷贝法，即将计算机屏幕上显示的画面复制下来的方法，俗称"抓图法"。这种方法是将计算机屏幕显示的入选画面的图像点阵信息，拷贝下来生成一个图像文件。然后利用图像编辑软件对该画面文件进行适当的剪裁、缩放等编辑处理，最后与文字编排在一起输出。在科技档案编研中，往往需要选用某些照片作插图，用其他的方法制作很复杂，从屏幕上截取却十分方便。采用这种制作方法，最好使用计算机图像视频采集装置（例如 Video、多媒体卡），也可以采用屏幕图像拷贝软件或 Windows 软件的裁剪板功能等简捷制作方法。

（2）电视图像采集法，即使用专用的装置将需要的电视画面复制下来。档案电视片的制作主要通过将大量录像档案的画面，连续地复制在另一空白录像带上完成；某些图集、画册或信息快报的制作，也经常需要从声像档案中选材，采用电视图像实时采集装置可以十分方便地实现这一要求。

五、电子编排方法

通过上述方法将入选材料加工成各种形式的信息单元以后，需要将它们组合在一起，即通过编研材料的编排和修改实现其有序化，最终形成科技档案编研成品。电子编排方法，通过人—机交互的方式，在计算机屏幕上直接对入选材料进行编排布置，实现了"所见即所得"式的加工。一般采用：

即打即排法。即文字录入和材料的编排同步进行。操作者在录入文字时，通过移动光标、选择命令菜单等方式，进行材料的调整与修改。录完文字编排工作亦告结束，即可打印初稿。这种方法比较适合材料形式单一、编排层次较少的编研成品。

"注入式"编排法。这种方法是将入选的文字内容、表格、图形、图像文件事先分别加工好，然后根据版面设计的要求，把这些内容组织在一起。档案信息形式较多的年鉴、科技史志等科技档案编研成品大多采用这种编排方法。其操作过程是：

（1）创建一个新文件，根据预订要求设置页面大小、版心尺寸、正文字体和字号、行距等排版参数，明确版面编排的总体要求。

（2）排标题。标题排版要注意统一其位置、字号、排法、字间的回行、加空等，并注意标题的美化。

（3）排正文与调整版面。标题排好后，就可以采用"注入"的方法，从磁盘上逐个读取已经加工好的文件，将它们排放到预先设计的版面位置上，同时调整相关文字内容的位置，直至完成全部材料的编排。

（4）存盘。内容全部编排完毕以后，应将编排制作的初稿存盘。

（5）打印输出。即输出校样，经过校对、审核、返回修改，编研成品就可以定稿了。

（6）生成页面文件。一些排版软件在完成排版后不能直接输出，需要用有关软件对其进行处理，生成页面文件（如 *.S2、*.PS 文件）后正常输出。

编研成品的修改、定稿。即根据校样对初稿进行修改。修改往往要经过毛校→改版、一校→改版、二校→改版、三校→改版，这样多次反复才能完成。一般经过几次校对就要对校样进行几次修改。在编研过程中修改占用了很大工作量，而计算机修改不仅方便，且大大缩短了修改时间，成为电子编研技术的又一优势。修改方法包括：

（1）版式的改动。主要指版面结构上的重新安排布置、材料的前后调动、内容的调整更换、字体字号的调整、标题排法的改变、版面的修饰，等等。这些一般都在排好的版面上进行，但复杂或较大的改动则要重新编排组版。为避免大量修改，编排时不要急于输出定稿。应在内容录入后，先输出一遍没有版式的"毛样"，送编辑人员或原作者核实修改，排除录入、绘制的错误后再进行版面的编排，就可以避免版面的大删大改。

（2）文字改动。即根据校样进行文字修改以及内容结构的调整，如大段文字的删除、移动、增加等。修改时借助计算机软件的自动查找和替换功能，能够显著提高工作效率。修改时一定要认真、仔细，防止出现二次修改错误。为此，可采用以下方法：①分段法，即将比较麻烦的局部内容分成若干段落，单独进行修改。这是一种解决个别修改难点的好方法。②分类法，对图片、表格、数理化公式等或结构比较复杂的内容的修改，可按照其形式特征分类，由业务熟练者集中修改，然后统一组合在版面内。这种方法可以扬长避短，实现较高的编辑效率，保持全书较为统一的排版风格。③建立模板文件，即对排版中遇到的内容局部相似或重复的文件，为了简化操作、保证同类文件格式的一致，可以采用建立模版文件的方法，将常见的文件格式及版心文件整理在一起，分别命名存储。使用时可将该文件格式调出，用复制的方法将需要的内容拷贝成新的文件，然后输入正文内容，就能实现同类文件的快速排版。

六、编后数据文件的整理及存档

编研成品输出付印后，必须对其数据文件进行整理、存档等后处理工作。因为，这些数据文件不仅是科技档案编研成品复制印刷的依据，而且在日后信息咨询、检索、出版电子出版物等信息产品的再生产中还将发挥广泛的作用，而对数据文件的整理、存档，则是其发挥作用的保障与前提。

编后文件整理包括：

（1）文件集中整理。编后数据文件存档的版本应该是其定稿，存档形式以文字为主，对于包含大量图片信息的数据文件，可将其压缩后存储在磁盘上，如同一内容的分文件数量较多，则要根据文件数据长度适当合并。

（2）妥善拷贝保存。将文件集中拷贝在软盘、硬盘及光盘等存贮介质上，是后处理过程的关键。

（3）文件格式转换。对需要存入数据库的文件，应根据系统要求整理成一定的格式。目前主要有四种格式：适宜利用的格式，即除去排版注释和控制字符，在文章标题、章、节处加入一些检索符号，以便于用户检索的格式；通用标准格式，即除去所有排版注释和控制字号符，整理成纯文字形式符合信息交换的格式，如 Wordstar 文件格式；电子出版物格式，即采用国家标准的置标语言 SGML 格式；以及照原样保存的存版格式。

（4）存储登记。存储文件一定要进行登记，否则将无法查找利用。

七、磁盘的清理和维护

磁盘的清理和维护包括删除无用文件，释放磁盘空间；对磁盘目录进行整理，清除无用的子目录；对磁盘进行维护等三项内容。这是一项十分细致的工作，清理时既要清除无用的"垃圾文件"，又不能将系统文件破坏，更不能误删有用的文件。这项工作虽然可以由系统管理人员完成，但是，编研人员应养成自觉维护计算机磁盘的好习惯，这样能够及时恢复计算机的运行速度，减少错误，保证其安全、高效地工作。

磁盘清理维护的一般方法是：

（1）将盘上所有的无用文件、可重复生成的页面输出文件（如 *.BAK 文件）删除，例如，将已经发排完成或复制存档的编研成品数据文件和无用的子目录清除，以释放磁盘空间。

（2）拷贝存档文件，为了保证编研数据文件的安全，可以采用分盘的方法，即在计算机磁盘上划出一个逻辑盘，作为专门存储文件的"仓库"，使"工作盘"（如 C 盘）和"仓库盘"（如 D 盘）在工作中互不相扰。整理磁盘时，将工作盘上所有数据文件和有关排版参数（如 *.PRO）文件，全部拷贝到建有对应子目录的仓库盘中存储备份，同时删除其余所有用户文件，使工作盘中只保留系统软件，这是一种较为彻底的磁盘清理方法。

（3）为了克服磁盘上文件存放过"散"的问题，可使用计算机磁盘优化软件对磁盘上的所有文件进行整理，将文件集中存放到一个连续的区间内，把空闲的空间移到磁盘后面，这样处理后的磁盘工作速度会恢复如初，使用起来也更为安全可靠。

电子编辑技术不仅具有简便、易行的特点，其具有的信息加工与处理的能力、快捷高效的速度更是手工操作难以比拟的，是具有较大发展潜力的科技档案编研技术，也是科技档案工作适应企事业单位信息化发展的具体步骤。广大科技档案工作者应该积极尝试，不断总结经验，为高质量、高效益地开发科技档案信息资源，提高科技档案编研的科学性做出我们的贡献。

（本文为1994年应中国人民解放军档案馆邀请为军队档案工作者做专题讲座的部分内容）

我国档案管理阶段的探索

信息技术和信息经济的发展,使人们很自然地接受了以档案资源代替档案这一概念,然而,当人们频繁地使用这一新概念时,是否考虑过这是一种应时的说法,还是反映了某些根本性的变化。为此,笔者要大声疾呼:注意,档案管理已经迈进了新时代的门槛,步入了资源管理的新阶段。

纵观我国档案工作发展的历史,根据人们对档案的认识及其利用的程度,可将档案管理分为三个发展阶段。

第一阶段,宝物管理阶段。当时的档案作为奴隶主和封建主统治权力的神圣之物而被精心地保存起来。众所周知,档案的形成与国家的产生紧密联系在一起,所谓"大道衰,而有书;利害萌,而有契"(张怀瑾《书断》、《百川学海》)。由于奴隶统治是神权政治,上天是当时的最高主宰,奴隶主的大政决策必须事先请示神祖,占卜就成为沟通神人的媒介。奴隶主及其后裔把占卜的甲骨刻辞当作统治的依据和法典,设专人精心管理,这就产生了甲骨档案。商代档案工作因此被蒙上了神秘的色彩。随着奴隶制和封建制国家机器的完善,档案越来越显露其"官文书"的性质。为了巩固封建统治,档案从禁锢于密室仅供统治者个人享用,逐渐发展为用档案史料编纂史书和法典,为封建统治者系统地提供统治依据。随着封建制度的鼎盛,这种做法在唐代已成定制。但这些档案以及用档案编纂成的史书和典籍,只能供封建统治者使用参考,档案的利用受到极其严格的封锁与控制。

第二阶段,资料管理阶段。鸦片战争开始了中国半殖民化的过程,闭关锁国的"天朝"被西方列强的坚船利炮轰开了大门。清政府开始形成具有近代意义的外交、经济档案,进一步充实了我国档案的种类与形式。在资产阶级政治的影响下,清王朝创办了"专载国家政治文牍"的《政治官报》,开我国近现代档案文件公布之先河。档案利用终于突破了只为统治者个人服务的樊笼,在为统治阶级服务的过程中,开始发展档案的社会职能,我国的档案管理因此进入了资料管理阶段。在这一阶段中,档案虽然仍带着神圣的

"光环"，但是利用的范围的扩大，已经迈出了划时代的一步。

今天，社会进步和科学技术的发展，将信息推上资源和财富的地位。现在的信息能使现有的物质财富增值，能将过去的"废物"变成再生资源和财富，甚至能部分地代替现有的资源和财富。信息与资料有着天然的联系，"资料是一系列相互没有联系的事实和看法。通过分析、对比、选择、分类、综合，或者用别的方法加以组织，这些资料就可以变成'信息'"（[美]汤姆·斯托尼尔《信息财富》第12页）。可见，资料并非天然的资源或财富，只有经过现代信息管理即对信息的加工和系统化，才能使它们变成信息，成为人类的资源和财富。当代电子计算机技术和远程通讯技术的发展，极大地拓展了人类信息加工和传输的能力，为开发馆藏信息资源提供了现实可能。正是在这样的大背景下，我国的档案管理迈出了向资源管理的新阶段过渡的步伐。

第三阶段，资源管理阶段。档案资源管理是档案工作的一种新机制，即把档案作为一种资源，对其进行综合化和集约化管理，以实现其更高的效益。所谓综合化，就是对各种档案信息资源和信息机构的综合管理；所谓集约化，即讲求档案管理的科学性和实用性，运用信息技术强化开发档案信息资源的力度，将档案管理的重点转移到对档案信息的开发与交流上来；所谓高效益，是指开发档案信息能够直接创造技术和经济效益，档案部门与社会信息网络接轨进而形成与扩大档案的社会影响力，而档案现代化管理优化了档案管理的质量，进一步叠加了档案工作的综合效益。

档案资源管理是档案传统管理的必然发展。它建立在我国档案工作经验积累、对档案工作规律的初步认识、档案馆藏量的空前丰富、社会档案意识和信息能力的不断强化，以及现代信息技术在档案管理的普遍应用的基础上。资源管理强调运用现代理论技术合理地调整和完善档案工作的职能，改进档案工作的业务内容和方法。它与传统档案管理的显著区别在于其高科技和高效益。

在档案管理的三个阶段中，人们对档案的认识、档案工作的任务和作用具有本质的区别，但三者又是相互承继、必然发展的结果。研究我国档案管理的发展阶段，不仅是档案史研究的重要任务，而且对当前档案工作的发展也具有重要意义。

第一，明确新形势下档案工作的任务与职能。每个了解我国档案工作历史特别是近现代历史的人都清楚，我国档案工作的任务是随着社会发展不断进行调整的。传统的档案管理,以档案的保管为主要目的,档案的利用则处于次要和被动的地位。这种状况与当时社会相对狭窄的档案利用需求是相适应的,因此,我国档案工作长期处于缓慢的发展之中。

时代的进步培育了档案信息的新需求,信息技术的发展使过去封闭、被动的档案工作受到了严峻的挑战,迫使档案工作必须迅速地进行适应性调整,在调整中寻求发展。然而档案工作要调整,必须首先给自己以科学的定位。档案资源管理针对当前客观需要和对档案工作发展的预测,提出了档案工作向现代信息工作发展的新目标,其中完善与强化档案信息开发与交流的职能,是推动档案工作深入发展的新的生长点。档案工作只有适应信息时代的需要,才能得到社会的重视与支持。

第二,科学地选择档案工作的发展途径。档案工作是一项服务性的社会分工,为了实现其社会职能,必须确定与社会发展相适应的生存和服务方式。档案资源管理提出的高科技和高效益的要求,为新时期档案工作的发展指明了方向。现代信息技术的广泛运用,为档案工作提供了切实可行的技术与方法,档案部门应该积极探求资源管理特点及其相应的管理方式,认真研究传统档案管理与现代信息管理接轨的方法,自觉地用现代信息技术武装自己,跟上时代的步伐,实现档案管理信息化。

随着我国各项事业的发展,档案馆藏量与日俱增,档案利用需求也日益复杂化。在档案机构和人员不可能同步扩展的情况下,提高档案工作效率的最佳途径,就是采用现代信息技术,以电子计算机快速、灵活的功能,代替手工操作;利用现代通信技术完成各种途径和渠道的档案信息交流,以满足日益强化的档案信息需求。

档案管理信息化建设是我国管理科学化与现代化的具体内容。目前我国档案工作的实际情况是,我国档案部门大部分都配置了电子计算机,配备光盘和多媒体的单位已屡见不鲜,一些档案机构或人员虽然没有单独配备电子计算机,但也有与本单位其他管理机构共同使用的现代信息设备。据有关部门统计,到1993年底我国档案部门拥有计算机已经超过7000台(蔡则、丘晓威关于档案管理现代化问题的一些补充,《档案学研究》1994年增刊第68页),这个数字已经相当于发达国家档案机构计算机的数量。资源管理强调档案管理信息化基础,包括对信息设备与设施的要求,更重要的,还在于有效地开发和充分实现档案管理部门现有设备和设施的功能效益。这包括:如何科学地规划资源管理的内容与程序；如何研制或选择适用、方便的管理程序软件；如何进一步实现与深化计算机管理档案的功能，如系统反应能力、对档案信息的自动统计分析能力、图形和网络等技术的开发与应用；档案管理设备与设施如何与行政管理信息化建设同步完善和发展等。

　　第三，认清档案工作所处的大环境，主动与社会信息接轨。档案管理是一项社会活动，档案工作的存在和发展，不仅需要物质保障——档案及档案管理的设备与设施，而且还必须有社会环境的配合。社会信息需求为档案工作的发展创造了机遇和条件，档案工作的成效也必须通过社会才能充分实现。在信息经济发展的新形势下，档案收集、保存和利用，出现了许多档案工作自身难以解决的问题和矛盾，没有社会大信息环境的配合，是无法创造和谐、合理的档案工作环境的。而档案管理体制、档案法律和法规以及国家的信息政策，都是档案工作社会环境建设的重要内容和档案工作持续发展的必要条件。特别是信息服务的产业化和网络化的空前发展，营造了极为便利的信息交流环境，迫使档案工作进入社会信息网络的新天地，档案信息与社会其他信息的结合已势在必行。要实现档案资源管理，应当清醒地认识到目前档案工作所处的环境及社会环境对档案工作的新要求，强调应该在国家大信息系统的基础上，完善档案法规、调整档案工作的管理体制、构建适宜的档案机构形式。为档案工作的发展创造更加规范的社会环境，将对档案工作的发展产生重要影响。就宏观档案管理而言，档案管理体制和法规制度，必须与社会其他信息工作的体制和制度相协调，以形成国家完整的宏观信息系统；从微观档案管理而言，各种档案管理方法和标准，必须与社会甚至国际信息管理接轨，为档案信息的广泛交流提供技术支持，已成为充分发挥档案信息作用的前提条件。

　　综上所述，档案资源管理作为当代档案工作科学化的具体体现，从指导思想到具体操作都将为我们提供新的思路，是我国档案工作发展的必由之路。尽管目前我国的档案管理还处于向档案资源管理的过渡阶段，尽管关于这一阶段的特点和全貌我们还不甚了解，尽管对此还没有成熟的表述，但是，我们必须意识到档案资源管理时代的到来，必须从现在着手认真进行有关研究，以便为我国档案工作自觉、顺利地完成这一过渡做好理论和技术准备。

（原载于《中国档案报》1997年10月27日理论版）

特区档案管理政策管窥

2002年初春，北京联合大学应用文理学院人文与管理科学系组织教师赴深圳、香港等五城市，考察应用型高等职业教育。我们不仅饱览了南国风光，更分享了同行们创建性的经验。档案专业教师还忙里偷闲地增加了一系列卓有成效的专业学术交流活动。

得知系里安排考察活动的信息，档案专业的教师们立即意识到，这是一个难得的学习机会。结合出行的日程安排，我们选择了深圳市档案馆和香港特区政府档案馆作为专业考察的重点。随着改革开放与经济建设的深入发展，深圳档案部门充分利用优越的社会、经济环境，积极探索具有中国特色的现代档案事业发展的路径，有关他们工作创新的消息频频见于报端，深圳档案工作是我们中国档案事业改革的缩影。而香港的特殊环境，决定了其档案工作长期受英国和澳大利亚等西方国家的影响，可以作为我们了解西方国家档案学理论与实践的窗口。为了充分利用这个机会，我们拟定了调查提纲，提前与深圳、香港档案部门联络。受时间限制，专业考察只能安排短短数小时，由于双方都进行了认真的准备，两次调查都很成功，教师们获得了大量对专业研究大有裨益的信息。

一、"市民中心"、"白手套"与现代档案信息观

深圳和香港的档案部门针对我们的要求，精心安排了座谈与参观两部分内容。所见所闻给予我们很大满足与启迪。这些从其他档案专业教师的文章中"可见一斑"。而我只想通过小小的细节，反映我们的收获与思考。

改革开放使中国进入新一轮建设发展时期。深圳市档案局凭借特区优势，在国内率先尝试建设数字档案馆。深圳档案人在实践中攻克了一个个难题，为各地档案信息化建设提供了有益的借鉴。聆听了深圳市档案局李国庆局长的详细介绍，我们获得了大量报刊上难以了解的经验及其背景信息。然而，

在与有关领导和同行交流的过程中，我们意外地了解到一个更加令人振奋的信息：在没有任何申诉与请求的情况下，深圳市政府又为市档案馆增建了一个2000平方米的网络化文件档案中心。

目前在我国不少地区，因资金不足而搁置档案馆建设计划的今天，现代化的"文件档案中心"无异于"天上掉下的特大馅饼"，令同行"嫉妒"。然而得知"馅饼出炉"的过程，我们的感触是复杂的。21世纪初，为将深圳市建成与世界接轨的现代都市，深圳市政府向世界招标征集城市标志性建筑——市民中心的设计方案。在众多标书中，美国一家公司的设计方案最终中标。中标的设计方案除市政府机构的建筑以外，还包括由图书馆、文件档案中心、博物馆等一组现代市民生活必需的建筑群。随着市民中心设计方案的确定，深圳档案局不费吹灰之力就得到了一个现代化的文件档案中心。

"市民中心"包括一个现代化的文件档案中心，既出乎意外又在情理之中。意外的是，作为国人眼里"稀罕之物"的档案建筑，偏偏是外国设计者送给深圳档案人的"礼物"。仔细想一想，正是由于设计者身处信息社会，这种认识十分正常地反映了信息化国家及人民的档案信息观，说明了档案在实现政府职能方面不可或缺的作用，体现出现代人与档案信息密不可分的关系。

带着深圳文件档案信息中心引发的思考，我们进入了港英政府奉献给中国及香港特区政府的礼物——香港档案馆（新馆）。在"寸土寸金"的港岛专门修建一座档案大楼，足以表明港英政府对档案的重视，而香港档案馆的见闻使这种认识更加具体化。在香港特区政府档案馆参观，我们见到了许多熟悉的事物，也遇到了一些陌生的现象。其中之一，就是档案馆接待处摆放的一箱白色针织手套。档案阅览室里，每个利用者都戴着白手套翻阅档案；在档案库房，档案工作者们戴着白手套向我们展示一卷卷珍贵的原始资料；在档案保护工作室，无论是操作人员还是档案专家，无一例外地戴着白手套翻拍档案文件、修补残档、研究档案的保管状况。此情此景，档案的珍贵价值溢于言表，一种沉重的历史责任感油然而生。

我们总以为忠实地继承了民族优秀的文化传统，也听过"香港是文化沙漠"的非议，但是档案这种历史文化载体，在两地受到的不同"待遇"与上述论断形成鲜明的反差。想着外国人眼中必备的"文件档案中心"，看着香港人对档案的细心呵护，不由得想起"仓廪足知礼仪"的古训。当社会步入

"小康",人们的物质需求初步得到满足以后,精神需求逐渐凸显出来。追根溯源、了解历史现象、学习知识、探究规律,将上升为各国人民普遍的精神文化需求。随之而来的是人们对档案的渴望,对前人档案工作的遗憾以及档案工作的"亡羊补牢"。目前美国、香港等发达国家和地区对档案工作的关注,恰恰证实了当代档案事业发展的客观逻辑。今天,我们的国家正在步入"小康",社会主义建设千头万绪,以至于档案事业排不到领导们的议事日程,上述情形将成为我们明天的一面镜子。

一般认为,人类一代人的生命周期约50到60年。随着共和国年龄的增长,老一代领导者、建设者和各行各业的专家逐渐离开工作岗位,他们所熟悉的一切对新一代而言已经很陌生。通过档案信息了解以往的历史,掌握国情、市情,已经成为新一代人接班的"必修课",这又进一步强化了人们对档案的依赖。从这个意义上,文字可考的历史是今人留给后人的历史,是后人根据前人的遗存编写成的历史。政府与档案工作者必须充分认识档案这种因因相传的历史功能。为了后人能够正确地认识今天、预测明天,保证民族文化的延续,保证党和国家政策的连续性,保证国家长治久安,政府有责任为国家和民族的持续发展,管理并开发档案资源。

二、香港特区档案工作经验与启迪

1993年7月港英政府进行了一次档案管理工作的全面调查,调查结果令当局震惊。当时,港英政府档案总量已经超过50万卷,而且保持了每年12.5%的增长率,港英政府虽然在档案管理方面投入了大量资源,但档案管理状况却不容乐观,各部门经常找不到需要的或完整的档案。针对普查发现的问题,港英政府档案事务管理部门重新制定了档案策略,提出了四项具体目标。香港特区政府成立以后,在此基础上,及时提出了政府的档案管理政策:"政府要求每一个局或部门必须建立一套周详的档案管理计划。该计划包括:(1)开立和保管齐全和准确的档案;(2)尽量降低保管档案的成本;(3)提供优质服务予档案使用者;(4)为政府资料提供必要的安保;(5)方便市民取阅档案和资料,以鼓励市民更深入地了解政府的政策和运作;(6)挑选和保存具有持续和永久研究、教育、文化等价值的历史档案,并提高取阅该档案的途径。"《香港特别行政区政府档案管理守则》(以下简称《守则》），将特区政府档案管理政策的精神，贯穿在各项档案业务规范之中，提出不少创建性的观点与做法，值得我们认真思考与借鉴。

（一）政府档案定义的新视点

正确地界定档案是档案工作的战略起点，对此《守则》规定："政府档案指政府机关在公事过程中开立或接收，以任何形态或载体的资讯或数据；它们被保存下来以作为政策、决定、程序、职能、活动和业务的凭证。"与我国内地以原始性界定档案的做法不同，此定义更强调档案的凭证作用。乍看起来这样界定比较抽象难以掌握，但是用发展的眼光审视今天的档案，特别是日益普遍的电子档案，档案信息与载体的可分离性越来越突出。在这种情况下过分强调档案的原始性，难免有"刻舟求剑"之嫌。无论档案的形式如何，只要能够为政府决策、职能活动等提供准确、有形（客观）的凭证，都应该是档案工作的对象。

为了保证定义准确、易识别，《守则》进一步提出："可以作为凭证的档案，必须具备内容、结构和脉络资料，并是档案保管系统的一部分。"在及时反映了信息时代档案的新特点的同时，确认了档案的基本条件与档案工作的必要性，既能够指导传统的档案工作，又适应了香港政府档案的实际，这种审时度势的态度值得学习。

（二）香港档案工作的成本效益观

与内地各类档案制度相比，《守则》的内容充分反映了市场经济的特点，各项要求力求经济适用。制定政府档案政策的目的，就是为了解决政府资源投入与档案管理不适应行政管理需求的矛盾，因而《守则》各项条款处处体现了档案管理的成本效益观念。

界定档案定义及明确档案进馆条件，是为了保证馆藏档案的效益；有关档案分类、鉴定的要求，充分考虑到各项业务工作间的协调，避免重复劳动，充分发挥档案馆工作的整体效益；为加强档案部门处理危机的能力，确保紧要关头对档案的利用，进一步明确档案重点，《守则》特别对档案进行了细分，以保证在特殊环境下抢救保护的档案对象，持续实现档案工作效益。就是在与香港同行的交谈中，关于成本及定量分析的话题简直是信手拈来。介绍档案装具时讲到，以活动式、横向式档案架、可锁式直立柜及柜顶架代替四抽屉档案柜，增加了档案贮存量27150延长米；介绍缩微技术时又提到，可节省300平方米办公用地，即每年约120万港币用地租金；说到电子存档系统,便推崇它能节省360平方米的办公用地,即每年155万港币用地租金及每年30万港币的员工薪金;等等。

强调成本效益并不意味着档案工作"一切向钱看",这是适应市场经济要求、客观衡量档案工作的必要指标。正因为香港档案工作者牢固树立了档案成本效益观念,他们才能在档案信息推介方面下功夫,进而赢得香港政府更多的资源配置。由于内地市场经济还不够发达,成本效益观念在国内档案工作者的头脑中还比较薄弱,以至提到发展档案事业,必须通过"外延扩大"的途径,但是这又与我国的国力不相称,于是导致了档案工作"无人顾及"和"资源匮乏"等局面。我们应该学习香港同行的思维方式,变埋怨政府不关心为积极开动脑筋,通过集约化管理进一步挖掘资源,以更大的效益求得社会与政府的认同与支持,以效益求发展。

(三)档案业务规范的适用性

《守则》对档案业务的表述与规范,反映了香港档案管理部门对档案工作规律的理解及与时俱进的客观态度。例如,内地认为档案保管的主要目的是维护库藏秩序,《守则》则认为"档案保管系统是一套人工操作或自动化的资讯系统,当中档案会被收集、编排及分类,以便其检索、分发、运用、弃置或保存"。力图将保管这项基本档案业务的作用进一步发扬光大。

档案价值鉴定是当今世界性档案业务的难题,各国的做法五花八门。香港政府档案主管部门对档案鉴定有自己的理解:"档案存废不单指销毁档案,亦泛指所有处理非常用档案的行动。有关的行动包括:永久保存档案、保存档案一段指定的时间才作销毁、将所载资讯转移至其他贮存载体(如缩微胶卷或光碟)或即时销毁档案。"而且特别提出了"极重要档案"的概念——指所记录的是各政府职能部门在紧急情况或灾难时及以后,赖以持续和有效地运作所必需的资料。《守则》从实际出发,对极重要档案的构成提出了特殊要求,它要包括副本、大纲、摘要,任何种类的资讯存贮载体及其检索工具。应该说,这不仅考虑了特殊情况下档案管理的要求,而且也照顾到不断发展、变化的档案工作环境,为持续发挥档案作用打下坚实的基础。

在《守则》的指导下,经过五年的努力,香港政府档案的管理状况发生了显著的变化:第一,有效地控制了文件的增长,档案年增长率由以往每年的12.5%降到2.3%。第二,经过区分,有97200米不常用的档案已经移交到档案中心保管,通过向档案中心移交档案,各部门档案的保管时间,由平均7—11年降至5年，档案保管成本下降为原部门保管费用的14.3%。第三，档案的分类整理数量由以往的63%提高到93%。第四，通过采用新式档案装具，挖掘出档案贮存量27150延长米。第五，超过1800个档案室开始使用电脑条形码档案管理系统。第六，采用电脑条形码档案管理系统、电子存档系统、缩微胶卷以及缩微胶卷+电子存档系统等现代技术，节省了740平方米办公用地，相当于每年为香港政府节约325万港币的用地租金和30万港币的员工薪金。第七，用"整全统括"的档案管理方法统一档案管理模式，扭转了过去各部门自行处理其档案的局面，提高了档案管理水平。实践证明，香港政府的档案政策及其对档案工作的指导与规范符合实际，是一项科学、成功的档案管理决策。

新中国成立以来，国家档案专业主管部门的宏观指导成效显著，初步形成了比较系统的档案工作制度。改革的过程中，档案制度建设一度出现了"政出多门"的现象。为了应对目前复杂的利益关系，一些专业或地方档案主管部门陆续制定了一批内容大同小异的档案管理制度。所谓"大同"体现了国家档案法的精神，"小异"则用以解决本行业或专业档案管理的特殊问题。由于制度内容不一致，客观上使执行者无所适从，那些"小异"非但没有发挥预期作用，反而成为各取所需的"挡箭牌"，削弱了国家档案馆对各业务部门档案流量和流向的控制能力，对国家集中统一的档案管理体制产生了不利的影响。因此，香港档案管理部门对档案业务的统一规范方式值得效仿。

（原载于《北京档案》2003年第6期）

参考文献

[1]（瑞典）Bernelt Gredriksson. 档案工作者在当今社会的新角色——第35届国际档案圆桌会议报告[J]. 外国档案动态, 2003 (111): 5.

[2]《香港特别行政区政府档案管理守则》2001年.

关于构建和谐档案事业的冷思考

"和谐发展"是我国社会主义建设思想新的里程碑,它强调相关事物各种矛盾或关系协调协同、相生相长、共存共生的运动状态,代表了事物发展的一种完美境界。和谐发展作为事物发展的普遍规律与基本要求,也是档案事业发展的重要指导思想。

构建和谐的档案事业、促进我国档案事业的和谐发展是档案人的理想,为了达到这一理想境界,我国档案事业主管部门及广大档案工作者付出了巨大的努力,构建起国家档案事业的基本结构,建立了档案工作的法律法规及基本制度,明确了我国各类档案部门的性质和任务,保证了中国档案事业的长足发展,使中国成为一个"档案大国"。然而,历史的辩证法总是不断打破已有的平衡,向我们提出新的挑战,在目前我国档案事业发展处于革命性变革的重要关口,进一步凸显了"和谐发展"理论对档案事业的重要现实指导意义。

经过长期的实践,我们逐步认识了档案事业的发展规律,能够比较稳妥地协调我国档案事业与国家及其他各项事业的关系。然而档案事业的不协调、不和谐的现象依然是不可避免的客观存在,我们必须保持清醒的头脑,善于识别、扭转那些不和谐因素,以此作为"杠杆",促进档案事业持续、科学地发展。

笔者结合我国档案工作实际,阐述自己关于构建和谐档案事业的一孔之见与同行们分享。

一、档案管理方式的多样化是构建和谐档案事业的前提

以哲学的观点看待"和谐发展",它反映了事物矛盾辩证统一的状态。世间万物都是矛盾的统一体,矛盾是事物发展的动力,没有矛盾事物将失去生命;如若矛盾过于尖锐,事物陷于无穷无尽的对立纷争也就无法发展。矛

盾的普遍性进一步说明矛盾的多样性，和谐是各种矛盾相对平衡所呈现的一种状态。

在科学技术、社会生产力飞速发展与社会政治、经济体制不断丰富的今天，事物的多样性成为一种主导的社会现象。与工业经济时代的要求不同，由于人们那时只能掌握有限的技术，这些技术的推广与应用，需要以生产技术活动方式的趋同性为前提，因此，专业活动及其管理方式往往被限定在某一种或几种模式之内，形成了工业经济时代主要以相对统一模式为基础的管理思想。

我国档案事业的管理同样经历了单一管理模式阶段，甚至这种思维定势至今依然存在，人们还习惯于以某一种方式或模式指导档案工作。例如，贯彻档案工作集中统一的管理体制，推荐的组织形式主要是综合性档案机构，我国档案馆建设几乎为综合性档案馆一种类型独领风骚。加之长期以来，纸质档案管理对象没有多大变化，久而久之，形成了以单一档案管理模式一统天下的局面。在此，我们并不是要评价具体管理模式的优劣，而是要反思，以这种单一的思维定势指导当前档案工作的可行性。

工业经济时代，人们的技术与信息能力十分有限，社会信息需求疲软，档案管理的环境和要求相差无几，档案管理方式比较简单，以单一方式指导档案事业，适合当时档案工作的实际，无可厚非。今天，信息技术的普及与社会的信息化，日新月异地丰富着人们的生存方式，大大提高了人们学习、工作及生活的效率与质量。各种各样现代技术手段可谓"条条大路通罗马"，为人们提供了多种选择的可能。

档案事业的发展充分折射出当前社会发展的多样性特征。信息技术的应用，为档案文件的形成创造了各种载体与记录方式，为档案的存储与管理提供了集中式、分布式、虚拟式等多种可能；经济体制改革催生的多种所有制形式，导致国家、集体与个人多种所有制性质的档案与档案机构的不断涌现；以纸质文件流转为依据的传统管理方式，逐渐向控制信息流的方式靠拢，档案管理的新方式与新手段层出不穷。如果说，档案传统管理模式无所谓管理方式、方法的选择，那么，在信息化的今天，我们已经习惯的单一的档案管理方法与模式，受到了各种新型档案管理方式、方法的挑战，档案管理方式多样化的时代已经到来。研究与选择更加适宜的档案管理模式已经不可避免，仍然恪守以单一模式统一天下档案工作的指导思想，显然落伍了。

以国家档案馆体系建设为例，在计划经济时代，档案都为国家所有，我国的档案馆无一例外都是国家档案馆。档案馆的区别主要在于馆藏内容或档案的来源，在此基础上形成的档案管理与利用方式，只能遵循公有档案及公共档案馆所采用的单一方式。现阶段，由于档案的来源、所有制形式、档案形成方式及载体形式、档案的管理手段与环境的多样化，单一形式的档案馆及国有档案的单一开发利用方式，已经难以面对多种所有制等各种复杂的档案关系，档案馆工作必将进入多样化的时代。以城建档案馆为例，按照国家规定，城建档案馆是国家专业档案馆，其馆藏档案全部为国有财产，必须无条件地向社会公众开放。事实上，为了满足城市管理的要求、保证公共安全，城建档案馆必须完整保存城市范围内一切建筑物、构筑物、地上地下管线的档案，不论这些建筑是否公有。面对不同所有制的档案馆藏、面对各种各样的档案利用目的、面对城建档案利用效果的巨大差异，仅以处理公有财产的一种方式对待多种所有制档案的管理与利用，势必引发档案利用的大量矛盾。公平竞争的市场经济规则，必然要求调整与完善城建档案馆关于档案利用与管理的方式。

国家体制改革与信息化对微观档案管理产生了广泛、深远的影响，档案工作内容、管理手段、档案实体形式五花八门，单一的档案管理手工方式与要求面临新的挑战。以档案数字化为例，当办公自动化形成大量电子档案时，我们不仅经历着档案信息化管理方式的冲击，同时又深切体会到它所带来的信息共享的便利，在档案现代化业务建设中掀起了档案数字化浪潮。而在档案数字化过程中，馆藏档案全面数字化的势头似乎要再次"统一"档案馆的数字化工作，此做法的必要性还有待于深入研究。在国外，档案部门把档案数字化作为档案保护与利用的手段之一，而不是替代传统档案实体的现代化手段。从历史的角度看，档案馆作为人类珍贵原始信息资源保存与利用的基地，馆藏对象的基本特征就是保存着各历史阶段的各种形式的档案实体，如果将档案馆藏全部统一为一种数字式的电子图像，那么，档案馆将与图书馆无异，从而失去自身独立的社会价值。因此，以数字化档案统一或覆盖档案馆藏的做法，无论从历史的角度还是从经济的角度都值得商榷。

如果说，单一方式是工业化时代的基础，那么，多样化则是信息时代的特征。当前，社会公众的信息需求越来越个性化，多样化成为满足个性化的主要前提，也是和谐发展的前提。没有大量矛盾的存在，也就失却了倡导和谐发展的必要性。构建与发展和谐的档案事业，必须认清档案及其管理多样化的客观要求，改变传统单一的指导思想，树立多样化的管理理念，鼓励多种管理方式的公平竞争、平等发展，以"百花齐放"的档案管理方式，满足日益丰富的社会档案需求，特别是社会公众的档案信息需求，以多样化的档案管理模式适应档案事业的和谐发展。

二、适度的档案关系是构建和谐档案工作的关键

马克思主义哲学辩证法认为，事物的矛盾不仅相克而且也是相生的。如果矛盾双方只具有对抗性，结果就只能是一方吃掉另一方的相克关系；如果矛盾双方既对立又能够保持相对平衡，诸矛盾就呈现出相生、互利的共赢关系。和谐是矛盾相对平衡的状态，其实质是在一定时期内，矛盾双方保持均衡的比例关系，形成一定的"度"。辩证法所谓的"度"，即处于两个关节点或关节线之间的特定范围或区间，当矛盾双方处于这一特定范围或区间时，就处于均衡和谐、相生相长的状态，反之，矛盾双方突破这个度，事物就将发生质变，或进入更加高级的形态或走向其反面，进而形成新的"度"。

档案工作方式的多样化是和谐档案事业存在、发展的必要前提，是实现档案事业社会职能的基础条件。构建和谐的档案事业，首先要正确认识与把握档案事业存在的各种矛盾关系，将它们控制、调整到适度的范围。因而，和谐是档案事业的表象，适度是其实质，协调是其手段。

纵观我国档案事业发展的历程，与其他事业的协调是我国档案事业和谐发展的关键。在新的历史进程中，出现不和谐关系是正常现象，也是打造新的和谐局面的前奏。而协调档案事业与国家各项事业的关系，是新形势下档案行政管理的重要职能。

众所周知，档案工作是国家不可或缺的行政管理事业，时代提升了信息及信息管理的地位及作用，但是档案工作与国家其他各项管理工作的关系并没有发生根本性变化，档案工作必须与它们保持相辅相成的关系，如果哪一方不适当地改变了这种平衡关系，就会导致"两败俱伤"的结果。近年来，在建立国家信用档案的过程中，就出现了双方协调失控的现象。

建立国家信用体系是发展市场经济的必然要求，信用档案是国家信用体系建设的信息基础，它是国家专业管理职能活动档案的重要组成部分，是各

专业档案信息的集成。国家信用体系必须建立在整合国家专业档案信息的基础之上，因而，它必然是档案主管部门与各专业主管部门共建的结果。然而，当建立信息用档案的呼声响成一片之时，信用档案如何构成，怎样建立国家的信用档案体系等基本问题，却没有在档案部门与其他专业主管部门之间达成共识，致使档案部门与国家有关专业主管部门各执一词，无法协调相关关系，结果既闲置了大量现有的国家信用信息资源，又延误了国家信用体系的建设与应用；专业主管部门提出的信用档案管理规范与要求，出现严重的缺失、违规等现象，其信用体系建设大失专业水准，而且将直接影响各专业信息管理的效能。

协调档案工作内部各种矛盾关系，是信息时代档案工作面临的严峻考验。国家体制改革与信息化的大环境，对微观档案管理产生了广泛、深远的影响，社会方方面面都在改革，作为社会活动记忆的档案工作更是如此。从一定意义上，目前档案工作改革的实质就是协调各种新的档案关系，使其从不和谐到比较和谐，最终达到新的和谐。因此，认识与发现在争取新和谐过程中的不和谐，是促使档案事业达到更高和谐的必由之路。以这样的观点看问题，就不难发现档案工作中不和谐的现象，目前，全国各档案机构大上档案信息化的做法，就是包含了一些发展中的不和谐。

在我国档案信息化建设的过程中，我们看到一些现象，一些单位建成的信息化环境，没有考虑档案管理的特殊要求，影响着档案工作与各项业务工作的联系；已建成的档案信息系统主要满足手工管理的需要，影响着档案业务工作之间的关系；有的单位在档案信息系统建设中虽然较全面地提出了档案前端控制的要求，但是一些以档案为中心或"泛档案化"的要求又影响了单位内部的工作关系……。对照信息化先行的美国国家档案馆信息化建设实践，他们是首先花巨资聘请各方面专家全面论证，历时两年的研究拿出了其国家档案馆信息化建设的总体框架，在总体框架的指导下稳步实施档案信息化，建设数字档案馆。相比目前一哄而上的人海战术，至少在全面实现档案信息化管理职能、在信息化建设的资源配置、在信息化建设的总体设计部门与档案部门之间的沟通等方面，在信息化建设的经济性、科学性与可行性上值得我们借鉴。

档案工作是一项社会事业，它的和谐发展需要在与其他社会事业相互作用下形成。实现各种档案关系之间的均衡、到达档案关系之"度"，就是要使档案事业与社会其他事业的关系、各项档案业务工作之间的关系,档案事业与档案人及档案服务对象之间的关系方面都相互适应,档案事业才能健康发展。否则,如果出现某些不适度的档案关系,就会因"短板"现象,影响档案事业健康发展的步伐。

三、提供高端档案信息服务是构建和谐档案事业的标志

构建和谐的档案事业与档案事业和谐发展的实质,是以什么样的价值标准指导建设档案事业的问题。以"和谐"作为档案事业价值体系的基础,既能够一如既往地指导档案事业的发展,同时又应该具有特定的时代特征。所谓"一如既往"反映了和谐是档案事业发展的基本规律,无论对过去、现在、将来档案事业的科学发展,都具有普遍的指导意义;"时代特征"则是指不同时期、不同领域,其协调的档案关系具有不同的侧重点。

现阶段构建和谐档案事业就是要强调,充分实现档案信息资源在社会主义建设中的价值,以提供档案高端服务协调各项档案工作关系,这既是构建和谐档案事业的目的,也是检验构建结果的现实尺度。信息时代的基本特征是,信息已经成为社会财富的主要来源,这就为我国档案事业提供了前所未有的发展机遇。信息化提升了全民的信息素质,国家、社会组织与个人的信息需求空前强烈;经过信息化洗礼,档案资源状况与档案利用条件不断改善。档案事业应该利用这一切有利条件,不失时机地为社会做出更大的贡献。然而,现实档案工作的效益并没有得到显著提高。究其原因,是目前我们对档案利用工作的定位与信息时代对档案事业的要求不相适应。

开放档案信息资源服务四化建设是档案事业的基本任务,"信息爆炸"带来的信息质量缺陷,凸显了档案信息的价值,一部分档案人进而过高地估计了档案部门拥有大量原始信息的资源优势,认为只要开放档案使其得到充分利用,就能保持档案事业不可替代的社会职能。然而,他们却没有看到,信息爆炸异常丰富了人们信息获取的方式与途径,甚至不到档案部门,人们也能得到某些原始信息,以原始信息优势作为档案部门核心竞争力的意义正在逐渐弱化。目前真正的利用困难不再是信息的获取,而是获取高质量的信息。而只有对原始信息进行筛选、浓缩等档案信息开发工作,才能使档案信息产品成为用户认为利用方便且最有价值的高端信息资源。由于档案比其他

信息更加分散,档案信息服务更应该将开发档案信息、提高信息质量作为档案利用工作的重点,尽快将档案服务优势转到提供高端档案信息产品和便利的信息服务上来。

档案服务重心的调整,伴随着档案业务建设与资源配置的改变。这种改变将引发新一轮档案工作内部关系的协调,即档案人才配置、档案工作标准与档案服务方式相适应。首先,知识生产不能像技术进步那样,可以通过技术引进或跨越的方式来实现,必须从档案信息的积累与整理等方面一点一滴做起,而且只能依靠档案信息开发人员的脑力,没有别的力量可以代替。其次,开发信息资源的关键是相关人才,而且是具有一定专业水平的人才,是能够识别与理解档案信息价值的人才。这样的人才光凭学校的专业教育是不够的,需要大量实践的磨练,档案信息开发人才的培养,需要经过一个相对长的实践过程。因而,档案信息开发人才问题,是当前档案资源配置的关键内容。

调整档案服务重心必须与档案服务对象相协调。档案的特点决定了档案工作的任务,档案部门提供的档案服务,既包括档案信息提供服务,还要包括档案存贮服务。因此,档案服务对象与一般信息服务不同,不仅包括档案利用者,还包括档案的形成者——立档单位。立档单位不仅是档案利用的"大户",还是馆藏档案的来源,直接影响着档案资源建设的质量与效果。档案部门应该特别关注这些特有的服务对象,积极协调与它们的关系,努力为它们服好务。由于现实存在这些相对复杂的关系,档案供需双方难免产生一些不和谐因素。例如,在接收档案的过程中,立档单位不理解档案部门提出的档案移交范围或要求,档案部门以国家利益的代表将自己摆在强势地位,这样僵持的结果势必有损于档案部门与档案服务对象的合作关系,甚至激化双方的矛盾使档案馆成为无源之水,既有悖于档案部门的服务职能,也给档案工作带来不必要的障碍。如果档案部门站在立档单位的立场考虑问题,从提供档案专业服务入手,除了上述档案保管与利用以外,还包括对其相关权益的保护,成为立档单位鉴定档案价值和保护知识产权的顾问,那一定会出现另一种双赢的结果。

总之,和谐发展是科学发展观的具体表现形式,和谐发展的思想给我国档案工作者以重要启示,使我们认识到和谐发展就是要适应变化,不断达到新的平衡。长期以来,我国档案工作者自觉认识与处理不和谐现象的意识不强，缺乏积极、有效的思想准备，一旦面临变化，就惊慌失措不能驾驭各种新矛盾。和谐发展的理念指导我们冷静对待不和谐问题，认真审视新的历史条件下档案事业发展中出现的不和谐现象，自觉调整好相关档案关系，变压力为动力，开创我国档案事业更新、更高层次的和谐局面。

（本文为 2007 年第八次京津沪渝档案学术研讨会的大会主题发言 http：//d.g.wanfangdatas.com.cn/conference~7718972.aspx.）

参考文献

［1］胡小明. 信息内容服务业的机制研究［M］. 北京：新浪科技，2003.

［2］瑞典. 档案工作者在当今社会的新角色——第 35 届国际档案圆桌会议报告［J］. 外国档案工作动态，2003（111）.

［3］王安耕. 政府信息资源开发利用［J］. 档案信息化，2005.

［4］文豪、陈芳芸. 企业知识产权管理：问题、原因与对策［J］. http：//www.doc88/com/p8089038203796.html，2006.

制定档案馆接收范围的基础研究

档案馆是人类文明的一个重要标志,从皇家专署演变为政府机关,进而发展为社会公益机构,档案馆功能的不断发展、完善,映射出社会文明与民主的进程。目前,各国档案馆基本上分为两类,一类是由政府建立并支持的国家或公共档案馆,另一类为政府机构以外的社会组织或个人建立与运营的私人档案馆。由于建馆宗旨不同,两类档案馆存在诸多差别,其中最显著的差别就是国家或公共档案馆(以下简称公共档案馆)必须为国家机关和公众服务并向社会开放,而私人档案馆则可以根据需要与可能自行决定为社会服务的程度与方式。

1992年我国国务院批准的《全国档案馆设置原则和方案布局》明确规定:"各级国家档案馆,是归口中央或地方各级档案行政管理部门直接管理的文化事业机构或科学技术事业机构。"北京市档案馆(以下简称"市馆")为我国档案馆布局规划中的综合性地方国家档案馆,它是北京市人民政府全力支持的公共档案馆,是为政府与市民服务的文化事业机构,管理与开放对国家与市民有保存和利用价值的档案是它的基本职能。

一、馆藏建设的决定性与紧迫性

馆藏建设即档案馆馆藏结构的确立、完善与维护工作。馆藏资源的收集与保管工作,被业内人士称为"丰富馆藏"——其决定了特定馆藏档案的价值大小或优劣,影响着档案馆的功能。然而,档案馆的功能是无限的,而档案馆的馆藏是有限的,对转型期的公共档案馆而言,其馆藏建设的矛盾与冲突必然更加激烈,已经成为档案馆事业发展的永恒主题。

(一)馆藏建设的决定性

1. 档案馆藏是档案馆事业的基础

档案馆是一定社会需求的产物,"当我们研究古今中外各类档案馆(库的发生、发展后就可以发现,档案馆的有些功能并不跟随社会的发展变化而发生质的变化,而是属于不同时代、不同国家和不同类型的档案馆所共有的"[1]。换言之,档案馆就是为完成这种"共有的功能"而存在的,这些就是档案馆的历史使命——档案的管理与开发利用。"档案的管理"即档案的鉴定、接收与保管,"档案的开发利用"具体包括档案信息资源的开发、提供查阅服务及档案信息的合理传播。"档案管理"为其职能的实现与拓展奠定了基础,"档案开发利用"就是档案馆管理成果的延续,二者相辅相成。

档案是具有继续或长久保存与使用价值的文件有机体。其价值首先取决于它是真实的历史记录,"记载了政府的职责和义务,保存了公民权利和资格的凭证。包含了数量巨大的关于人民、组织、社会和经济发展、自然现象和事件等等情报,对于描述国家历史的完整面貌,是无价的原始资源"[2]。"一个国家通过保存和利用档案,能够使文化、社会和经济的利益得到自然增长。"[3]档案的利用及其价值的实现,是档案馆最显现的或者是被社会公认的基本价值或基本功能。其价值或功能实现的前提,就是档案的收集与积累。众所周知,档案馆本身并不形成档案,要实现其基本功能首先必须获得档案馆藏。

档案是由具有一定价值的历史文件(记录)积淀而成的,拥有特定的形成规律:其一,档案是为满足相关活动需要而产生;其二,档案的形成一般滞后于相关活动;其三,档案需要积累,而积累是一个持续、历史的过程。

随着社会与科技的进步,人类社会活动不断"提速",文件现行作用的周期越来越短、数量增长越来越快。以至于档案形成者们已经无暇顾及自己"钟爱"的文件,逐渐失去了自己保存文件的热情,导致了文件的专业化管理,奠定了档案馆事业的物质基础。

社会对档案的利用是档案馆生存、发展的根本原因,如果没有一定数量的档案积累,档案馆就缺乏满足社会档案需求的能力或"资本"。显然,档案利用必须以丰富的档案馆藏为前提。档案的积累(丰富馆藏)为档案利用创造了物质条件,档案利用疏通了档案收集的渠道,进一步支持了档案馆藏

---

[1] 姜之茂:《档案馆理论与实践新探》,中国档案出版社,2000年,第16页。
[2] 詹姆斯·B.罗兹:《档案管理和文件管理在国家信息系统中的作用的调查报告》,《文件与档案管理规划报告选编》,北京:档案出版社,1990年,第276页。
[3] 同上,第275页。

建设。就此意义而言，虽然档案的积累与档案的利用同为档案馆不可或缺的基本职能，相比较而言，档案积累职能更为基础。"档案对于能够从中受益的人们来说，是值得严格地收藏、认真地保管和普遍地使用的。它们有独特的价值，也应该有独特的地位，它们是国家领土上必不可少的一部分资源，必须在政府的保护下，合法地和确实地加以保存。"①我们应该清醒地意识到，积累或管理档案的基本功能，对档案馆事业发展具有的基础作用。

2. 馆藏建设是实现档案馆功能的保障

20世纪后期，各国档案馆的社会功能得以拓展，档案馆在为政府服务的同时，越来越多地实现了为社会公众服务的功能；从为政治服务发展到为经济建设和民生服务。随着社会功能的拓展，档案馆功能问题再次成为档案学术研究的热点。目前，比较典型的观点认为国家档案馆具有"保存人类文化遗产功能、维护历史真实面貌功能、资政襄政功能、繁荣科研功能、发展经济功能、推进民主功能、社会教育功能和休闲功能。"②客观、全面地揭示档案馆的功能是丰富馆藏的理论基石。

如前所述，档案馆的社会功能是其基本职能的外化，而具备实现这些功能的档案馆藏则是档案馆功能的内在依据——没有相关的档案信息，档案馆就无法满足相应的社会需求；同时，馆藏档案资源又是档案馆的立身之本——没有需要保存的社会历史记录，档案馆就无须存在。

公共档案馆一般拥有丰富、可靠的政府行政管理信息，能及时满足管理、决策信息的需求，实现其资政襄政的功能。以北京市档案馆（以下简称"市馆"）为例，其数量可观的旧北平市政府的档案，在改革开放以前，主要用于查考政治、历史事实或人物，这种利用需求引发或实现的部分档案的功能，主要表现在政治活动和落实政策方面。如今，不仅市政府有关部门要求通过它们查证史实，而且还从这些史实中发掘、探究市政管理的规律、汲取行政管理的经验。此外，海内外大批学者在从事相关研究活动时，也需要从中探究北平政府的职能及实施情况，通过它们了解当时的市情、民情。多维的利用需求扩大了旧北平市政府档案更加广泛的利用前景，激活了馆藏档案与档

---

① 詹姆斯·B.罗兹：《档案管理和文件管理在国家信息系统中的作用的调查报告》，《文件与档案管理规划报告选编》，北京：档案出版社，1990年，第280页。

② 姜之茂：《档案馆理论与实践新探》，北京：中国档案出版社，2000年，第18页。

案馆潜在的社会功能，提高了档案利用率。然而，如果市档案馆根本没有这部分档案馆藏，激活新的社会功能便无从谈起。

档案馆社会功能的强化与拓展是馆藏结构和社会利用需求共同作用的结果。因此，档案馆藏建设必须针对档案价值及社会档案需求，及时将那些适应新需求或新功能的档案列入接收范围，作为指导档案馆馆藏建设的依据。

3. 档案馆接收范围决定着馆藏建设的质量与效率

目前，我国初步形成的档案馆网络，对于国家档案馆藏建设具有重要的指导作用。长期以来，各级国家档案馆遵循分级管理和属地管理的原则，积极、有序地接收相应馆藏，大力开展馆藏建设。按照档案馆网的布局，市档案馆为"综合档案馆是按行政区划或历史时期设置的，收集和管理所辖区域内多种门类档案的档案馆"①。

国家档案馆网布局是确定综合性档案馆接收和保管档案范围的基本依据，主要包括两方面基本要求。其一，接收或保管档案的空间范围，取决于档案馆所属的行政区域。其二，接收或保管档案的内容范围是多门类覆盖所有政府职能的。综合档案馆的空间范围比较明确，而内容范围则相对模糊，接收哪些档案才适合档案馆的功能，是各级综合档案馆在自身馆藏建设中，制定自己的接收或进馆范围，协调、指导所辖范围各类档案的流向，实现国家档案馆藏合理分布的主要依据。

外国档案界权威人士曾经指出："自从社会赋予了它的档案人员以根据其利益挑选用于明天记忆材料的责任，现代世界就已将其重要的部分，托付给了档案馆。"②档案馆接收范围是档案馆馆藏建设的依据，其规定的接收范围是档案馆收集和保管的全部档案内容，也是将来可能向社会提供档案服务的范围。

档案馆接收范围决定了档案馆的馆藏结构，进而决定了档案馆的功能。随着社会文明与政务公开的客观要求，档案馆在满足社会公众需求方面的压力越来越大，为了持续发挥历史功能，主动适应社会需要，档案馆必须不断调整与完善档案馆的接收范围。

---

① 国家档案局：《国家档案馆设置原则和布局方案》，1992年。
② 詹姆斯·B. 罗兹：《档案管理和文件管理在国家信息系统中的作用的调查报告》，《文件与档案管理规划报告选编》，北京：档案出版社，1990年，第278页。

(二) 完善北京市档案馆接收范围的紧迫性

我国档案馆网中，无论在档案馆数量还是在馆藏数量上，综合性档案馆都处于主体地位。为较好地实现市馆的功能，北京市档案局制定的《北京市档案馆的接收范围》，对于北京市国家档案资源建设起到了重要的指导与协调作用，避免了档案重复进馆，对市档案馆馆藏建设进行了规范。经过不懈地实践，初步形成了北京市档案馆的馆藏结构。截至1996年，市馆馆藏包括192个全宗，累计12000延长米的档案，馆藏量位居我国省级综合档案馆前列，初步满足了同期档案利用的需要。随着档案利用需求的改变，市馆馆藏建设面临着新的危机。

1. 社会利用转型期档案馆藏的"焦虑"

社会档案利用需求的基本诱因是社会的发展，社会实践特别是社会焦点主导着档案信息的利用需求。面对国家改革的步步深入，市馆的档案利用需求发生了深刻的变化。在空前深刻、全面的改革浪潮中，特别是20世纪末档案利用需求"一反常态"，从主要为政治、政府服务，迅速转向为经济建设和社会公众服务。

随着社会文明、社会民主的进程，一个有目共睹的事实是，2004年以来，越来越多的社会组织与社会公众开始关注档案馆的公共信息资源，世界各国政府也越来越重视档案资源的社会共享。以市馆为例，2004年社会公众利用者首次超过政府机构利用者。这种档案利用增长势头，导致了下列耐人寻味的现象：其一，以工作查考为目的的档案利用量低于学术研究等利用目的的利用量；其二，查证组织政治结论的档案利用量让位于索取个人经历证明的利用量；其三，查阅宏观档案内容的利用量低于微观档案内容的利用量。

这些档案馆利用的新气象，是社会档案意识日见高涨、档案事业逐渐融入社会的明证，档案工作者梦寐以求的、提升档案馆社会功能的机遇出现了。面对新的利用需求，档案工作者的第一反应却是"无米之炊"引发的焦虑。新的档案利用需求，需要相关档案信息资源的支撑，即档案馆必须拥有满足公众利用需求的相关档案信息，当我们为新的需求提供档案实体或信息时，综合档案馆馆藏内容的"单一性"的缺陷被"放大"了。由于目前各级国家档案馆的馆藏以政府机关的文书档案为主体，这些文书档案中又以辅助管理职能的档案居多，职能管理档案因未列入接收范围而数量极少。上述社会利用需求针对的档案信息由于没有包含在传统档案馆藏的范围，还没有成为综合档案馆的公共档案资源,因而,综合档案馆目前还难以满足日益强化的社会公众的档案需求。

2. 综合馆在馆藏建设上的"困惑"

我国档案馆事业是在国家集中统一管理原则的基础上建立、发展起来的,国家对各级馆的馆藏范围已经做出明确规划,既规定了各级档案馆馆藏档案的来源,也规定了综合档案馆的档案内容。市馆遵循的进馆范围,如果排除某些不可避免的变化以外,其规定的接收范围是比较客观、完备的。为什么看起来相当丰富的档案资源,现在用起来却"入不敷出"呢?问题出在了馆藏结构上。究竟怎样的馆藏结构才合理呢?

随着档案社会利用需求的强化,综合馆不约而同地把丰富馆藏的注意力集中在扩大档案的接收门类以改善馆藏的结构上,普遍加大了科技档案、照片档案的收集力度,似乎是目前丰富综合馆馆藏具有代表性的观点。例如,"我们特别要注意接收那些特殊载体的档案,如录音带、录像带和照片档案、实物档案等"①,"在制成材料上,要十分重视对非纸质载体档案的接收"②。虽然这样的呼声日益高涨,但是,冷静地分析,这些举措不仅不可行,甚至是无效的。

就目前综合馆接收工作的实际情况分析,各立档单位产生的照片、声像档案数量不大,且"独立"记忆功能有限,即便档案馆能够将它们全部接收,其丰富馆藏的作用仍然十分有限。至于要"突破40年来一贯只接收文书档案的樊篱,大量收集其他门类的档案,如科技档案、专门档案、名人档案等"③的建议,实施起来也是困难重重。因为,国家明确规定,科技档案和各种专门档案的最终流向是各行业或专业建立的专业档案馆或专门档案馆。综合档案馆如此接收,势必影响专业档案馆的馆藏建设,颠覆国家既定的档案馆布局及其档案资源建设秩序。与其将档案馆接收的目光紧盯在本不属于自己范围的档案上面,倒不如聚焦于那些本应属于综合馆的接收范围,而由于种种原因目前尚未接收进馆的那些档案,将主要精力集中在"份内档案"的集约化管理上,实质性地完善国家档案资源整体建设。

---

① 温强:《馆藏建设与开发》,《档案学研究》2001年第2期,第29页。
② 邓绍兴:《地(市)县级档案馆丰富与优化馆藏的途径》,《北京档案》2001年第11期,第20页。
③ 同上。

3. 综合性档案馆藏内容结构的失衡

目前，我国综合档案馆的馆藏数量与20世纪末相比，呈现突飞猛进的增长态势。越是在这种时候，我们就越要关注馆藏质量，馆藏档案"内容单一，结构不合理"是人们普遍认同的馆藏结构问题。应该说，档案数量是馆藏建设初级阶段的主要矛盾，随着馆藏档案的不断充实、积累，当前馆藏建设应该关注丰富馆藏与优化馆藏的辩证统一，有效提升馆藏质量。

档案接收是"丰富馆藏"的主要方式，包括档案接收与征集。近年来，市馆在社会乃至国际上卓有成效地开展档案征集活动，将散存于社会组织与个人手中的那些反映北京各个历史时期的珍贵史料征集进馆。例如，征集到民国时期北平地区军政机关和重要抗战将领的档案，补充了一些十分具体、珍贵的史实，丰富了抗战时期正面战场的档案馆藏，对后人客观了解北京地区抗日战争的历史面貌，起到了"画龙点睛"的作用。然而，档案征集毕竟具有偶然性，档案馆馆藏建设主要应该依靠接收工作来实现，这才是档案馆获取和积累档案资源的主渠道，决定着馆藏内容是否丰富完整、馆藏结构是否优化合理。而档案馆接收范围是指导档案接收工作的依据，综合档案馆馆藏建设必须首先从完善管理制度——调整档案接收范围入手。

其一，辅助管理档案与职能管理档案馆藏比例失衡。从各级综合馆接收范围的规定可以看出，对机关文书档案规定得最为详细，对辅助管理档案更加具体，大大超过反映职能管理档案数量，是馆藏结构不合理的典型现象之一。尽管目前我国档案界还没有建立"辅助管理档案"和"职能管理档案"的统一概念，而将它们统称为"文书档案"或"公务档案"，但是，区分并澄清这对概念，对馆藏建设具有重要的理论意义。

职能管理，是各机构存在的社会基础，即被赋予行使的某种社会行政管理职能。例如，监督管理药品生产是医药主管管理部门的职能管理工作，监督管理大学教育工作则是高教部的管理职能。所谓职能管理档案是记录其形成单位、履行的职能活动及其过程的业务管理档案，泛指机关所属职能管理部门形成的，反映特定行政职能的档案内容。实际工作中，它们俗称为"业务档案"、"专门档案"或"专业档案"。辅助管理，为各单位日常保障性管理活动，如各单位的党团工作、劳动人事、后勤保障、安全保卫、群众团体等辅助职能部门的活动。辅助管理档案记录着各辅助管理部门的服务性、保障性管理活动的信息，是各单位普遍存在的档案内容。二者比较，职能管理档案承载着各立档单位的基本职能活动信息,其内容专业性强、更具独特性,馆藏价值更高,应该是档案馆接收各单位档案的主体。依此对照综合档案馆的接收范围,规定最具体、接收量最大的不是职能管理档案,却是辅助管理档案。这就更加明显地区分着两类管理档案对馆藏质量建设的影响。

其二、微观档案信息与宏观档案信息馆藏结构失衡。随着社会的进步,重视反映微观活动信息的档案,正在成为各国档案工作者的共识。著名档案学者朗西斯·布劳因曾指出:"档案空缺可以使完全倚重文件的历史研究失去效力。因为历史学家已经不再只关注反映主流文化的那些公共机构的历史(这些与现存的档案馆藏相得益彰),历史研究的视角已经转向没有发言权的少数民族群体、性别、种族等问题,然而,仅凭现有的文件材料是难以开展这方面的研究的。"①美国档案学家F. 杰拉尔德·汉姆也主张,档案应该全面反映人类生活的方方面面,他认为如果档案人员坚持"狭隘的档案文件观,那么它收来的档案永远不会为人类举起一面折射历史的镜子。如果我们还没有举着那面镜子,如果我们不帮助人们理解他们居住的世界,如果这不是档案所有的内容和任务,那么我们不知道我们做的还有什么意义"②。他把以往档案收集工作的偏差——缺乏具体历史活动的微观记录,提高到动摇档案工作的高度来认识。

为了深入了解馆藏结构的实际,我们在调研过程中随机抽取了市档案馆所藏的市监察局、市教育局、市园林局和市建工集团4个全宗,进行馆藏结构分析。首先根据问题和组织机构的性质,将相关档案大致划分为辅助管理档案与职能管理档案两部分。结果显示,辅助档案与职能档案的比例分别为69.9%:31.1%、68.39%:31.61%、71%:29%、84.6%:15.4%,平均比例为77%:23%,最大比例为5.49:1(见表1)。由于市馆主要接收这些单位的永久档案,这样的比例能否客观反映档案形成单位相关档案的实际比例呢?通过进一步对这些全宗立档单位档案数量的调查,辅助管理档案与职能管理档案的实际平均比例为46%:54%。说明,无论是市馆还是各单位的档案接收范围,规定的辅助管理档案的比重都是偏高的(见图1、图2)。由于

---

① [美]弗朗西斯·布劳因:《档案工作者、中介和社会记忆的创建》,《中国档案》2001年第9期,第49页。

② [美]F. 杰拉尔德·汉姆:《档案边缘》,《山西档案》1999年第1期,第15页。

以往没有类似分类的统计数据，更准确、全面的数据一时难以获得，因而下列数据虽然不够典型，但是凭借实践经验，我们还是能够接受这一结论绝非偶然的评价。

表1 相关全宗职能管理档案与辅助管理档案数量统计表

	市监察局	市教育局	市建工集团	市园林局
辅助档案	69.9%	68.39%	71%	84.6%
职能档案	31.1%	31.61%	29%	15.4%

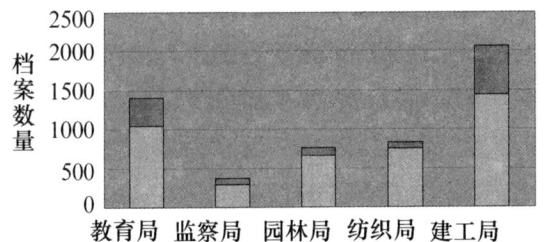
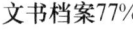

图1 市档案馆馆藏辅助档案与职能档案数量示意图

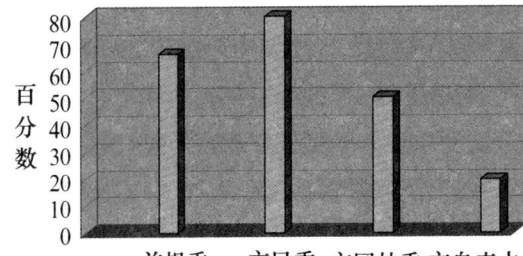
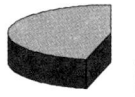

图2 相关形成单位档案管理档案构成示意图

据市馆利用处工作统计，2004年个人取证和学术研究类利用者的总人数，已经超过利用总人数的60%。而目前，档案利用工作难以满足或缺失最多的内容恰恰是职能管理档案。档案利用实践进一步证明，满足社会公众利用需要的档案不是出于反映宏观决策的档案文件，恰恰来自那些反映微观职能活动的档案。例如，北京市档案馆为市级劳模提供的证明文件、长春市档案馆为企业职工解决劳保待遇、办理社会保险提供的具有法律凭证的工龄证明,建立的职工劳动档案数据库。它们之所以引起巨大的社会反响,甚至形成了品牌效应,完全凭借北京市档案馆保存人事局审批历年劳模的文件和长春市档案馆保存的 114 万份企业职工的劳动调配单。同样,随着学术研究的深入,以重大事件、重要决策等问题为目的的历史研究,逐渐成为档案利用的新趋势,新的利用需求凸显了目前档案馆藏结构的失衡。主要原因有三。

其一,对这部分档案价值的认识悬殊。一部分人认为职能管理档案在其形成单位使用频繁,不愿意将它们移交到市档案馆。在对市直属机关的调查中发现,各单位的档案形成者和档案管理人员普遍认为本单位最有价值的档案非职能管理档案莫属。用他们自己的话描述,这类档案是"放在手头、天天要用"的,认为这些档案移交到档案馆利用不方便,将直接影响行政管理工作。在调查单位中 52.6% 的单位明确表示不愿移交这部分档案。而另一部分人认为职能管理档案利用价值低、数量大,如果将这部分档案接收进馆,档案管理工作量激增,利用效率还难以预测。调查中,档案馆工作人员认为这部分档案"内容太碎了",不如宏观决策档案那样便于提供利用。长期以来为了适应党和政府政治工作的需要,各级综合档案馆比较重视立档单位——各政府决策部门形成的"文书"档案,相对忽视了各业务部门形成的"专门"或"专业"档案,并逐渐形成了这种传统的档案价值观。受这种片面价值观的影响,各级档案馆制订的档案接收范围,都向宏观决策档案倾斜,反映微观职能活动的档案日益匮乏,导致目前大量馆藏档案内容类似,而具体历史活动记录短缺的现象。

其二,认为这部分档案涉及面狭窄、社会利用意义不大,没有必要进馆。职能管理档案与具体职能活动紧密相连,是遵循专业行政法规或制度处理具体业务问题的客观记录,如处理某一案件、解决某些人群的具体问题、对某些企业活动进行监督等。职能管理档案内容的专业性,决定其利用者相对固定。他们利用档案的目的是为了保持专业行政管理部门公务活动的连续性、政策法规的稳定性,避免不必要的过失。因此,档案形成者坚持认为,业务(职能管理)档案,保存在档案室比保存在档案馆更合适,甚至将某些已经规定移交进馆的职能管理档案,长期留存在基层档案部门,甚至一些已经进馆的职能管理档案又被其形成单位长期"借用",使其他利用者失去了利用的机会。目前的档案利用实践证明,由于职能管理档案针对的是具体人和事,这些档案涉及社会公众的利益,已经成为社会利用者的首选利用对象。

其三,接收职能管理档案在操作层面存在一定难度。职能管理档案的数量大、内容的专业性强，无论是实体的保管，还是在编目与利用方面都有特殊要求。全部接收进馆，虽然能够提升档案馆反映微观历史活动的能力，但是所增加的管理工作量也是不容忽视的。这就需要在具体接收时有所选择，没必要也不可能将它们全部接收进馆。

如若进行选择，就要进一步甄别它们的价值，不仅增加了大量的档案工作，而且其中存在诸多的不确定因素，如怎样把握价值尺度、如何理解业务活动的历史意义，都进一步增加了档案鉴定的难度。尽管存在许多未知数，扩大职能管理档案的馆藏量依然是各综合档案馆丰富馆藏的有效措施。只有加强对此问题的研究，尽早拿出妥善的解决办法。

4. 信息化档案管理环境对馆藏建设的影响

信息化是本世纪初最具典型性的社会现象，信息化对档案工作产生了革命性的影响。形成于计算机网络中的电子档案，首次出现了信息与载体相分离的状况，而电子文件的归档不仅能够随时进行，而且归档的形式从文件实体的移交，变为逻辑归档和物理归档等多种方式的选择。电子档案的产生，为我们解决职能管理档案利用与移交实体的矛盾提供了新的思路。应该抓紧时间进行相关接收方式研究，以求尽快解决这一难题。

二、综合档案馆馆藏建设的经验借鉴

面对档案馆生存发展的新环境，国内外档案工作者也在积极探索馆藏建设的问题，创造出许多提高馆藏效益的方式方法，值得我们认真研究、借鉴。

（一）积极收集历史档案，大力丰富综合档案馆的馆藏

档案是档案馆的物质基础与功能之源，优化与丰富综合馆馆藏是档案馆建设的第一要务，这一点在档案界已经达成共识。对于我国这样一个疆域辽阔、历史悠久的泱泱大国，档案馆藏的质量与数量与国家地位很不相称。根据澳大利亚档案工作者安妮·玛丽亚·施沃特利希的研究："截止到1998年11月，国家（指澳大利亚）档案馆保存的被确认的档案文件有250千米长，大约2500万卷。当时美国国家档案馆的馆藏是577千米，英国公共档案馆为167千米。"我国的档案馆藏总量近20年来虽然有了长足进步，2000年馆藏量达到近2亿万卷，但相比之下我国的档案馆藏仍然十分有限。2003年中央档案馆、第一历史档案馆和第二历史档案馆三个中央级国家档案馆档案排架

总长度为128千米，相当于澳大利亚的51.6%、美国的22.25%、英国的61%。再以目前各国首都档案馆馆藏为例，"瑞士首都伯尔尼是一个人口仅30万的小城市，档案馆拥有档案17千米，法国巴黎市档案馆的档案长度为70千米。北京是世界性大都市，有八百年的建城史，市档案馆藏量位居全国省级档案馆第四，可长度仅为10千米。"而莫斯科市档案馆联合体的档案，从16世纪至今共计1000万件、排架长度是120千米。

在这种强烈反差的刺激下，我国档案工作者非常重视馆藏建设，经过不懈的努力，1963年到2003年的40年间，国家馆藏总量从568万卷激增到2亿卷左右，翻了五番。藏量虽然显著提高，但是档案内容反映的历史相对短暂，年代最久远的档案基本是明朝末期的，且档案内容支离破碎缺乏系统性，与欧洲各国家档案馆上千年的档案比比皆是的情况形成鲜明的对比。我国历史档案的缺憾，是由历代封建王朝"存史不存档"的传统制度所致。在国内有关文献典藏机构中的历史档案已不多见的情况下，应该考虑采取其他方式加以弥补，而强化档案征集力度，从档案机构以外挖掘历史档案不失为一种丰富馆藏的好方法。例如：

（1）向重大事件或重要人物的关系人征集相关档案文献。重大事件或重要人物的关系人指当年那些活动或事件亲历者，目前在世的亲属、朋友或知情人，由于这些人与当事人的特殊关系，有可能掌握一些文字材料或实物。这些历史记录虽然属于家族或个人，但是，由档案馆为它们提供良好的保存条件与宣传的机会，而让档案馆代管的可能性很大。例如，北京市档案馆向著名爱国将领佟麟阁的女儿征集历史文献、黑龙江省档案馆向抗日英雄赵尚志的外甥征集珍贵文献、江苏太仓档案馆向全国征集郑和下西洋的史料等。

（2）加大对外收集档案的力度，填补记忆空白。由于历史原因，我国许多历史资料现存于西方国家的档案馆、图书馆、博物馆和私人手中。随着国家与民间文化交流的扩大，使我们逐渐了解到一些相关资料的信息，这又成为一个丰富馆藏的新途径。继威海市档案局通过到英国各地的档案馆、图书馆收集有关威海地区的档案，填补了该地区32年的历史记录空白以来，内蒙古档案馆、青岛档案馆相续通过到国外进行专题研究的人员了解有关档案的情况，准备到国外进行有关档案的征集或收购。档案馆应该利用各种机会发现相关档案史料的庋藏信息，为对外收集相关档案做好准备，等待合适的机会将这些档案接"回家"。

(二) 突出地域文化特色、重点收集相关档案

近年来,世人越来越关注档案的社会文化价值。"文化"是一个相当宽泛的概念,对综合档案馆而言,其文化特色要与地域特色紧密结合。例如,湖南省档案馆的女书档案、苏州档案馆的商会档案、上海市档案馆的近代金融档案、北京市档案馆的会馆档案,以及北京宣武区档案馆的宣南文化档案和通州区的运河文化档案等等。特别是一些综合性档案馆已经将历史档案的挖掘与保护工作,搭上国家"人类记忆工程"的快车,有效地促进了馆藏历史档案的建设。

与前一种接收方式相比,纵向挖掘珍贵档案更需要档案馆深入细致地研究市情、民情,全面历史地认识区域特点,克服浮躁情绪与急功近利的倾向,扎扎实实地发掘本地区的档案文化资源。

(三) 改革档案工作机制,实现档案资源的整合

国家经济体制改革的大潮,左右着档案形成单位及其档案的流向,档案工作也要进行必要的调整,主动整合馆藏资源,集中精力提高档案管理的效益。各地采取整合资源的方式方法具体分为两种:

一种是通过整合现行档案机构,实现档案资源的整合。北京市西城区委档案文件中心、上海浦东新区档案文件中心、哈尔滨市政府机关档案管理中心和天津塘沽新区文件中心等,都是基于将政府行政管理机关单独设置的基层档案机构合并为联合档案机构,实现了档案信息的整合与档案管理资源的整合。这种方式最大的效益是便于档案资源共享,又节省人力、物力、财力,降低了管理成本,便于指导强化档案行政管理部门的监督、协调的职能。

另一种是通过整合档案馆,实现档案资源的整合。其典型代表是广东顺德的"三档合一"和安徽和县改革档案管理体制。改革以前,和县档案资源由于分散管理难以形成资源优势,2005年底和县档案馆的档案仅有3万余卷,而县房管局、建设局、土地局三家档案室就有8万多卷档案,综合档案馆的利用困难可想而知。和县政府调整档案管理体制,变过去的条块分割为一家主管,从组织上保证了在档案归属和流向上真正实现集中统一,更加利于档案资源的共享。

(四) 各国档案馆"丰富馆藏"的经验

1. 完善国家档案观念,强化国家有关行政机构对非国有档案的监管

目前西方国家的档案概念已经突破以往公共机构产物的传统界限,从国

家财产拓展为民族文化遗产。作为国家财产主要强调的是所有权，进而形成国家档案和私人档案；而文化遗产则注重国家或民族的传承与共享。因而，近年来我们看到，奉行"私有财产神圣不可侵犯"的西方国家，对私人档案的管理的措施越来越多。例如，意大利政府规定，档案监督官"负责对公共和私人机构的档案馆进行监督"。在英国，随着2003年英国国家公共档案馆与历史手稿委员会合并为国家档案馆，原历史手稿委员会监管的私人档案随即成为国家档案馆指南的组成部分。苏联在1918年就建立了国家档案全宗的概念，苏联解体后俄罗斯社会发生了很大变化，但是它们仍然继承了苏联国家档案全宗的思想，1993年颁布的《俄罗斯档案全宗和档案馆法》规定："俄罗斯档案全宗的成分包括存在俄罗斯版图上的所有档案全宗和档案文件，不管它们的来源、载体类别、保管地点和所有制形式。"

由于近代社会学、经济学和文化领域研究的扩大，私人档案的社会意义逐渐受到重视。联合国教科文组织RAMP（文件档案管理计划）对此进行了专门研究，由Rosemary Seton根据世界各地69个不同档案馆的39份调查报告形成的相关研究报告表明，国家档案机构普遍关注私人档案资料的收集与保护，许多国家的档案机构在对私人档案进行登记、保护和管理方面形成了成熟的理论和经验。我国私人档案概念的出现只是近年的事情，随着我国的改革开放，过去一统天下的档案公有制逐渐为多种所有制取代。宗教机构、私立学校、私立医院、私人等等非公组织的档案正在大量形成，上述国家在私人档案管理方面的做法值得我们借鉴。

可以预见，随着私有档案概念的建立，各类私人机构档案意识的加强，我国私有档案的种类与数量还将不断地扩充、发展。这种形势将为综合档案馆丰富馆藏提供另一条可以选择的新途径。对于那些自行保管有困难或者它们自己不愿意保存的非公档案，综合馆可以通过不改变档案所有权的代管的方式，选择性地代管代存某些弥补馆藏内容的重要历史记录。

2. 多样化的档案馆共同担负起保管国家与民族档案资源

档案是国家与民族的共同财富，档案馆是永久保存国家文化遗产的基地、社会文明的标志。随着人类文明程度的提高，发达国家档案馆的种类越来越丰富，面积只相当于我国三十分之一的意大利拥有上百个档案馆。发达国家的档案馆不仅数量多，而且类型十分丰富。其归属，有属于国家机关的、教会的、学校的、商会的、企业的；其形式，公务文件、缩微档案、声像档案、电子档案应有尽有；其馆藏内容，涉及行政公文、城市建设、科学研究项目、国计民生的方方面面。正是由于有了多样化的档案馆，才能与多样化的档案来源保持着密切的联系，有了这些"源头活水"的注入，各类档案馆馆藏才能各得其所、馆藏量稳步上升。相对而言，我国档案馆的类型比较单薄，私人档案馆十分鲜见，公共档案馆中只有综合档案馆发展较好，专门档案馆的发展参差不齐，档案馆的类型难以覆盖各种各样类型的档案。

这种情形给了我们一个重要启示：目前，各档案馆拥有各自的档案源流，各类档案馆共同承载着国家文化遗产。无论档案在国内的哪个档案馆保存，实际上都是在积累和保管着国家的档案资源。各档案馆应该坚持自己的馆藏范围，持之以恒地坚守特定领域的档案资源，一定能够形成丰富而高效的国家档案馆藏。其关键就是要坚持档案馆之间已经形成的合理分工，切忌见异思迁、好高骛远，放弃企图控制其他档案馆进馆资源的"权宜之计"。作为综合档案馆，更应该建立国家"大档案"的理念，引领各类档案馆保管好自己的档案资源，在组织、领导开放档案资源方面，而不是在抢夺档案资源方面发挥自己的优势。

三、综合性档案馆馆藏建设的理性思考

档案形成与运行环境电子化是一把双刃剑，既有利于综合档案馆的接收工作——无论何种形式、多大量的档案一旦数字化，档案馆都能轻而易举地将其接收进馆，并且不影响各方面对档案的利用。同时，它又在一定程度上为档案馆的接收工作设置了新的障碍——增加了电子档案鉴别与保存的技术难度与工作量，增大了电子档案的安全风险。信息环境能动地改变了我们熟悉的传统档案接收、保管与利用方式，这是目前我们研究综合档案馆馆藏建设问题的客观现实。因此，必须以网络环境与政务公开为基础，重新认识综合档案馆馆藏建设的依据。

（一）综合档案馆的基本任务决定着馆藏内容

馆藏内容指对档案馆接收档案的内容取向，是对馆藏资源质的规定。根据国家的档案馆网布局，综合档案馆属于国家档案馆，其基本任务是积累和提供国家与社会民众需要的原始信息，为国家、民族和社会的延续服务。因此，如何持续、有效地保存珍贵的档案资源，动态地满足不断发展的社会需

要，始终是档案馆馆藏建设必须回答的基本问题。

馆藏是实现档案馆基本任务的物质基础。在档案馆与社会其他信息服务机构的竞争日趋激烈的信息时代，档案馆及其他文献管理机构都要通过丰富馆藏强化自身的社会职能，这就不可难免地形成档案资源建设的无序状态。面对这种情况，综合性档案馆更要紧紧围绕基本任务搞好馆藏建设。

1. 综合档案馆的基本任务对馆藏建设具有一定的导向作用

面对日益丰富的档案资源，档案馆必须做出正确的选择，有所为有所不为，保证自身特定社会职能的有效实现。

任何一个档案馆的馆藏能力都是有限的，盲目地扩大馆藏，必将导致馆藏建设的低效。就综合档案馆而言，其保存和提供的档案主要是为国家行政管理活动服务；服务对象是国家行政管理机关、公务人员和社会公众。为此，综合馆更要强化自己在国家档案资源建设中的自主性，分清主次，发挥自身在国家政务信息资源建设中的优势，重点接收国家行政档案资源，经过长期积累成为国家行政档案资源的保管与利用基地。

2. 档案馆的基本任务对馆藏档案资源的规定作用

目前，我国当代档案资源总量以每十年翻一番的速度增长，公共档案馆必须树立突出典型馆藏的建设思路，张扬本行政区的历史与区域特色，只有拥有各具特色的档案资源，才能保持自身不可取代的地位。以典型活动的历史记录映射历史活动的面貌；以典型立档单位的档案信息代表相关部门的档案信息；以少量的馆藏覆盖波澜壮阔的社会活动。

历史证明，随着综合档案馆基本任务的不断调整，其基本服务对象也在不断地拓展。为支持国家档案工作重心向经济建设转移，馆藏建设对反映科技、经济、文化建设档案的选择性更强，为适应政治文明与政府服务理念的需求，综合档案馆正在淡化自身的行政色彩，强化社会公共服务功能。基本任务的调整，必然要求馆藏结构的相应变化。长期以来，综合档案馆选择、积累的馆藏档案信息主要满足宏观决策与处理行政事务的需要。20世纪诞生的新史学派，一反传统史学研究只关注上层政治、主导性经济活动的做法，积极开辟档案等新的史料源。1975年法国出版了《蒙塔尤：1292—1324年奥克西坦尼的一个山村》，该书作者勒华拉杜里就是利用了13世纪地方宗教审判所的一批档案，包括1320年间形成的578件审判记录，由于它们详细记录了对"罪犯"信仰、道德行为、社会联系等细节的反复盘问，作者认为这批档案"为研究农村普通人民的精神观念提供了机会"。它们是使用"农民自己提供的证词",再现蒙塔尤村农民的日常生活、社会关系、宗教系信仰、习俗礼仪、个人隐私等社区生活。①这说明,新史学研究方法提升了档案的史料价值。在目前档案利用中,研究者不仅从传统的政府和企业的文书档案中挖掘史料,而且十分关注从诉讼档案、会计档案、商标档案、地名档案、人口普查档案中发掘新史料。②在国外,"新的史料被源源不断地发掘出来,诸如选民登记、教区档案、法庭记录、公司账簿、公私藏书目录、病史记录、结婚登记、死者遗嘱、家谱、税单都可以被视为'史料'"③。新史学的研究方法给我们的重要启示是,要不断地全面认识档案的价值,特别是发掘以往容易被人们忽视的新史料价值,这是档案馆不断满足社会公众需要的重要途径。

(二) 档案工作环境决定馆藏建设的方式

馆藏建设方式即档案馆接收、保管档案的形式与方法,是馆藏建设的技术因素与保障措施。接收方法不科学,档案资源建设就难以奏效。研究档案馆藏建设绝不能回避各个历史时期档案的特点以及档案工作的环境,这也是影响馆藏建设成败的重要问题。

1. 馆藏对象与接收方式的一致性

工业社会的档案是档案信息、信息记录方式和信息载体的有机结合,其典型形式是纸质档案,它自然成为当时档案馆藏的基本对象。信息时代电子档案大量涌现,随之将要取代纸质档案成为馆藏档案的主体,馆藏建设方式也将随之变化。目前我国档案工作处于电子文件与纸质文件并存的"双轨制"管理时期,档案馆藏不仅要着眼于电子时代的馆藏建设形式,尤其要认真研究双轨制期间各种形式档案的接收方式,避免因方式的失误导致档案馆藏出现历史"断层"。

馆藏主体是档案馆发展的里程碑,任何载体或记录方式的演变,都将引起馆藏建设方式如接收方式、共享方式的一系列变化。长期以来,档案馆藏建设受纸质档案形成特点与档案实体唯一性的制约,各档案馆的馆藏都是独一无二、自成一体、相对封闭的,难以进行档案资源的交流与共享,影响了

---

① 石磊:《当代史学研究新趋势与档案利用》,《中国档案》2005年第8期,第35页。
② 同上。
③ 张广智:《西方文学史》,上海:上海复旦大学出版社,2000年,第328页。

国家档案资源建设的整体效益。

　　政府信息基础设施建设与档案馆藏资源的电子化与数字化，改变了档案实体的唯一性，档案馆可以通过复制的方式，接收与保存档案复本。信息技术手段也打破了档案馆之间的信息壁垒，电子政务又赋予各级国家档案馆国家现行文件中心的职能，密切了档案馆与立档单位之间的联系，使长期以来存在的档案实体接收难的问题得以缓解。

　　2. 政务公开为开放档案信息创造了条件

　　电子政务环境下，各立档单位向档案馆移交电子档案以后，仍然保留相关档案信息，克服了档案形成者利用与公众利用的矛盾，开辟了档案第一价值和第二价值同时实现的新局面。当然，这与信息时代充分利用档案的要求还有距离，所谓充分利用，既包括利用档案内容的广泛性，也包括档案利用的及时性。特别是"及时利用档案"是世界性的档案利用需求，据英国国家档案馆在其官方网站提供的《2004—2005年工作报告和审计报告》，英国国家档案馆已经废除了文件必须满30年才能开发的规定，按照《信息自由法》于2005年1月提前开放了5万多份文件。①

　　信息化与政治民主是当前研究馆藏建设的大前提，它要求馆藏建设更贴近利用需求，以提高档案利用的时效性。为此，应该研究档案接收的时间与方式，缩短档案利用的封闭期，积极创造档案提前利用的条件。

　　3. 信息化是馆藏建设创新的基础

　　信息时代是信息需求、信息交流、信息价值空前高涨的时代，也是档案工作环境空前变革的时代，信息化环境向档案工作提出新要求，也为综合档案馆建设创造了新的实践基础。

　　（1）档案接收方式的创新。目前综合档案馆馆藏内容结构比例失调的主要原因，是纸质档案实体唯一性的制约。由于纸质档案一旦移交给档案馆，档案形成者自己就无法自己利用这部分档案信息，在一定程度上造成他们工作的不便，限制了立档单位移交档案的积极性。实行档案双轨制以后，档案原件虽然进馆，但是其形成者还拥有相关档案电子副本，仍然可以通过网络随意浏览或借阅这些档案。这从根本上消除了立档单位移交档案的顾虑，使以往抵制的态度变为积极移交。因为，纸制电子档案移交进馆，对档案形成

---

① 丁枫编译：《国际档案界动态》，《中国档案》2005年第12期，第53页。

单位而言，既不影响档案的利用，又将减少档案保管的压力与风险。对档案馆来说，首先，能够大大提高馆藏档案的时效性，有利于提高馆藏档案的整体质量；其次，充分发挥档案馆集约化保管优势，强化电子档案的科学管理；最后，为馆藏档案的提前开放奠定了物质基础，有利于强化综合档案馆的社会服务功能。

（2）档案接收时间上的创新。档案接收时间决定了馆藏信息的时效性。综合档案馆不仅肩负着管理国家和民族历史文化记录的责任，而且还担当着现行政府（公共）文件流通、共享的职能。《北京市行政规范文件备案监督办法》明确规定"市和区县档案馆是本级人民政府指定查阅行政规范文件的场所，"赋予各级国家档案馆管理与利用现行文件的新职能。今天，利用者既然可以在档案馆实时、集中地利用现行文件，"明天"，当这些文件移交进馆时，还有必要再设置20到30年的封闭期吗？既然"今天"的规范文件都可以随便利用，那么类似的"昨天"的文件是否有必要继续封存？伴随综合档案馆功能的拓展，其档案馆藏开放的策略也必须有所调整与创新。

按照档案管理的传统思维方式，为了充分实现档案的第一价值，保护档案形成者的利益，在现行期内，档案文件只能保存在档案形成部门，一般认为档案第一价值的实现需要5到10年，因此，档案形成15到20年才能移交进馆，然后继续封闭20到30年便可开放，以实现其第二价值。照此逻辑，综合档案馆馆藏都是形成20年以上的公务档案，这与档案馆满足现实服务的要求相去甚远。在国家的行政效率不断提高、人们的办事速度不断加快的今天，社会实践对信息时效性的要求越来越迫切。如果综合档案馆只能提供20年前的信息，档案馆将无法改变"历史遗迹"的形象，与社会公众的距离将越来越大。

目前，政府赋予综合档案馆管理行政规范文件的职能，不仅对综合档案馆的接收时间产生了重要影响，而且，对档案馆利用档案的封闭期形成巨大冲击，为提高档案接收利用的时效性创造了条件。

（3）综合档案馆职能的创新。综合档案馆在国家档案馆体系中虽然占据着主体地位，但是与其他类型档案馆是平等、平行的关系，各综合档案馆之间也是互不归属、彼此独立，这种关系与传统档案馆藏自成一体的状况相适应。

信息化环境为档案馆之间架起广泛的网络联系，也将馆藏主体从纸质档案逐渐演变为电子档案。新的馆藏环境为进一步开展社会档案服务、实现档案信息共享搭建起技术平台。当综合档案馆馆藏建设最棘手的档案收集瓶颈环节变得顺畅、便捷时，档案接收不再成为主要矛盾，而馆藏质量与价值问题又凸显在我们面前。

在传统档案接收进馆的过程中，综合档案馆一直处于比较被动的局面。档案形成单位交多少档案、交什么样的档案、甚至怎样移交档案，决定权主要在档案形成单位。而纸质档案保管对技术要求不高，只要保证实体不受损坏，档案价值或档案的真实性都不成问题，难以彰显档案馆所具有的专业优势。电子档案的特点改变了这一状况，电子档案信息与载体的可分性，档案内容与形式信息在计算机的独自分布，呈现在人们面前的档案"实体"只是计算机的临时组合。拥有档案内容信息虽然不影响一般的信息利用，但是却无法保证其历史真实性。因此，管理电子档案，保证电子档案的真实性、可用性，特别是法律凭证性，就成为一项必须依托档案专业的技术性工作。

信息化基础设施的建立，使档案馆之间不再被时间和空间所"屏蔽"，各档案馆的馆藏资源也将突破信息孤岛的藩篱，通过网络与其他档案馆的馆藏资源汇集成国家档案资源的"洪流"，为档案利用者提供空前优化的档案信息。当档案馆馆藏的资源总量不再成为制约各档案馆生存发展的首要因素，通过网络，档案馆轻而易举地链接其他档案馆的馆藏，真正实现了档案资源共享。而且，档案馆加工的各种档案信息，与其他档案馆可以通过网络实现资源交流，避免了档案管理与建设方面的重复劳动。这个时候，如果每个档案馆不能保持自身的馆藏特色与唯一性，就将失去其网络生存的必要性，被其他档案馆甚至其他文献管理机构所取代。

面对新的生存环境，综合档案馆应该充分利用自己的信息枢纽地位，主动进行档案馆间馆藏建设的组织与协调，充分利用档案馆与各立档单位的关系，发挥自己在档案馆馆藏建设中的引领、指导作用，使综合档案馆从档案资源建设的承担者变为组织者，在国家信息资源建设中扮演更加重要的角色。

（本文为作者主持2006年北京市档案局科研课题"北京市档案馆接收范围研究报告"的部分内容摘编）

"信息点"
——档案馆检索体系建设的理论依据

1985年9月邓小平为《经济参考报》题词,发出"开发信息资源,服务四化建设"的号召。国家档案局及时将这一号召作为新时期档案工作的指导思想,进一步提出了"大力开发、传递档案信息,为各方面服务"的新要求。

我国的综合性国家档案馆(以下简称综合馆)是各行政区政府设置的,负责永久性保管和开发利用公共档案资源的专业基地。目前,综合馆管理的档案资源主要是党政机关形成的重要的文书档案,这些档案既是党和国家的信息财富,又是中华民族延续与发展的共同记忆,在开发档案信息资源方面占据着举足轻重的地位。

档案是原生信息及其载体最初的结合形式,原始性是档案信息客观性、高可靠性的基础与价值所在。为了保持档案信息的这一珍贵特点,档案实体管理必须最大限度地维护档案文件在对象、来源、乃至形成过程方面的有机联系。因此,综合馆的档案全宗及其案卷,一般都以文件的形成者或形成时间作为排列的依据。这种以档案来源为基础的档案实体的组合方式,维护与保持了档案的原始性,但是却不适应档案利用者任意集中相关主题档案信息的利用要求。随着档案信息需求日益多样化,档案实体管理不能适应档案信息查找要求的矛盾日益突出,严重地制约着档案资源的开发利用。各综合馆普遍意识到,提升档案检索功能已经成为档案利用工作的重要支点。

档案检索是解决档案保管与查找矛盾、提高档案利用服务满意度的重要专业技术手段。为了适应档案利用者广泛的信息需求,多年来,各综合馆普遍着手进行多种检索工具的建设,扭转了只凭"一本账(档案目录)"应付查找档案的局面。尽管如此,目前综合馆检索体系建设的实际情况,仍然没有得到根本性改善。

由于档案工作者缺乏检索体系建设的理论指导,没有形成档案检索体系的系统认识,各综合馆档案检索工具建设完全"各自为战"、"跟着感觉走",虽然编制了多种档案检索工具,但是并没有形成系统的档案检索功能。因此,目前我国综合馆的档案检索体系建设还处于探索阶段。

改革开放与国家工作重点的转移,将档案利用工作推向新阶段。在档案利用实践的推动下,我国档案工作者借鉴国内外档案学和相关学科的理论成果,结合我国档案检索工作的实践,初步形成了以《档案著录规则》为标志的档案检索理论。在这一理论指导下,各综合馆自觉以系统思想为指导,开始从整体功能上考虑档案检索工具的建设问题。

值得注意的是,我国档案检索体系建设从一开始就受到现代信息技术的影响。电子计算机与数据库技术,为档案检索提供了前所未有的信息存贮方式与查找手段,同时也对检索工作提出了更高的标准化要求。档案著录标引工作的标准化,推动着综合馆检索体系建设向着更加科学化、智能化的方向迈进。

档案检索体系的智能化,指充分利用电子计算机的智能技术,及时映射馆藏档案(全文、文摘、题名)的检索信息,自动生成检索信息数据库;凭借强大的电子计算机功能,空前提高了档案检索效率,充分满足档案利用者特性检索的要求。档案检索体系建设从注重严格、复杂的"前处理",向重点调节或控制检索结果的"后处理"方式发展。通过无处不在的网络传输提供更加广泛与多样化的档案检索服务,为发挥馆藏档案的作用创造了更加充分的条件。

一、综合馆档案检索体系建设存在的问题

根据对全国28个综合馆档案检索工作的调查,这些综合馆共编制了29种档案检索工具,六成以上的综合馆具有其中14种以上的档案检索工具。尽管各综合馆检索工具种类不少,但是各馆普遍认为检索工具仍不能满足档案利用的需要,目前综合馆在档案检索体系建设方面存在的主要问题如下:

(一)档案检索功能不适应档案利用的要求

综合馆经过近50年的积累,档案资源日益丰富,提供档案信息的专业范围越来越广。知识经济与决策民主化,激活了更多的档案信息需求。面对日

益多样化的信息需求，综合馆现有的检索功能显得"捉襟见肘"。主要表现为：

第一，档案检索途径单一。目前综合馆检索工具种类为数不少，但是绝大多数都是以档案实体分类为基础编制的，能够提供的检索途径雷同。特别是，这些检索途径的选择只适合文书档案的查找，忽视了专门档案特定的检索需求，检索途径相对单一。

第二，档案检索功能平行重复。根据调查数据，各综合馆目前最为普遍的检索工具依次是：全宗目录、案卷目录、全引目录、专题目录（索引）和档案馆指南。这五种检索工具的功能几乎一样，都是根据题名查找相关档案，不同的只是范围详简的差异，有的甚至还不具备直接的检索功能。从表面上看，检索工具的种类或数量不少，但实际检索功能差别不大，远远达不到检索工具"1+1=2"的功能效果。

第三，检索结果的专指性不强。随着档案数量的增加，档案工作者和档案利用者都不能承受目前"竭泽而渔"式的粗放检索结果。而综合馆的检索信息主要源于档案案卷目录，各类检索工具包含的检索信息量相差无几，无论采用哪种检索工具，获得检索信息大致相同。为此，许多综合馆纷纷采取编制专题索引的方式来完善检索的专指性。由于对选题缺乏控制，又进一步造成了检索功能新的雷同。如何缩小查找范围、提高档案检索的专指性，已经成为目前档案检索比较突出的问题。

（二）档案检索体系建设效率低

市场经济条件下，信息和时间同为构成效率的重要因素，二者之间存在倍加的关系。建设综合馆检索体系的根本目的是为了提高检索效率，而检索体系只有早日投入使用才能创造效益。因此，建设效益是综合馆检索体系建设的重要依据。目前，综合馆检索体系建设中主要存在以下效率方面的问题：

第一，检索体系建设缺乏统一规划，存在盲目建设的倾向。目前，我国综合馆检索体系建设主要采取检索功能外延拓展的方式，即通过编制新的检索工具强化检索功能。由于检索体系建设缺乏总体规划，档案工作者对检索工具的具体功能与必要性缺乏分析，编制新的检索工具除了"跟着感觉走"就是"随大流"，综合馆虽然一直忙于检索体系建设但收效甚微，档案检索功能并没有得到根本性提高。而检索体系建设盲目性带来人力、物力和财力的浪费，使原本匮乏的档案管理资源更加"抓襟之肘"。

第二，检索体系建设目标脱离实际，影响了检索体系的效用。国家档案局在指导全国的档案工作中，非常重视检索体系建设的问题，试图以推行我国第一个档案专业标准《档案著录规则》为契机，对档案检索信息的质量和数量进行有效的控制，以保证检索体系的建设水平，进而为国家的档案目录中心建设奠定基础。

应该说，国家档案局的这一举措，充分考虑了近期档案检索的要求和未来档案检索功能的发展，建设起点比较高。但是，受我国综合馆信息处理能力的制约，完全按照《档案著录规则》的要求编制档案检索工具，不加区别地要求所有检索体系建设一步到位的做法，大大增加了检索体系建设的难度，影响了检索体系的建设速度，难以在短期内实现检索体系的实际功能。

据调查数据分析，目前，全国26个综合馆完全按照《档案著录规则》的要求，编制、使用的"标准检索工具"寥寥无几。而多数综合馆正面临着对已经编制的"非标准"检索工具进行"标准化"改造的艰巨任务。实践向我们提出了如何实事求是地确定综合馆检索体系建设的方针与方法，这一迫切的问题。

档案检索是为满足档案利用需求而从事的一项专业性的档案信息开发工作。档案检索实质上是创造一个档案需求信息与档案检索信息进行相符性比较的条件，以便缩小查找范围，准确、高效地获得所需要的档案信息。获得检索信息是档案检索的主要目的，但是，只有当档案检索体系存贮了检索信息时，利用者才能进行需求信息的相符性比较，以便从卷帙浩繁、内容繁杂的馆藏档案信息中，准确获得所需要的档案检索信息。因此，档案检索包括档案检索信息的存贮与档案信息查找两项相辅相成的任务。排除利用者查找能力的差异，档案检索功能的优劣主要取决于检索体系的存贮——检索信息的数量与质量。

档案检索体系是由功能各异、互相联系、互为补充的多种检索工具和检索手段构成的，揭示一定馆藏范围全部档案检索信息的有机整体。广义的档案检索系统（体系），是以档案检索工作为对象界定的，指档案信息资源、档案检索工具和档案检索服务（人员与方式）的合理构成。狭义的档案检索体系，是按查找效果为对象界定的，特指多种检索信息或检索功能的有机组合。

二、综合性档案馆检索体系的理论依据

(一) 信息点理论及其意义

系统理论表明,任何体系都是由若干要素或有机组成部分构成的。我们将课题研究对象定义于狭义检索体系,现实存在着两种不同物化形式的检索工具体系。

手工检索工具体系,是全面揭示馆藏、提供多途径查找的各种手工检索工具的有机整体。由于手工检索工具载体形式与检索途径的对应关系,决定某种检索途径或者形成某种检索功能,必须要制作一种特定的手工检索工具;多途径的查找功能必须要由多种手工检索工具共同完成。因此,手工检索工具体系实际上就是多种手工检索工具的有机组合。

档案电子检索系统,是集多种检索途径或功能于一身的数字式检索信息系统,凭借电子计算机的功能,通过检索信息的一次输入,就能得到多途径、多要求的检索结果。电子检索系统具有手工检索工具无法比拟的灵活性和查找速度,是综合馆检索体系的发展方向。

由于手工检索工具体系和电子检索系统是形式上迥然不同的两种检索工具,在研究检索体系构成要素的过程中,我们试图通过将上述两种检索工具体系的比较研究,概括出综合馆检索体系的构成要素。但实践证明,这种比较与课题研究无补。为实现预期的研究目的,首先必须揭示它们之间的共同基础,将二者有机地联系起来。对此,信息论给予了我们极大的启示。

信息论指导我们将各种检索工具的物理差异,抽象为检索功能的差异,即把不同检索工具看作是检索信息不同组配方式和运作的结果。从信息的角度看待手工检索体系和电子检索系统的区别,使我们透过令人眼花缭乱的表面现象,抓住了手工检索工具著录信息与电子计算机数据项这一信息的基本点。尽管内容与信息形式不同,但是它们反映的都是档案的检索信息——档案的内容特征及形式特征,提供了特定的检索方式和检索途径,通过它们就能实现某些相关档案信息的逻辑集中。而不同检索信息的结合形式,就构成了特定的整体检索功能或者形成了特定的档案检索体系。

为了便于研究与区别,我们将这些规定检索途径或检索功能的信息称为"信息点"。按照这种认识,围绕一个信息点就能形成一种手工检索工具,其

检索工具体系则是各种信息点的多重组合。电子检索系统是将信息点组成检索数据库并揭示其相互联系。信息点理论表明，无论哪种形式的检索工具，都是一定信息点的反映；信息点越多，对档案内容反映得越全面，检索功能就越强。按照系统功能与结构关系的理论，信息点就是档案检索体系的构成要素；信息点的组合形式就是检索体系的结构关系。根据需要将信息点物化，便形成了特定的档案目录、索引或者是某种虚拟的电子检索功能。信息点的理论不仅促进了课题研究的深入，并且为档案检索体系建设提供了依据。

信息点的理论意义在于，将信息论的方法引入了档案检索体系的研究，引导检索体系研究走出了将手工检索与电子检索对立起来的误区，为逐渐完善并最终建成以电子检索为主体的档案检索体系提供了理论依据，而且还为科学地分析与评价手工检索工具提供了准绳，提高了综合馆检索体系研究的科学性。

信息点理论的实践意义更为显著，它提出了符合档案检索规律的逻辑分析和系统设计的依据，指导我们首先从整体上建构较为科学、合理的检索体系，然后再着手进行检索体系的建设，避免了检索体系建设的盲目性和巨大的浪费，简化了检索体系建设的内容，促进检索体系的早日建成并投入使用，提高了检索体系建设的经济效益与社会效益。

（二）信息点的内涵与外延

1. 信息点的内涵

信息点即最基本的检索单元或检索入口，是构建与评价档案检索体系的要素。作为认识与研究综合馆档案检索体系的理论基础，信息点具有如下性质特点：

第一，包容性，即信息点应该反映一定馆藏档案的基本特征，全面揭示其基本检索信息。因而信息点则是由多种检索入口（数据值）组合而成的集合概念。根据这一特点，不同结构的档案馆藏对信息点的种类与形式需求具有规定性，因而，馆藏机构的信息点也应该具有一定的规律性，以便通过信息点，方便、系统地查找相关馆藏的档案信息。

第二，有效性，即信息点代表具有一定使用效率的基本检索途径（入口）。由于检索体系是一个集合概念，必然存在信息点的构成数量问题。本课题的目标并不是要概括所有可能的检索途径，而是要从中揭示出最具代表性、最为典型的少数信息点，作为构建档案检索体系的基础。因此，信息点不仅应该具有实际检索意义，而且必须具有一定的检索效率。

第三，单义性，即信息点必须具有确切的、不易混淆又不能被取代的特定含义。为使信息点构成尽可能精练、可行，信息点及其表现形式应该鲜明、直观、易识别，尽可能地提高其通用性，以便档案利用者无须附加其他条件就能够顺利、准确地理解与使用它。

信息点的性质，为我们提供了选择与确定综合馆信息点的依据：其一，综合馆藏结构的特点是信息点必要性的保证。我国综合馆馆藏具有档案内容广泛、门类多、反映时间长等特点。其馆藏内容，涉及党务、政务、政法、经济、文化、工农业、教育等方方面面。党的机构和各政府部门的职能分工界定了其活动内容范围，也赋予各形成单位的档案主体鲜明的专业性。例如，房地产管理局的房产档案，民政局的婚姻档案，财务部门的会计档案，统计部门的统计、审计档案等，可谓构成丰富、形式繁多。为如此丰富的档案馆藏选取信息点，其可选择的种类多、形式丰富，进一步强化了统筹规划、相对集中地确定信息点的必要性。此外，综合馆馆藏档案记录和反映的时间特征显著，为保证检索体系对现行档案、革命历史档案、旧政权档案及少量明清档案拥有同样的检索功能，还必须为不同时期相同或相关的档案内容选择多种信息点的表现形式，以切实保证综合馆的整体检索功能。其二，综合档案馆的利用特点是信息点有效性的依据。综合馆丰富的馆藏是其在国家档案事业中发挥主体作用的内在依据。而综合馆的社会性，进一步强调了利用需求的重要意义。档案检索实践也证明，满足利用者的信息需求，仅靠丰富的馆藏是不够的，还必须有适合其利用者查找要求与利用习惯的信息点与之配合。作为国家档案馆，综合馆的利用者除档案的形成者以外，还遍及社会各方面直至所有公民。根据我国的"信息国情"，利用者对综合馆的需求特点是：信息需求的多样化、信息内容的优质化和获得信息的便捷化。

当今世界已经进入信息时代，信息服务社会化已经成为重要的社会现象，特别是现代信息技术的普遍应用，极大地方便了信息的利用，档案利用者也提出了同样的要求，而档案检索的"专业化"却使其利用者望而却步。档案信息虽然以珍贵、确凿著称，但是如果查找过于烦琐，或者查找时间过长，就得不到利用者的认同。失去利用者的信任，综合馆事业将无法发展。因而，综合馆检索体系的功能，也成为选取信息点的重要依据。

2. 综合馆档案信息点的外延

第一，综合性档案馆信息点的种类。信息点的性质是我们认识与确定信息点的依据，它要求综合馆的信息点必须反映综合馆的馆藏结构和利用特点。通过对28个综合馆的调查，可以归纳出11种比较普遍的检索途径（见表1）：

表1　综合馆检索途径分析表　　　　　　调查单位：28个

检索途径	使用单位（家）	占比（％）	检索工具名称
全宗号（档号）	25	97	案卷目录、全宗目录、全引目录
内容性质（类别）	17	65	分类目录、专题目录
内容描述（主题）	6	23	主题目录、专题索引
内容的重要性	16	61	重要文件目录
人名	24	88	人名索引、专题人名索引（业主索引）
地名	5	19	地名索引
机构	6	23	责任者目录、机构索引
文号	9	34	文号索引、文号档号对照表
载体	16	48	录音像档案索引、照片档案索引等
文种	10	38	婚姻档案目录、房档索引等
其他	10	38	缩微目录、比孔卡片等

根据信息点的性质，排除了上述不具备单义性的"文号"和无检索效果的"其他"等信息点，按照性质进一步将"内容性质"、"主题"等同一途径的不同表现形式合并，即归纳出8类信息点。考虑到档案信息利用必须为保护国家和档案形成者的利益实行必要控制的特殊要求，以及综合馆检索体系所具有的管理功能，还需要增设面向档案管理者的"控制"信息点。因此，综合馆的检索信息点应该包括主体、人物、机构、时间、地点、文种、载体形式、档号和控制等9类信息点。

第二，信息点的表现形式。信息点是检索体系的构成要素，它规定了检索体系的性质与功能特点。信息点是经过抽象的检索途径的概念内涵，每个信息点在特定馆藏结构的作用下，将呈现出不同的表现形式，其表现形式列举如下（见表2）。

表2 综合性档案馆信息点的表现形式

信息点	表现形式
主体	类目名称、主题词、关键词等
人物	文件作者、内容涉及人、登记人、房主等
机构	发文单位、文件涉及单位等
时间	发文日期、注册日期、签署日期、生效日期、记录日期、制作日期等
地点	文件涉及区域、建筑物坐落地点、企业或公司地址等
文种	命令、通知、技术图样、登记证、营业证、判决书等
载体形式	胶片、照片、录音带、录像带、软盘、光盘、模型、印章等
标号	全宗号、参见号、存址号等
控制	开放、保密、保管期限等

为了验证这些信息点能否满足综合馆的利用需求，在课题研究过程中通过典型实验得到了肯定的结论（见表3）。

表3 综合馆馆藏档案利用需求与信息点的对照表

档案种类	主体	人物	机构	时间	地点	载体	%
文书档案	☐	☐	☐				100
产品档案		☐	☐				50
工商管理档案		☐	☐				50
诉讼档案		☐	☐				83
会计档案	☐		☐				50
统计档案	☐		☐				67
婚姻档案		☐					33
%	37.5	62.5	62.5	100	87.5	50	

需要说明的是，表3中某些数值不高的信息点，并不能说明它们的检索效率低。出现这种统计结果主要出于三种情况：其一，是由于某些专门档案（房档、工商档案）本身已经限定了其主体内容，因此使这类档案的主体查

找需求为隐性存在；其二，是特殊载体档案目前还没有大量进馆，无法满足特殊载体档案的查找要求，因此统计数据反映得不够典型；其三，是利用者还未养成其他查找档案的要求。显然，只有第三种情况才是实际存在的检索效率不高的原因。这恰恰说明，这些信息点不仅覆盖了利用者的基本查找要求，而且还具有一定的预见性，能够在一段时期保持稳定的检索效果。

（三）信息点与档案著录项的关系

为了指导全国档案检索体系的建设，国家档案局于1985年颁布了《档案著录规则》作为档案部门建设检索体系的基本依据。这些著录项目比较全面地概括了档案的内容特征和形式特征的检索信息，通过必要项进一步规定了著录的详细程度，通过标引要求规范了检索途径，保证了著录条目及其检索的质量。可见，档案著录项目是规范档案检索信息存贮与相符性比较的依据。由于档案著录项目是为规范档案的电子检索系统而制定的，它包括的每个信息点（字段）都是检索入口，依此编制手工检索工具信息的冗余度较大、标引难度高，造成目前档案前处理工作负担过重，以致形成了检索体系建设的"瓶颈"。

本课题提出的作为检索体系构成要素的若干信息点，虽然有的从字面上看与《档案著录规则》确定的著录项目相同，实际上，无论从内容到作用二者都是不同的。就内容而言，相关信息点所指示或代表的都是档案检索的入口或功能，而著录项目所规定的却是著录条目记录或存贮档案信息的具体内容与形式。如，"主体信息点"，代表了按档案事由查找的检索途径或者检索功能，并没有规定该"主体"究竟是用类目名称还是词语概念来表达与查找；同样，"人物信息点"，也只是代表了一种特定的检索对象或途径，并没有规定它究竟是用作者姓名还是档案内容涉及的人名表示。就其作用而言，信息点是从检索功能的角度，为从整体上确定与评价检索系统的功能，筹划和设计检索系统而提出的。著录项目则是从规范检索效果的目的出发，为选择与存贮著录条目而设置的。信息点与著录项目的作用表现于宏观和微观两个不同层次，是不能混淆与替代的，它们是档案检索体系建设中起不同作用的两种依据。

在课题的研究、实验过程中，我们进一步体会到，信息点不但为建设档案检索体系提供了理论依据，而且还有助于简化档案条目的著录标引工作，为准确、直接地选择标引策略提供了新思路，缓解了档案著录标引这一电子计算机前处理的"瓶颈"问题，适应了档案检索智能化的发展趋势。

首先，信息点易用性强。针对综合馆馆藏特点概括出来的信息点，是档案中客观存在的信息，便于识别、易于掌握，可以直接用于著录或检索。进而简化了著录标引工作，缩短了综合馆检索体系建设周期。

其次，信息点具有直观性。它能够具体表达特定的档案检索需求，也可直接用它进行档案著录，无须进行检索标识的概念转换，在电子计算机优越的比对速度配合下，信息点更善于表达档案信息与检索需要的细微差别，有利于提高检索的专指性和查准率。

以发展的观点看待用信息点直接著录的方法，能够避免检索语言的某些局限性。随着信息技术的发展，计算机智能检索已经进入实用阶段，以其强大的智能检索功能为后盾，用信息点直接揭示档案信息检索特征的优势必将更加显著。

（本文为作者执笔的2003年国家档案局科研项目"综合馆检索体系研究"的部分研究成果摘要）

高校教学督导工作依据初探

胡锦涛总书记在清华大学百年校庆的讲话指出："不断提高质量是高等教育的生命线。"教育部《国家中长期教育改革和发展规划纲要（2010—2020年）》把胡总书记的讲话精神转化为具体政策，而《教育部关于全面提高高等教育质量的若干意见》，则针对当前影响和制约提高教育质量的薄弱环节或突出问题，提出了全面提升高等教育质量的30条具体措施。学习这些举措，感觉条条具有重要指导意义。

由于本人退休以来一直担任我院的教学督导员，因此对《若干意见》第十一条"健全教育质量评估制度。……建立以高校自我评估为基础，以教学基本状态数据常态监测、院校评估、专业认证及评估、国际评估为主要内容，政府、学校、专门机构和社会多元评价相结合的教学评估制度"；第二十七条"提高教师业务水平和教学能力。……有计划地开展教师培训、教学咨询等，……探索科学评价教学能力的办法"等内容的感触尤为深刻，觉得这是指导高校教学督导工作的重要依据。

做好任何一项工作必须认识、遵循其规律，开展高校教学督导工作也必须研究教学督导工作的性质与规律，把握从事督导工作的分寸，做好这项工作。

一、高校教学督导工作是一项咨询性工作

个人认为，教学督导工作是一项咨询性质的工作。"当您试图改变或改善某种形式，但又没有直接对这一活动的实施进行控制，您就是在进行咨询活动。"[1] 所谓咨询工作是指咨询人员接受委托，凭借自己的知识、技术、能力和经验，运用科学方法与技术手段，向委托方提供专业性建议的智力服务。

---

[1] 彼得·布洛克：《完美咨询——咨询顾问的圣经》第2版，北京：中国劳动社会保障出版社，2004年。

咨询的"本质就是帮助委托方最大限度地减少决策失误"①。咨询活动的专业性、科学性、公正性和辅助性等特点，越来越普遍地赢得了世人的肯定。分析高校教学督导工作（以下简称"督导工作"）的特点，可以看出它具有明显的咨询服务的性质。

（1）从督导任务看督导工作的专业性与科学性。《北京联合大学教学督导工作暂行办法》规定："教学督导工作的范围为：教、学、管。'教'是对教师的教育教学质量进行评估和指导；'学'是对学生的学习态度、效果以及成绩进行监督和指导；'管'是对学院及所属教学单位教学管理工作状态、效果及质量进行检查和评估。"② 督导工作的范围或任务，完全是根据学院教学活动以及提高教学质量的需要确定的。

从哲学层面而言，咨询是人类不断获取知识和信息以生存的一种本能，这种本能决定了咨询活动无所不在，成为人类社会客观存在的一种社会现象；而且社会越发达，社会问题越复杂，这种社会现象就越普遍，咨询的社会需求也就越强烈。无论是针对提高授课质量的随堂听课，还是对各项预期教改项目的评估，督导活动都是以督导员的专业理论与专业经验为基础，对相关教学活动进行科学的、专业化的评价，对相关教育质量问题进行分析、诊断，进而提出提高教学质量的意见和建议。专业性与科学性是督导工作赖以生存的基础。

（2）从督导效果看督导工作的辅助性。咨询一般以"治疗疑难杂症"为对象，以向委托方的决策活动提供参谋性意见为目的，因而，它是一种辅助性的活动。尽管咨询人员以自己的知识和经验等专长，向委托方提供了各种解决复杂问题的建议或方案，但是，充其量其只是出主意、想办法，不能直接解决问题，绝非最终决策。就是说，咨询活动是一项提供与实际管理问题有关的专业知识和技术的专业活动。督导工作也是如此，督导意见是为解决复杂的教学问题提供的备选方案，督导工作对教学管理决策的辅助作用十分确定。因此，督导员们既要积极、客观、充分地发表个人见解，努力说服相关项目或单位采纳自己的建议，同时，绝不能代替有关部门选择与实施相关意见或建议。因此，衡量督导工作效果如何，不仅要看咨询意见或方案的内

---

① 王汉栋等：《咨询实务新论》，上海：上海科技文献出版社，2002年。
② 应用文理学院教务处：《关于召开"2011年度教学督导工作总结及经验交流会议"的通知》，京联文理教，2011年。

容，更重要的是看咨询意见能否被采纳以及被采纳的程度与实施效果。

（3）从督导人员看督导工作的公正性。咨询活动一般采取相关专家独立参与咨询活动的运行方式。首先，相关专家担任咨询人员奠定了其能够解决复杂专业问题的能力基础；其次，由于咨询专家本人不隶属委托方的独立身份，不容易受到委托方的行政干扰或其他影响，进一步保证了咨询结论的客观与公正。我院教学督导组自2002年正式组建以来，已经连续10年开展督导工作，先后有20余名院内外退休的老领导、老专家加入其中。历届督导员组织上不归属于学校任何具体教学单位，保证了他们比较超脱的立场，看问题更加公正；专家们秉持科学精神、认真负责，知无不言、言无不尽地发表自己的意见，有助于保证督导意见或解决方案的正确性，并且能够达到一定的专业高度。因此，依靠各专业领域专家组成的督导组能够集思广益，多角度、多层面地评估、诊断教学问题，这是实现督导职能的组织保障。

二、督导工作应该保持与强化的工作特点

督导工作是一种典型的咨询工作，其核心目的是为提高教学质量寻找合理、可行的解决方案。从信息角度而言，"咨询是信息有针对、有目的地传递和反馈的过程"[1]。为了不断完善工作效果，应该重视对督导工作规律的研究，注意发扬或强化以下基本特点：

（1）研究的客观性。督导员在参与或完成具体督导任务时，无论评价、诊断任何问题，必须尊重客观，尊重科学。长江后浪推前浪，现任教师与教学管理者掌握、运用的知识和技术手段，必然大大超过他们的前任。督导员们的优势在于审时度势，在于理论与实践、历史与现实的融合——也就是观察、处理问题的客观性。因此，督导工作切忌主观臆断、固步自封，提倡以客观的角度、客观的态度认识对待当前的教学问题，不唯上、不唯书，力求提供切实可行的解决方案。

（2）知识的综合性。从知识与信息的角度来看，督导员应该"见多识广"，把握相关领域的领先知识，努力掌握多学科的知识，以便适应不同领域或目的的督导任务的要求。一方面，要从组织上加以保障，注意选配各专业领域的专家，以满足多领域督导的需要；另一方面，在研究专长上加以完善，

---

[1] 子雄：《咨询学略论》，《情报科学》1986年第7期。

注意配备从事各种教育工作的教师、教学管理人员和领导担任督导员,以保证督导员们能够多层次、多角度地认识、剖析具体教学问题。对于已经发现的教学问题,不仅要从规范的角度、从专业方面考虑问题,而且还要设身处地地考察相关人员的工作过程、环境条件,使督导建议或解决方案更加可行,也更为可靠。

(3) 活动的独立性。为保持督导工作的公正性,确保督导意见或方案的客观性与正确性,应注意维护督导工作的独立性。一方面,督导活动应排除行政指令、行政领导意志的干扰以及教学单位或领域的羁绊,这是减少督导工作主观性和片面性的重要措施,也是保证督导建议或方案的科学性与创新性的基础。另一方面,督导员也要保持自身的独立性,每个督导员应该自觉调整自己的学术偏好,摆脱情感的束缚,使自己由某一专业或单位的"代表"转变为相对超脱的"第三方",成为一名客观公正的专家,进而才能继续发挥自身的专业优势,为社会主义教育事业发挥自己的余热。

(4) 团队的灵活性。督导任务及目标五花八门,督导员们的知识背景、经验和能力各不相同,有必要根据具体督导任务,灵活组织督导专家参与具体督导活动,根据专家们的特长组成课题组,集中集体智慧有效地完成督导任务。为应对不同的督导任务,督导团队的组合既要相对固定,也必须拥有一定的灵活性,以便根据具体督导任务充分、合理地发挥督导员的专长与积极性,进一步发挥督导组织的作用与工作效益。

(5) 过程的民主性。督导过程的民主性,是指要充分保证每个督导专家拥有根据科学方法独自做出预测、判断、结论的权利,使他们在发表意见方面一律平等。过程的民主性有助于督导员从社会、历史、技术、经济、国内外等方面、多角度考虑各种因素与督导对象的关系,使咨询成果更加客观、完善并切实可行。督导组在接受任务的过程中,应注意营造自身活动的民主氛围,促使督导员们集思广益、畅所欲言,使他们的咨询成果能够对教学工作产生积极影响,甚至使其影响超出学校教学工作的范畴。

三、教学督导员应该具备的工作素养

"咨询业务是根据用户的需要,提供知识、经验、技术、技能的服务。它与普通的劳务、代理等服务有所不同,它以专门的知识和技术作为依据,协助用户解决各种复杂问题。"① 咨询专家的专业素养成为咨询工作健康发展的基础。当今时代是科技飞速发展、知识急剧更新的时代,面对五花八门的教学问题及教学实践,督导员应不断学习充实完善自身的专业素质,以便胜任复杂的督导工作。

(1) 高度的责任心与良好的职业道德

督导是一项社会性的工作,其任务无论大小都要一对一地解决问题,所提供的解决方案往往涉及相关人员或机构的利益。因此,督导员首先要有高度的责任心,对所涉及的事物或问题孜孜以求;一定要尊重委托方,并且为相关人保密,绝不能利用工作之便泄露相关人的信息,甚至以此谋取私利。

(2) 强烈的信息意识与学习精神

督导工作是一项信息密集、知识高度综合的研究工作。信息是督导活动的基本要素,评价、诊断任何问题都离不开信息及对信息的分析。这就要求督导员应该具有强烈的信息意识,平时就要注意收集、善于捕捉与教学问题相关的信息;而且还要保持对知识的广泛兴趣,不仅要掌握一定深度的专业知识,还要掌握一定广度的相关知识与技能,如信息分析、数据库的使用、各种科学管理方法等,通过自觉的学习与研究,使自己的学养与时俱进,保持自身知识的领先性,自觉提升自己的督导能力。

(3) 敏锐的判断力与创新能力

督导工作具有很强的目的性和实用性,督导员面对教学问题必须拥有较强的识别与判断能力,这是保持自己的独立性、发挥每个督导员的影响力、取得积极的咨询效果的前提。督导工作的价值在于创新,无论是调整教学活动,还是变革教学内容与方式,实质都是在创新。督导工作的创新是督导专家的知识、经验与督导实践融合、升华的结果。因此,督导员们要学会以开放的形态对待新事物,既要坚守知识又不能墨守成规,不断激发自身的创造力。

督导工作是我国高等教育可持续发展的重要举措,督导工作的实施必须具备专业的督导专家、科学的方式方法和适当的组织形式这三大要素。全面提升这三大要素的水平,是做好督导工作的必由之路。

(原载于北京联合大学应用文理学院编,《督导工作论文集》,2014年)

---

① 张培德:《国外咨询业务概况》,《情报学报》1982年第1期。

强化档案专业应用性的教学改革实践

档案工作的职业特点,决定了档案专业教育的应用性。社会信息化趋势使档案职业面临着重组和深化的重大变革,也给档案专业教育的发展带来了新的机遇和挑战。为此,近年来,应用文理学院档案专业一直在自觉地进行着教学改革的探索。而改革的一个重要指导思想就是强化档案专业教育的应用性。因此,档案专业积累了一些强化应用性的经验。主要有以下三方面的体会。

一、调整专业知识结构,从根本上提高学生的适应性

由于我国的社会现代化水平与社会信息能力不高,档案信息资源还没有被社会公众充分认识;受市场经济发展初期社会就业取向的局限,目前档案专业是一个长线的专业。作为首都高校中唯一的档案专业,要担负起自己的社会责任,就必须自觉进行专业改造。为此档案教研室的全体教师进行多次讨论,为适应首都信息化建设,为建成全国最大的信息中心和信息产业基地的战略目标,必须拓宽专业口径。经过统一认识,我们首先确定了信息资源管理与秘书这一新的专业方向。

围绕新的专业方向,教师们分析了原有的专业课程,在符合国家教委档案专业教学规范的前提下,弱化、合并了某些原有的专业课程。利用挤出的课时增加了新专业方向急需的《数据库技术》、《档案文献检索》、《科技档案编研概论》、《信息市场与用户》、《咨询概论》、《秘书实务》、《现代经济知识》、《国际贸易》等一批新课程。其中《科技档案编研概论》、《信息市场与用户》、《咨询概论》等课程,是我院档案专业在国内档案专业教育中首先设置的。课程结构的调整改变了过去档案专业本科教育过分强调档案工作专业性的思路,立足于国家总体信息资源环境,培养学生更广泛、全面的专业技能。在保证档案专业教学水平的基础上,提高了档案专业学生的整体素质和综合能力。

二、强化专业课的自学力度,培养学生的研究能力

大学本科教育的任务是,培养学生的基本素质,提高学生的学习与研究能力。在大量压缩专业课时的情况下,如何保证并提高专业教学质量?特别是面对近年来学生论文水平普遍滑坡的现象,老师们一致认为,专业教学不仅要使学生系统掌握课程的专业知识,还要使学生了解当前专业理论与技术的发展趋势。因此,教研室要求专业教师在讲授课程内容的同时,促使学生通过自学,及时了解档案专业理论与技术发展的新动向,了解影响档案专业发展的相关理论与技术。为此,各专业课教师在教学过程中,有意识地增加或强化了课程的自学内容,每门课程都布置一两个专题,要求学生们围绕专题查阅专业资料、分析资料,写出专题综述。通过综述的写作与交流进一步活化学生的专业知识。

教师们不仅教学严格,而且认真负责地进行辅导。文书学是第一门档案专业基础课,授课教师认真把好撰写综述的"第一关"。不仅耐心地指导学生怎样撰写综述,而且还根据学生的作业情况进行个别辅导;对作业达不到要求的学生不仅指出他们的问题,还帮助他们修改综述。为学生较好地掌握专业综述的方法、完成后续课程的此类作业,打下了良好的基础。

在此基础上,教研室根据档案工作实际,统一协调了各门课程安排的综述主题,使其分布更加合理,基本覆盖了信息管理与开发工作的基本理论问题和当前的热点问题。通过档案专业教师在自己的专业课上为学生布置的不同综述主题,促使档案专业学生在大学三年级时,就能够初步了解当前档案工作实践提出的问题与解决方法的研究,以及相关专业理论与技术的发展趋势。不仅丰富了课堂教学内容,而且学生也大致了解了专业学术研究的难点热点问题,强化了专业兴趣,积累了写作经验,为撰写科研论文打下了良好的基础。

三、加强实践教学,培养学生分析解决问题的能力

档案专业具有很强的操作性,为培养学生的独立工作能力,除了在《档案保护技术》、《科技文件管理》、《档案检索》等课程中安排一定课时的实验

课外，在其他专业课的教学中，提倡实践教学。主要采取了以下方法：

第一，探索案例教学的方法。在课程讲授过程中，教师精心选择一些档案工作实践中比较普遍或棘手的问题，作为案例供学生们分析研究。然后，采取课堂讨论的方式让学生交流、探讨解决问题的办法。例如，《科技档案管理学》课程教学提供了一些企业的档案分类方案供学生分析评价；《档案计算机管理》课程教学提供了一批档案部门研制的计算机管理软件供学生比较；《秘书实务》和《文书学》课上提出具体情节，要求学生针对这些情况提出处理意见。其他专业课程也都适当的安排了一些培养学生动手能力的课堂练习。

案例教学对教师有比较高的要求，既要设计、筛选典型案例，又要多角度地思考各种解决方案；教师投入的精力比单纯的课堂讲授要大得多。为了提高档案专业学生的专业水平和整体素质，教研室的专业老师们不计较个人得失，以对学生高度负责的精神，不断完善自己的案例；这种教学方式受到了学生的欢迎。

第二，以请进来或走出去的形式，拉近学生与档案工作实践的关系。为了增进学生的专业意识，密切学生与档案专业实践的联系，《外国档案管理》、《科技档案管理学》等课程，结合教学内容，聘请有关专家举办专题讲座，拓宽学生的视野。通过专家向学生传达目前亟待解决的专业问题，开拓学习思路，激发学生们的研究兴趣。《档案文献检索》、《档案管理学》、《档案学概论》等课程，采取课程参观、实地观察和实践操作等形式，使学生置身于真实的档案工作环境，体验档案利用者的需求，从理性和感性方面，认识专业理论的指导意义，促使学生研究问题。

提高专业教学的应用性，对我院学生的专业水平的提高起到了显著的促进作用。一分耕耘、一分收获，我院档案专业学生在专业实习和实际工作中，能够很快进入"角色"，较好地解决并完成专业任务，得到了用人单位的好评。例如，在档案毕业实习过程中，同学们能够发现所在单位计算机软件的缺陷，以自己的专业知识完善有关档案管理程序；能够独立承担拟定档案工作制度、编写全宗介绍、进行档案著录标引和档案价值鉴定等一系列专业性较强的档案业务工作，表现出较高的专业素质，受到了各个实习单位的好评。

有关实习接待单位先后接收了中国人民大学、首都师范大学、海淀走读大学和我院的实习生。他们一致认为，我院档案专业的学生是最受欢迎的实习生。因此，一些档案部门慕名而来，邀请档案专业学生前往实习。现在，档案专业安排实习越来越主动，选择实习单位的余地越来越大。良好的实习条件，进一步提高了学生的专业适应能力。

　　档案专业教学的应用性改革，对专业教师是一个巨大的鞭策。它要求教师必须自觉更新知识，使自己随时把握档案专业及信息管理行业发展的"脉搏"，努力使自己的研究处于档案学研究的前沿；而且还要不断深入档案工作的实践开展调查研究，及时发现新情况、新问题，认识新动向，不断总结新规律。目前，我教研室老师绝大多数都有自己的研究课题，在一定程度上保证了档案工作专业教学内容与社会档案工作需求相适应，带动了教学内容的不断更新。

　　当然，专业教学改革是一个动态的发展过程，我们取得的经验还有待于进一步完善。今后，档案专业教学还要坚持改革的方向，继续探索与实践，使档案专业教学更加适应新世纪我国信息化发展的需要，为首都的建设与发展培养合格的专业人才。

（原载于《高等职业教育与实践研究》，2001年）

附录：其他主要学术研究成果目录

重要科研项目的研究报告

1. 《市场经济条件下对科技档案工作的思考》，发表于《北京师范大学学报》1993年增刊，该文为北京联合大学1994—1996科研项目的研究报告。

2. 《档案在首都"两个文明"建设中的作用》，中国档案出版社2000年2月出版。该书为首个列入北京市"九五"哲学社科规划重点项目（课题副组长，研究报告执笔人）的研究报告，该研究报告获国家档案局优秀科技成果三等奖、北京市档案局优秀科技成果一等奖。

3. 《中国档案法制建设研究》，国家社科基金项目1999—2000（课题副组长），获国家档案局优秀科技成果二等奖、北京市档案局优秀科技成果特等奖。

4. 《综合性档案馆检索体系研究》，国家档案局1997—1999科研项目，研究报告获国家档案局优秀科技成果二等奖（课题副组长，研究报告执笔人）。

5. 《科研档案管理研究》，北京市2003年软科学计划项目（课题负责人，研究报告执笔人），课题研究报告收入北京市科委的《2004年北京市优秀科技项目成果精选》，并获2005年度北京市档案局优秀科研成果三等奖。

6. 《北京市档案馆接收范围研究》，北京市档案局2003年科技项目（课题负责人，研究报告执笔人）。

主编或参与主编的著作

1. 主编《科技档案编研的原理与方法》（ISBN7 – 5078 – 0927 – 7/C16）17.8万字，1993年3月中国国际广播出版社出版，获1997年北京市科技进步三等奖和中国档案学会"八五"学术著作二等奖，北京联合大学文法学院1993年优秀教学成果一等奖。

2. 《科技档案管理学》（修订本）（ISBN7 – 300 – 02445 – 9/G368），普

通高等教育"八五"国家级重点教材,中国人民大学出版社1998年3月出版,副主编,完成17.8万字(58.9%)。

3. 全国高自考专升本指定教材《科技档案管理学》(ISBN7－300－02812－8/G·512)1999年12月,中国人民大学出版社出版,主要编写人,完成18.9万字(占62.9%)。

4. 主编《科技档案编研的原理与方法》(修订本)(SBN7－5078－1780－6/G),2000年1月出版,获北京联合大学2000年度自编教材优秀奖。

5. 《科技档案管理学》21世纪档案学系列教材(ISBN7－978－7－10185－9/G·500),中国人民大学出版社2009年11月出版,副主编,执笔完成第二、四编及五编的15—16章。

6. 全国高自考专升本指定教材《科技档案编研》(ISBN7－300－03392－X/G·650)2000年4月中国人民大学出版社出版,主编之一,完成12.9万字(占55.8%)。